Letras Hispánicas

Los perros hambrientos

Letras Hispánicas

Ciro Alegría

Los perros hambrientos

Edición de Carlos Villanes

CÁTEDRA

LETRAS HISPÁNICAS

Ilustración de cubierta: Machicado (pintor peruano)

© Herederos de Ciro Alegría
Ediciones Cátedra, S. A., 1996
Juan Ignacio Luca de Tena, 15. 28027 Madrid
Depósito legal: M. 44.017-1996
I.S.B.N.: 84-376-1492-9
Printed in Spain
Impreso en Gráficas Rógar, S. A.
Navalcarnero (Madrid)

Índice

Introducción

Ciro Alegría.

Ciro Alegría es un novelista clásico. Compañero de camino de los grandes narradores americanos, que conmovieron a las letras universales al mostrar la faz desconocida de un continente joven, pero palpitante, a través del relato de la tierra, se sitúa entre autores de la envergadura de Miguel Ángel Asturias, Rómulo Gallegos, José Eustacio Rivera, Ricardo Güiraldes, Jorge Icaza, aquellos que sin proponérselo consignaron el primer magisterio[1] de la narrativa hispanoamericana con textos vigorosos y de honda raigambre telúrica. Ciro Alegría renovó y universalizó la novela peruana[2], y sin proclamas ni folclorismos consiguió elevar la figura del indio al rango de materia literaria, superando en esto a cuantos se habían acercado hasta ese momento al aborigen americano como motivo literario[3].

Una fama que algunos escritores, por buscar una mirada

---

[1] Mejor que llamarlo «primer boom» de la narrativa hispanoamericana, es preferible considerarlo como el primer magisterio de revelación y acercamiento de Hispanoamérica a los lectores españoles a través de la primera gran ola de escritores que entre los años 20 y 40 novelaron en una misma lengua, pero con características americanas, un mundo desconocido a los ojos europeos. El segundo momento llegó con el boom de García Márquez, Julio Cortázar, Carlos Fuentes, Vargas Llosa, Rulfo y también Borges y Onetti.

[2] El primer novelista peruano que difundió su narrativa por el mundo, con múltiples ediciones en muchas lenguas, fue Ciro Alegría. Luego vendrían Vargas Llosa, Scorza y Arguedas. Pese a la importancia de Arguedas sus libros prácticamente no están traducidos a otras lenguas.

[3] Con este tema, precedieron a Ciro Alegría en la literatura Narciso Aréstegui, Clorinda Matto de Turner, Ventura García Calderón y Enrique López Albújar. De manera coincidente, tanto Arguedas como Alegría publican el mismo año, 1935, sus primeras obras: *Agua* y *La serpiente de oro*, respectivamente. En 1941, aparece *El mundo es ancho y ajeno*, de Alegría, libro capital del indigenismo, y *Yawar Fiesta*, de Arguedas; y posteriormente aparecerán *Los ríos profundos*, en 1958, y *Todas las sangres*, en 1964.

11

de atención al nativo, consiguieron a costa de caricaturizarlo y desfigurarlo hasta hacerlo casi irreconocible[4]. Sin embargo, en el Perú ocurrió lo contrario, y de este trabajo vindicativo de alta calidad artística son responsables dos narradores de primera categoría: Ciro Alegría, que elevó la condición del indio como persona y sustancia poética, y José María Arguedas que se metió dentro de su alma y desde allí mostró su verdadero rostro, sin afeites ni retoques[5].

Los perros hambrientos, segunda novela de la célebre trilogía de Ciro Alegría, premiada en Chile durante el destierro del escritor, está considerada por algunos críticos como la más bella y mejor estructurada de las tres, y en sus páginas se aborda el tema del indigenismo con mayor claridad que en la primera[6]. Además, como bien han señalado otros autores, en ella late el drama del hombre y la tierra, de la sequía y el hambre, que mientras exista el llamado tercer mundo tendrá vigencia.

Pero sobre todo está la palabra del maestro, del narrador nato, apresurado siempre por los plazos de los concursos, memorialista más que historiador, tierno aún con temas que lindan con la tragedia y con la muerte, engastador de nuestra lengua común, esa de la que un consumado estilista como Francisco Umbral[7] ha dicho que florece mejor en América que en España.

Son páginas palpitantes de americanidad, escritas con buena prosa, con la frescura y diafanidad del agua cristalina y la belleza virginal, a la vez esperanzada y trágica, del Nuevo Mundo.

---

[4] El crítico alemán Gustav Siebemann, traductor de *La serpiente de oro* a su lengua, defiende esta teoría.

[5] «Ya es hora de consagrar a Arguedas como uno de los novelistas hispanoamericanos más profundos, originales y admirables», afirma el crítico peruano Ricardo González Vigil en su prólogo a *Los ríos profundos*, Madrid, Cátedra, 1995, pág. 16.

[6] «*La serpiente de oro* no es una novela indigenista, pese a que a veces las historias literarias la clasifican dentro de este género», dice Antonio Cornejo Polar en *La novela peruana: siete estudios*, Lima, Editorial Horizonte, 1977, página 54.

[7] Francisco Umbral, escritor de raza y artífice de los más variados registros de la lengua castellana en este fin de siglo, ha dicho muchas veces, por escrito y de manera verbal, que los hispanoamericanos son quienes conservan mejor el idioma de Cervantes.

12

I. CIRO ALEGRÍA Y LOS LÍMITES DEL INDIGENISMO

Limitar las novelas de Ciro Alegría a las cerradas lindes del indigenismo es circunscribir su arte dentro de una frontera. Mucho más si con ello hay quienes la enmurallan dentro de la «narrativa regionalista», con el sentido peyorativo y casi arqueológico que se suele dar a esta concepción de la novela en ciertos círculos de la crítica, especialmente hispanoamericana. O, todavía peor, denominarla «narrativa de la provincia» con alguna pedantería centralista y pseudoacadémica, sin tener en cuenta que, como en el caso de Alegría, han sido, precisamente, las particularidades de su arte lo que realmente le han conferido una posición universal[8].

Alegría es sin duda un gran narrador indigenista pero, además, su obra literaria va mucho más allá del indigenismo[9]. Lejos de presentar al indio como un ser marginal, degradado y arcaico —Icaza, Alcides Arguedas[10] y algún desarraigado postmoderno del *boom*— le otorga las valencias universales de persona y lo convierte en jugosa sustancia literaria. Luis Alberto Sánchez, un paisano suyo, después de zarandear sin piedad al novelista, durante los últimos años de su

---

[8] En *Creación y Praxis. La producción literaria como praxis social en Hispanoamérica* (Lima, Universidad Nacional Mayor de San Marcos, 1976), el crítico argentino Alejandro Losada presenta la teoría de las normas básicas para la consideración de textos narrativos en tres grandes parámetros: realistas, naturalistas y subjetivistas. Alegría, sin ser estudiado en profundidad, cumple los requisitos de escritor realista que Losada pone en evidencia en su artículo, «Ciro Alegría como fundador de la realidad: interpretación del indigenismo en el contexto de la sociedad andina», que apareció en *Acta literaria*, Budapest, Academia de Ciencias, 1975.

[9] No queremos menospreciar al indigenismo, nos importa decir que además de indigenista, Ciro Alegría fue algo más como dicen González Vigil y el mismo Ángel María de Lera, que en el obituario del diario madrileño *ABC* magnifica su pluma y afirma que de haber vivido en Europa, más conocida y difundida su obra, Alegría hubiera sido un Premio Nobel. El preciado galardón literario nunca hubiera sido reclamado para un escritor provinciano y paleto.

[10] Véase fundamentalmente *Huasipungo* del ecuatoriano Jorge Icaza (1934) y *Raza de bronce* (1919) del boliviano Alcides Arguedas.

vida y una vez muerto[11], rectificará veinte años después sus conceptos y alabará las tres novelas que publicó en vida: «son tres de las más hermosas y mejor escritas novelas americanas del siglo xx, y pueden figurar entre las más importantes del idioma»[12].

Desde que la desinformación geográfica de Cristóbal Colón metió en un mismo saco a todos los aborígenes de América, sin diferenciar a quienes vivían en altas civilizaciones de los que apenas habían superado la recolección y la caza, y los bautizó como indios, no todo escribiente que llevó a la literatura a los aborígenes del joven continente ha hecho indigenismo. De acuerdo con el tratamiento que se dio al personaje y las maneras de plasmarlo en letra impresa, la narratología distingue al menos cuatro maneras diferentes de abordarlo: hay una literatura indígena, otra indianista, una tercera indigenista que puede tener a su vez varias facetas y, finalmente, una cuarta llamada neoindigenista, que por estos días, y aún en el futuro, seguirá reflejando lo andino[13] con trabajos perdurables, puesto que el aborigen en el país de Ciro Alegría, César Vallejo y José María Arguedas es una fuente inagotable de peruanidad.

1. Literatura indígena

Especialistas como Jesús Lara, Edmundo Bendezú, Luis Suárez Miraval[14] y otros, dan cumplida cuenta de la existencia de una literatura indígena peruana anterior a la llegada de

---

[11] En un artículo aparecido el 19 de febrero de 1967, dos días después de la muerte del narrador, en el diario aprista *La Tribuna* de Lima, Luis Alberto Sánchez afirma que Ciro Alegría «ya era un cadáver literario desde hacía 20 años». No se refiere al momento en que Alegría publica su última novela (1941), sino cuando se aparta del partido aprista (1948).

[12] Luis Alberto Sánchez, *Escritores representativos de América*, Madrid, Editorial Gredos, Tercera serie, tomo 1, 1976, pág. 66.

[13] Andino, concerniente a los hombres que habitaron y habitan en las estribaciones de la cordillera de los Andes que atraviesa América del Sur de norte a sur donde floreció la cultura inca.

[14] Véase Jesús Lara, *La literatura de los quechuas*, La Paz, Editorial y librería Juventud, 1969; Luis Suárez Miraval, *La poesía en el Perú*, Lima, Ediciones Tawantinsuyo, 1959; Edmundo Bendezú, *Literatura quechua*, Caracas, Bibliote-

14

los españoles, que obedece también al criterio creativo de la literatura oral de las grandes civilizaciones de la antigüedad, a la política lingüística de los incas y a una lengua integradora de buena parte de América del Sur[15]; con ella la fabulación nativa consiguió crear narraciones de corte épico, canciones de exquisita finura lírica, una notable gama de relatos y hasta una suerte de representación teatral. La llegada de la lengua española significó el asentamiento de la literatura aborigen en textos escritos.

In illo tempore, el mito y la leyenda[16] florecieron en la tierra de César Vallejo. Los cronistas de la conquista dan fe de que la «literatura oral» tuvo vigor y frondosidad. Pongamos un par de ejemplos: el mito de Pacaritampu, que narra la historia de los cuatro fundadores arquetípicos del Cuzco, ciudad capital del Imperio, aparece con muchos detalles en las crónicas de Cieza de León, Betanzos, Sarmiento de Gamboa, Martín de Morúa, Cabello de Balboa y Montesinos; el mito de Wirakocha, suprema deidad de los incas y de piel blanca, que un día vino, enseñó cosas a los nativos y luego se volvió por el mar con la promesa de volver, fue registrado por Betanzos, Cristóbal de Molina, Anello de Oliva y Pedro Cieza de León. Desde la antología sobre literatura indígena del Perú de Middendorf, *Dramatische und lyrische Dichtungen der Kechua sprache,* publicada en Leipzig, en edición bilingüe

ca Ayacucho, 1981 y *La otra literatura peruana*, México, Fondo de Cultura Económica, 1986.

[15] Paul Rivet afirma: «La lengua quechua fue la única que desempeñó en la América del Sur precolombina el papel de lengua de civilización, pues, al hablarse en todo el Imperio fue vínculo de unión entre los pueblos sojuzgados y la metrópoli.» No olvidemos que los incas fueron imperialistas y grandes conquistadores: dominaron lo que es hoy en día todo Perú, Ecuador, Bolivia, el sur de Colombia y el norte de Argentina y Chile. Más de dos millones de kilómetros cuadrados.

[16] En la mitología inca hay dioses tutelares como Illa Ticse Viracocha, Con, Quilla, Pachacámac, Naylamp, Huarivilca, Huallalo Carhuancho, Pariacaca, Cuniraya, Vichama, Inti, Tonapa, etc.; semi dioses civilizadores como Manco Capac, los cuatro hermanos Ayar, Huatyacuri, Mama Occllo, Yaccana, Makavisa, Pachacamiate, Muyucocha, etc.; incas conquistadores como Pachacutec, Mayta Capac y Huayna Capac; seres celestes naturalizados como Tulumanya, Huaihua, Aulit, Tucapu, Amaru; guerreros célebres como Ollanta, convertido luego en Ollantay del teatro aborigen.

quechua-alemana, en 1891, hasta los libros sobre la literatura quechua, recopilaciones y antologías de Bendezú y Toro Montalvo, se han publicado muchos volúmenes que dan exhaustiva cuenta de este tema[17].

El hombre andino es lírico y telúrico. Acompaña su vida con el panteísmo religioso y encuentra en el baile, el canto y la ritualidad una manera de comunicarse con sus dioses tutelares. Por eso, su poesía va unida al canto y adopta varios subgéneros[18] de acuerdo con el momento propiciatorio que enciende la luz del poema.

Sin embargo, el género más difundido es el narrativo. El antiguo peruano era muy amante de escuchar relatos y de difundirlos. En la intimidad, hasta nuestros días, es locuaz, recrea los «cuentos» y les otorga variantes. Las crónicas de Indias están llenas de relatos; algunas han cargado las tintas en la fabulación y la fantasía, otras, posiblemente sin proponérselo, desarrollan temas maravillosos como el recopilado por Francisco de Ávila, que fue presentado en lengua quechua con el título de *Tratado y relación de errores, falsos dioses y otras supersticiones y ritos diabólicos*[19]. Recogido por el célebre extirpador de idolatrías en las provincias limeñas de Huarochirí, Mama y Chacclla, cuatro siglos más tarde se ha convertido por su valor filológico, lingüístico, histórico y antropológico,

---

[17] Véase de César Toro Montalvo los tres tomos de *Mitos y leyendas del Perú*, Lima, 1991, y también Carlos Villanes e Isabel Córdova, *Literaturas de la América Precolombina*, Madrid, Istmo, 1992.

[18] Lírica: *jailli*, versos dialogados, propios de grandes celebraciones conquistas y cosechas; *wawaki*, poemas propiciatorios en los ritos colectivos; *wakaylli*, himnos laudatorios a los dioses; *hualli*, utilizado en el culto al soberano reinante; *huaylli*, himnos entonados por princesas, nobles y vírgenes escogidas; el *taki*, coloquial, confidente y amoroso; *ayataki*, canción de honras fúnebres; *aymoray*, ecológico y campestre en un mundo esencialmente agrícola; *jarahui* o *urpi* canción de amor por excelencia, convertido en *yaraví* por el poeta prócer Mariano Melgar en el siglo XIX.

[19] Arguedas hizo una traducción muy conocida de este libro, que se presentó con el nombre de *Dioses y hombres de Huarochirí*. Existen otras versiones españolas del texto quechua como la de Jesús Lara, de gran sentido literal, aunque, lamentablemente, incompleta; la de George Urioste apareció con el título de *Hijos de Pariya Qaqa: la tradición oral de Waru Chiri* y la de Gerald Taylor, *Ritos y tradiciones de Huarochirí*, es de considerable valor sobre todo por su trabajo paleográfico.

en casi una *Biblia* peruana de la mitología nacional y en punto de partida de mucha literatura, como la famosa traducción de José María Arguedas con el nombre de *Dioses y hombres de Huarochirí*, de donde extrae sus famosos zorros de arriba y de abajo como paradigmas de los ricos y de los desheredados. El hombre de los Andes recrea por el gusto de recrear, pero lo hace también por una función didáctica, filosófica, lúdica y de control social[20]. Ciro Alegría supo aprovechar de manera magistral la capacidad fabuladora del andino en sus novelas; tanto, que hay quienes piensan que el hecho de incluir relatos autónomos, y a veces muy poco significativos, en el hilo argumental de sus novelas, constituye una estrategia que utiliza el narrador como recurso literario en sus tres obras fundamentales[21].

Las crónicas de la conquista también dan fe de la existencia del teatro en el Perú antiguo. Sarmiento de Gamboa en su *Historia de los incas*, alude a las interpretaciones en público que se hacían de las vidas de sus soberanos; el padre Blas Valera y Marcos Jiménez de la Espada hablan de grandes representaciones de batallas, de «comedias, tragedias y otras semejantes»; Cabello de Balboa y el Inca Garcilaso de la Vega constatan esta información y dicen haberlas visto. Nicolás Martínez Arzans y Vela en la *Historia de la Villa Imperial de Potosí* asegura que veinte años después de fundada Lima, en las fiestas jubilares potosinas, se representaron ocho piezas teatrales, y Jesús Lara asegura que se llegó a saber cuál era el argumento de cuatro de ellas. Piezas como *El Ollantay*, de neto argumento indígena, escrita en quechua pero con versifica-

---

[20] Durante la colonia, curas y doctrineros se aprovecharon de la gran difusión de los relatos orales para crear mitos de control social como los de la *jarjaria* o de los amantes incestuosos, la *joljolia* de las tripas de los sibaritas y glotones que se arrastran por los caminos, de la *human tacta* o las cabezas humanas voladoras que se desprenden de las mujeres maldicientes, y vuelan y se revuelcan en los excrementos y de la *mula* en que se convierte la amante de un cura.

[21] También en *Lázaro*, la novela inconclusa más caracterizada de Alegría, se produce la interpolación de algunos relatos orales; uno sobresale por su gran calidad, «Calixto Garmendia», y tal es su valor como una pieza autónoma que al aparecer sorprendió a la crítica y a los lectores.

ción hispana, o trabajos como *El Uska Paucar*, *El pobre más rico* o el texto de Chayanta, así como la representación en la actualidad de piezas aborígenes como el *Esplendor, prisión y muerte del inca Atahualpa*, que hasta nuestros días se escenifica en el Perú, son una clara muestra de que el teatro existió con escenarios naturales, asistencia popular y una especie de grandes coreografías[22].

Cronistas, doctrineros[23] y extirpadores de idolatrías fueron los primeros occidentales en darse cuenta de que en el Perú había una frondosa literatura creada por el pueblo quechua desde cientos de años antes de su llegada. Y fueron ellos quienes la recopilaron y prestaron su fonética[24]. Algunos mestizos como el Inca Garcilaso de la Vega la llevaron, con prosa magistral, desde el recoveco histórico hasta los tonos utópicos[25]; otros, como Francisco de Ávila, supieron

---

[22] «Los incas conocieron en su teatro dos géneros perfectamente diferenciados: el *wanka* y el *arámway*. El primero era de carácter eminentemente histórico y se encarga de rememorar la vida y hazañas de los monarcas y de los grandes adalides del imperio... El género *araway* disponía de una temática más amplia, podía abordar cualquier episodio relacionado con la vida diaria... El espectáculo para el pueblo, se desarrollaba por lo común en un espacio abierto denominado *aranwa*, en cuya parte céntrica se construía el *mallqui*, que era un pequeño bosque artificial a manera de escenario. Los actores aparecían reunidos a un extremo del *mallqui* y allí permanecían hasta el final. El diálogo se efectuaba en el centro del escenario, adonde se dirigían solamente aquellos a quienes tocaba intervenir en la acción.» Jesús Lara, *La Literatura de los quechuas*, La Paz, Ed. y Lib. Juventud, 1969, pág. 61.

[23] Fueron los doctrineros y extirpadores de idolatrías los primeros en aprender el quechua y entre los primeros libros que se imprimieron figuran los lexicones bilingües de Domingo de Santo Tomás y Diego González Holguín.

[24] Carente de escritura, el inmenso caudal de la literatura oral inca y colonial despertó la atención desde el primer momento y se salvó gracias a la fonética castellana. Pero además recibió elementos constitutivos de los relatos que en algunos casos se amestizaron. Isabel Córdova y quien escribe estas líneas hemos recogido en el valle del Mantaro, entre Jauja y Huancayo, y la zona altina de la sierra central del Perú, centenares de relatos orales y el intercambio de mitemas ha sido recíproco.

[25] El paradigma que significa para la literatura peruana e hispana el Inca Garcilaso de la Vega, desde su herencia genética hasta la monumental remembranza del pasado inca escrita en una lengua extranjera para los aborígenes peruanos, marca, efectivamente, desde la minucia histórica hasta la misma utopía.

18

captarla con apreciable fidelidad, a la sombra de la extirpación de idolatrías y la caza de brujas; la pero al caer en la cuenta de que aquello tenía la grandiosidad colosal de los panteones épicos, la mostraron como obra del demonio, cuando lo que hacían, en realidad, era recoger una de las más deslumbrantes mitologías del mundo andino[26].

Sin embargo, fue un cronista indio quien realmente supo captar los sinsabores del alma indígena en una apasionante crónica descriptiva y lacerante, que sin llegar a ser un relato constituye un aporte fundamental para el conocimiento de la colonia y de sus instituciones. Me refiero a Guamán Poma de Ayala, autor de la *Nueva Crónica y Buen Gobierno*, que no deja de ser la certera mirada a un pueblo que sufría[27]. Escrita en forma de una larguísima carta al Rey de España, de 1.179 folios y medio millar de dibujos, lo suficientemente claros y explicativos como para ofrecer una radiografía sin paliativos del sometimiento de un pueblo avasallado, fue concluida en 1615 y jamás llegó a su destino. Perdida entre archivos y bibliotecas, en 1908 la encontró Richard Pietscham en la Biblioteca Real de Copenhague; fue publicada en París en 1936 en edición facsimilar y recientemente, en 1987, apareció en España.

Por lo demás, la literatura indígena es un elemento subyacente en buena parte de la creación artística de los escritores peruanos. Está presente en la memoria colectiva de los incas y en las nostalgias que se funden en el Inca Garcilaso de la Vega, en la congoja enamorada de Mariano Melgar, en el

---

[26] En realidad, la traducción del texto de Ávila constituye un aporte fundamental para conocer el mito y la antropología del hombre peruano. La movilidad de sus dioses por el mundo andino y la esencia misma de las historias que se relatan reclaman mayor atención por parte de la literatura, pero sobre todo, de los científicos sociales.

[27] Tuvieron que pasar 372 años desde que Felipe Guamán Poma de Ayala enviara a Felipe II de España una *Carta* con centenares de dibujos incluidos, para que apareciera en Madrid por primera vez (marzo de 1987) la *Nueva crónica y buen gobierno* calificada por la crítica de «auténtica joya bibliográfica». Desde entonces los dibujos del célebre cronista indio se han multiplicado por todos los lugares que algo tengan que decir de la cultura inca. La edición española apareció en tres tomos publicada por la colección Historia 16, tomada de la impresión mexicana de Siglo XXI, editada por John Murra, Rolena Adorno y Jorge L. Urioste.

dolor humano de César Vallejo, en el pintoresquismo de Chocano, en la maternal protesta de Clorinda Matto de Turner, en la fantasía de Ventura García Calderón, en la rebeldía de López Albújar, en la utopía andina de Valcárcel, en la raíz de Arguedas, en la mágica beligerancia de Manuel Scorza y, sin duda, constituye una de las fuentes más notables de la poética de Ciro Alegría.

2. *Los indianistas*

Ya en 1934, Concha Meléndez habla de indianismo[28]. No olvidemos que en España se conoce como indiano al peninsular «que hace las Américas», y retorna rico y poderoso a establecerse de nuevo en su tierra. He visto palacetes deslumbrantes, ostentosos, barrocos y recargados en imaginería ultramontana, sobre todo en Asturias y Galicia, construidos por indianos. En buen español, indiano es el «emigrante que vuelve rico de América»[29]. Por extensión se llama indianos a los cronistas que, entre incrédulos y maravillados, fueron testigos de la gesta épica y desgarrante de la conquista del Nuevo Mundo. Alucinado, apasionado y confundido, Cristóbal Colón fue el primero. «La crónica indiana tiene una faz deslumbradora y brillante; José María Heredia, en un célebre soneto, dijo que seguir los pasos de los conquistadores es caminar levantando un aquilón de polvo. Es una faz de la moneda; la otra es su nacimiento en el mundo de la fantasía,

---

[28] Véase Concha Meléndez, *La novela indianista en Hispanoamérica (1832-1889)*, Madrid, Hernando, 1934; Aída Cometta Manzoni, *El indio en la novela de América*, Buenos Aires, Futuro, 1939; María José de Queiroz, *Do indianismo ao indigenismo nas letras hispanoamericanas*, Belo Horizonte, Imp. da Universidade de Minas Gerias, 1962; Henry Bonneville, «L'indigenisme littéraire andin. I: De l'indianisme a l'indigenisme. II: Le romancier pèruvien Ciro Alegría», en *Les langues néolatines*, Grenoble, 1972, núms. 200-201, págs. 1-58 y Tomás G. Escajadillo, *La narrativa indigenista peruana*, Lima, Amaru editores, 1994.

[29] El *Diccionario de la Real Academia Española* da una definición barroca de indiano: «Nativo, pero no originario de América, o sea de las Indias Occidentales» (Vigésima primera edición, 1992, pág. 816). Por su parte, María Moliner dice: «Emigrante que vuelve rico de América», *Diccionario de uso del español*, Madrid, Gredos, 1986, t. II, pág. 118.

porque sólo así podía entenderse la nueva realidad»[30]. Un notable sector de la crítica considera a los llamados cronistas de Indias como los verdaderos fundadores de la literatura hispanoamericana, por la gran riqueza y variedad de temas que abordaron, dejando «en sus escritos una visión del mundo americano cuyo valor excede en mucho a lo meramente documental»[31]. Carlos Fuentes ha dicho más de una vez que la primera novela mexicana fue la *Verdadera Historia de la Nueva España*, de Bernal Díaz del Castillo[32].

Sin duda a propósito, la gesta histórica se hizo literatura, y de esta manera Sáinz de Medrano explica la casi total ausencia de la novela durante la colonia: «Leyendo a los cronistas, es fácil entender por qué no hubo en Hispanoamérica una novela propiamente dicha hasta ya entrado el siglo XIX. No tenía mucho sentido, en efecto inventar ficciones que no podían superar en interés a la realidad circundante tan brillantemente recogida por estos autores»[33].

Sellada la independencia americana, en suelo peruano, en 1824, la novela tampoco floreció, ni siquiera dio muestras de vida hasta ya casi finalizar el siglo, en que se volvió los ojos al tema del indio, de manera incidental con Narciso Aréstegui Zuzunaga, o paternal y comprometida con Torres Lara y Clorinda Matto de Turner.

El romanticismo finisecular que campeó en Europa desde principios del siglo XIX se fijaría también en el indio y aparecerán fabulaciones como las de Voltaire y Rousseau. Durante el primer cuarto de siglo XX, se continuó escribiendo en Europa sobre el indio con mirada indiana, como lo harían

---

[30] Manuel Alvar, «Bestiario indiano», en *ABC*, Madrid, núm. 24.449 del 5 de mayo de 1984, pág. 3.

[31] Luis Sáinz de Medrano y otros, *Literatura hispanoamericana*, vol. I, época virreinal, Madrid, Alhambra, 1986, pág. 3.

[32] Carlos Fuentes ha dicho y escrito en Madrid que la *Historia verdadera de la conquista de la nueva España* es la primera novela escrita en México. Sáinz de Medrano dice en el prólogo de la edición anotada del libro: «Cabe afirmar, de entrada, que la vigorosa personalidad del autor no garantiza pero propicia el buen resultado de la crónica. Estamos ante un conquistador castellano, de limitada formación cultural, pero poseedor innato de los más efectivos recursos en el arte de narrar», Barcelona, Planeta, 1992, pág. XXIII.

[33] Sáinz de Medrano, ob. cit., pág. 5.

dos peruanos, Ventura García Calderón y César Vallejo, y también el ecuatoriano León Mera.

García Calderón (1887-1960), buen estilista y narrador, dos veces candidato al premio Nobel de literatura, a quien Vallejo tenía entre «los maestros del idioma», desde París, sin conocer la sierra peruana, ni la lengua quechua, ni el Perú andino, porque salió muy joven de su país, fabula fantasmas maravillosamente. Su prosa tersa, con relatos de apariencia indígena ortodoxamente perfectos, está salpicada de peruanismos de diccionario con el afán de presentar un nativismo que muestra un indio pintoresco e inverosímil. Sin embargo, vivió casi toda su vida en Francia, dirigió una biblioteca de cultura peruana, participó en la edición de una de las primeras historias de la literatura inca[34], estuvo enciclopédicamente bien preparado a cerca del mundo del aborigen peruano, pero, lamentablemente, tomó al indio como una figura decorativa, de manera parecida a como lo describieron los cronistas, especialmente los enciclopedistas alemanes del siglo XIX[35]. Cuando en España se imprimieron sus *Cuentos completos*[36], más del cincuenta por ciento de ellos tuvieron que ser traducidos al español porque habían sido originalmente publicados en francés.

César Vallejo (1892-1938) tiene una manera peculiar de mirar al indio en su narrativa[37]. En *El tungsteno* (1931) plantea el drama indígena en un campamento minero gobernado por una empresa norteamericana. El indio no acude como obrero, ni es directamente explotado por los extranjeros. Son sus propios compatriotas quienes se aprovechan de su ingenuidad y sentido comunitario para despojarle de sus tierras

---

[34] Jorge Basadre (selección e introducción), *Literatura inca*, París, Descleé de Brouwer, tomo 1 de la biblioteca Peruana, dirigida por Ventura García Calderón.

[35] Como Alexander von Humbolt, el italiano Antonio Raymondi, los franceses D'Arcour y Amadie du Frazier.

[36] Colección Crisol de la editorial Aguilar de Madrid.

[37] Haciendo referencia de las partes de su propia tesis Escajadillo dice: «El capítulo dedicado a Vallejo (VI), se centra, lógicamente en *El tungsteno* (1931) pero alude también a "Paco Yunque", *relato que nos parece notoriamente superior a la "novela proletaria"*». Escajadillo, ob. cit., pág. 91. (Las cursivas son nuestras.)

22

en connivencia con las autoridades peruanas. Aparece el drama del enrolamiento en el ejército y el indio tiene que servir compulsivamente a una patria que, en realidad, le niega sus derechos como persona. El poeta es consciente de la tendencia social y revolucionaria de la novela, presenta escenas de corte naturalista, se olvida a veces de que se trata de un escorzo literario y lanza una proclama política sin tapujos. Aun así, sobresale el carácter angelical de sus personajes indios, lo que hace pensar que más bien existe en la novela un indianismo romántico. Sin embargo, hay que decir con toda claridad que esta manera personal de pintar al indio no desmerece en lo más mínimo el tono clasista y reivindicativo que imprime a su libro, al punto de que pone debajo del título el anuncio: «novela proletaria», y que, como se sabe, fue en Madrid donde apareció por primera vez[38].

Narciso Aréstegui también adopta el camino del indianismo con tonos sin duda románticos; los hace aparecer en una novela de tema regional, *El padre Horán*[39] inspirada en un hecho real en el que un sacerdote enamorado asesina a su feligresa. El indio apenas aparece, o casi entre líneas, para decir al lector que es un hombre vilmente sometido. Aun cuando no existe ningún personaje memorable que caracterice al aborigen, se registra la gran barrera divisoria entre las clases emergentes de provincias y los pobres, que de diferentes maneras malbaratan su trabajo.

Hay quienes consideran a Clorinda Matto de Turner como fundadora del indigenismo[40], pero existe una corrien-

---

[38] «Paco Yunque» fue escrito en Madrid, la misma ciudad donde César Vallejo terminó de escribir *El tungsteno,* publicada más tarde, en 1931, en la Editorial Cenit. Véase «César Vallejo en Madrid», de C.V.C. en *Comunidad de Madrid,* 1992, pág. 28.

[39] Narciso Aréstegui Zuzunaga (Cuzco, 1918 ó 1923 - Puno, 1969), abogado y militar de alta graduación. Llegó a rector del Colegio de Ciencias. En 1948 publicó *El padre Horán* por entregas a manera de folletín en *El Comercio* de Lima, a causa del asesinato de Ángela Barrera por fray Eugenio Oroz. Ricardo Palma registró este caso, posteriormente, con el título de «El padre Oroz» en sus *Tradiciones peruanas.*

[40] Clorinda Matto de Turner ha sido considerada iniciadora del indigenismo por la crítica tradicional peruana de autores como Luis Alberto Sánchez, Augusto Tamayo Vargas, Mario Castro Arenas y otros.

te más renovada de críticos, como Cornejo Polar y Escajadillo, que piensan que su mirada hacia el indio tiene un tono
romántico y paternalista. Clorinda Matto sería largamente
perseguida por esta novela; vio como ésta era quemada en
una plaza pública y murió en el exilio por los rescoldos de la
hoguera que había armado. El no ser considerada por Mariátegui en su célebre recuento de la literatura peruana de los
Siete ensayos... puso en alerta a los críticos más jóvenes.

Aves sin nido, la novela de Clorinda Matto, incide en la
denuncia que antes había formulado Itolarres en sindicar al
cura, al juez y al gobernador, como los tres depredadores del
indio, es decir el poder religioso, judicial y político. La novela se centra en la desventura de dos jóvenes que, a punto de
casarse, descubren que son hermanos, hijos de un cura, en
medio de un clima de agitación y represión contra los aborígenes. El discurso romántico no está exento de plantear que
el destino debería «llevárselos a los indios» de este valle de lágrimas para que no sufrieran tanto, sin acertar mejores pro-
posiciones para un drama que había empezado en su país a
principios del siglo XVI, que a fines del siglo pasado empezaba
a incubarse en la conciencia nacional, y que hasta hoy, realmente, no termina.

3. *Los indigenismos*

El indigenismo es más que una corriente literaria, es un
movimiento, un estado de ánimo, un criterio de significar la
realidad nacional, una manera de descubrir, valorar y asumir
una defensa del aborigen, del hombre andino. Es un largo
camino que empezó después de la Guerra con Chile y que
pervivirá mientras existan nativos a los que, como ya se sabe,
en un extravío geográfico Cristóbal Colón llamó indios.

Dos grandes etapas caracterizan el desarrollo del indigenismo: la primera, desde mediados de la década de los 80 del
siglo pasado hasta 1941, de carácter literario, académico y
político, arranca con las encendidas prédicas de González
Prada y termina con la publicación de *El mundo es ancho y ajeno* y *Yahuar fiesta* de Arguedas; el segundo momento, des-

de 1942 ó 1945 hasta 1969, se produce cuando el velasquismo instaura nuevos paradigmas que cambian la situación del hombre andino. En esta etapa de referente académico, estatal y consecuentemente político, aparecen libros indigenistas que tienen además otras orientaciones hacia el realismo mágico o hacia el neoindigenismo; algunos son tan tremendamente señeros como *Los ríos profundos* y *Todas las sangres* de Arguedas. En 1969 el gobierno de Velasco Alvarado implanta una reforma agraria radical que hace variar significativamente la situación de las comunidades campesinas, con impredecibles consecuencias. En la década de los 70 se hace presente con más vigor el neoindigenismo en la literatura, especialmente con las novelas de Scorza.

En el terreno estrictamente literario, en el siglo pasado aparecen las dos novelas precursoras más nítidas del indigenismo: *El padre Horán* de Aréstegui Zuzunaga y *Aves sin nido* de Matto de Turner. En 1905 se funda la Asociación Pro Indígena de Pedro Zulen y Dora Mayer y mientras, en el sur, Luis E. Valcárcel, Uriel García y Gamaniel Churata lideran los grupos «Resurgimiento» y «Orkopata» en Cuzco y Puno. Posteriormente, aparecen cuatro libros fundamentales para conocer la esencia del indigenismo peruano: *Nuestra comunidad indígena* de Hildebrado Castro Pozo, *Tempestad en los Andes* de Luis E. Valcárcel, *El nuevo indio* de Uriel Garcia y *Siete ensayos de interpretación de la realidad peruana* de José Carlos Mariátegui.

En 1928, cuando Mariátegui publicó su célebre «Proceso de la literatura»[41], ya señalaba que una asignatura pendiente era el desarrollo de la literatura «indigenista»[42]. Él fue testigo

---

[41] Precedido de un «Testimonio de parte» donde fija su filosofía, «El proceso de la literatura» es el séptimo de los *Siete ensayos de interpretación de la realidad peruana*, de José Carlos Mariátegui. Publicado por entregas en una revista limeña y luego en forma de libro en 1928, en cerca de ochenta páginas enjuicia con mucho rigor cuanto supuso la literatura colonial, la del país independiente y la que se espera en el futuro en el Perú. Sus conceptos continúan sirviendo de pauta a un considerable sector de la crítica literaria del Perú.

[42] Las siguientes citas de «El proceso de la literatura» son ilustrativas: «Este indigenismo que está sólo en un periodo de germinación —falta un poco

de los primeros brotes y esperaba que la criba de los años consignara la obra maestra, que, a su juicio, aparecería al final de una larga maduración como resultado de una vasta experiencia. Y ese momento llegó con Ciro Alegría y con José María Arguedas.

Entre los narradores indigenistas, el célebre pensador peruano sólo alude a Enrique López Albújar[43], y únicamente a tres relatos de *Cuentos andinos*: dos mitos antropogónicos, «Los tres jircas» y «Como habla la coca», y un cuento «Ushanam jampi». En el primero, tres montañas se naturalizan para dialogar entre ellas; el segundo es el entramado de la filosofía de la hoja sagrada de los incas, la coca, y su entorno mágico y adivinatorio. El cuento muestra la escalofriante justicia indígena aplicada a un hombre que ha delinquido contra su pueblo, al que expulsan de la comunidad bajo pena de muerte si retorna. El cariño a la tierra motiva la transgresión del castigo, la comunidad asesina al protagonista de manera cruel y sus vísceras se cuelgan al aire libre para escarmiento.

Desde la perspectiva trágica de López Albújar, entre el inapreciable trabajo de dignificar al indio, de convertirlo en auténtica sustancia literaria, como lo hace Ciro Alegría, o de meterse dentro de su piel, pensar como él y hacer extensivo un trabajo de índole literaria al país entero, como lo hace Arguedas, existe una considerable distancia.

---

aún para que dé sus flores y sus frutos—...», pág. 217; «A medida que se le estudia, se averigua que la corriente indigenista no depende de simples factores literarios sino de complejos factores sociales y económicos. Lo que da derecho al indio a prevalecer en la visión del peruano de hoy es, sobre todo, el conflicto y el contraste entre su predominio demográfico y su servidumbre —no sólo inferioridad— social y económica», pág. 220 y, finalmente: «La literatura indigenista no puede darnos una versión rigurosamente verista del indio, tiene que idealizarlo y estilizarlo. Tampoco puede darnos su propia ánima. Es todavía una literatura de mestizos. Por eso se llama indigenista y no indígena», pág. 221.

[43] Enrique López Albújar (Chiclayo, 1872 - Lima, 1966) como abogado y juez conoció las serranías indígenas del centro del Perú y esa experiencia le proporcionó material para escribir *Cuentos andinos* (1920) y *Nuevos cuentos andinos* (1937). Es el único narrador indigenista considerado por Mariátegui en sus *Siete ensayos...* Ha publicado también *Matalaché* novela erótica y costumbrista ambientada en el norte del Perú, *El hechizo de Tomayquichua* y *Las caridades de la señora Tordoya*.

Pero el indigenismo dio más de sí porque se constituyó como movimiento cultural[44] que brota en el Perú en el mundo citadino, entre los «intelectuales pequeñoburgueses», como se solía decir en la universidad peruana de los años 70, que se acercan al indígena peruano para utilizarlo como referente en la literatura y la pintura de cenáculos antioligárquicos, comprometidos con la lucha social desde diferentes posiciones en un país diverso y enfrentado desde principios del siglo XVI, y adopta diferentes facetas y etapas que ocupan en clasificaciones y desclasificaciones a los críticos. O como señala Ángel Rama, buscando la ascensión social de pequeños grupos emergentes de clase media baja de las ciudades y que, escindidos e identificados con el drama indígena, buscan su propia emergencia. Un movimiento cultural de estas dimensiones tiene entre sus exégetas encasillamientos y catalogaciones de acuerdo con los diversos aspectos de su desarrollo. Mariátegui en el plano literario los divide entre *indígenas*, que debían ser auténticamente nativos y que hasta ese momento no habían dicho todavía su palabra, y los *indigenistas* como López Albújar; pero los maestros verdaderos estaban todavía por llegar. Para Cornejo Polar no basta que la novela indigenista sea realista y reivindique al indio como persona y como cultura, sino que asume «la representación literaria más exacta del modo de existencia del Perú»[45] y aboga porque se tome conciencia de lo heterogéneo y enfrentado de la sociedad y de la cultura peruana.

Como buen didacta, Escajadillo[46] divide el tema del indio en tres etapas: a) *indianistas* que son a su vez románticos-realistas-idealistas, como Aréstegui y Glorinda Matto, y modernistas, como Valdelomar que recrea un mundo inca, o García Calderón con sus relatos ya mencionados; b) *indige-*

---

[44] En el indigenismo, la gente más diversa metió la mano al saco, como el presidente Augusto B. Leguía, aristócrata e impulsor del capitalismo en el Perú que patrocinó la Asociación Pro Derecho Indígena Tahuantinsuyo con apariencia filantrópica, pero, realmente, ajena a los verdaderos intereses de los indios.
[45] Véase Antonio Cornejo Polar, *Literatura y sociedad en el Perú: La novela indigenista*, Lima, Lasontay.
[46] Escajadillo, ob. cit., págs. 78-79.

nistas ortodoxos que subdivide en quienes superaron la idealización del romanticismo, regionalistas de notable acercamiento al problema, y quienes buscaron la reivindicación social, como el mejor López Albújar, pero fundamentalmente Alegría y buena parte de la obra de Arguedas; y c) *neoindigenistas* por el Arguedas de *Los ríos profundos*, Manuel Scorza, Vargas Vicuña, la parte indígena de los relatos de Carlos Eduardo Zavaleta, Edgardo Rivera Martínez, Marcos Yauri, Óscar Colchado, Pérez Huarancca y algún otro.

A juicio de Ricardo González Vigil, autor de la mejor edición crítica de *Los ríos profundos*[47], tanto la célebre novela *El mundo es ancho y ajeno*, como la novela corta *Siempre hay caminos* y el relato «La ofrenda piedra» de Ciro Alegría pertenecen también a la narrativa neoindigenista del Perú[48].

Mientras que para Escajadillo la narrativa con personajes andinos de López Albújar inicia la literatura indigenista del Perú, para Cornejo Polar: «Lo que destaca en la obra indigenista de López Albújar es su empeño, muchas veces logrado, de dotar a los personajes indígenas de un espesor psicológico». Nosotros también señalamos muy tempranamente[49] que López Albújar al mostrar el alma indígena, lo hacía con la mirada inquisidora del juez que narra relatos, por lo general, con personajes marginales, tremendamente sanguinarios; incluso en «Ushanamjampi», como señaló Mariátegui y recalca Cornejo Polar, se muestra la práctica de la justicia indígena del ostracismo al delincuente y su posterior ejecución.

4. *El neoindigenismo*

También el indigenismo esencial, puro y duro, ha evolucionado. A los radicales planteamientos de la lucha social reivindicativa del primer gran momento, ha sucedido la batalla

---

[47] Véase Ricardo González Vigil, introducción y notas a *Los ríos profundos* de José María Arguedas, Madrid, Cátedra, Col. Letras Hispánicas, 1995.

[48] González Vigil, ob. cit. pág. 46.

[49] C.V.C.: *López Albújar: vida y obra*, Huancayo, Imp. Prisa, 1966, páginas 107-146.

literaria por la búsqueda del indio como persona, de sus valores, de su manera peculiar de ver el mundo y de comportarse frente a él, sus relaciones con el mundo tangible que percibe y con el mundo intangible que también siente y «percibe». Ciro Alegría en el célebre Primer Encuentro de Narradores realizado en la ciudad de Arequipa, en 1965, al que asistieron los más importantes autores de la literatura peruana[50], tuvo una intervención realmente lúcida sobre el tema del indigenismo y su evolución hacia lo que se podría llamar neoindigenismo: «El indigenismo, me parece, que tiene dos aspectos bien claros, como creo que ya enuncié brevemente: uno es el de la lucha y el de la reivindicación, y éste posiblemente pase, tarde o temprano cuando llegue una nueva situación social; pero hay otro aspecto del indigenismo que es el que hay que valorizar y que ha estado descubriendo las calidades humanas del mundo indígena que han existido siempre y han existido heroicamente a través de siglos de opresión, porque el indio haya tratado de afirmar su cultura tradicional tercamente y la ha traído hasta nosotros en muchos aspectos. [...] el indigenismo, no como "ismo" sino como presencia de lo indio y revaloración va a vivir siempre; el futuro volverá sobre estos libros de combate no ya para examinar el combate que ha cesado, sino para ver cómo eran los indios en cierto momento histórico y cómo se les juzgó y revalorizó, a la luz del pensamiento no indio, desde luego»[51].

Para el hombre andino el mundo no es homogéneo, hay rupturas e incisiones que le acercan al mundo del más allá, lo mágico convive con lo prosaico y lo mítico radica en el corazón de los seres. Incluso entre los seres inanimados, estáticos como las montañas y en movimiento como los manantiales y las cascadas, florece la vida y se reviste de auténtica poesía. La crítica ha bautizado esto como realismo mágico y constituye una de las principales apoyaturas del neoindigenismo.

---

[50] Alegría, Arguedas, Hernández, Izquierdo Ríos, Vargas Vicuña, Reynoso, Salazar Bondy, Zavaleta, Meneses, y enviaron comunicaciones pero no asistieron López Albújar, Vargas Llosa, Ribeyro, Vegas Seminario y Congrains.

[51] Véase *Primer encuentro de narradores peruanos,* Arequipa, 1965; Lima, Latinoamericana Eds., 1986, págs. 250-253.

La oralidad tradicional y el carácter hierofánico de la mentalidad indígena a modo de un panteísmo inmemorial juegan otras bazas, produciendo una literatura, a veces tremendamente lírica, como en el caso de Vargas Vicuña[52] y Rivera Martínez[53], otras con mayor fuerza realista, como los relatos de Zavaleta, e incluso en una tercera opción con un criterio militante sin dejar de ser mágico, como en el caso de Manuel Scorza.

Pero también son neoindigenistas, como ya se ha puntualizado, el más vibrante Arguedas de *Los ríos profundos,* y cuando va más allá de la reivindicación y la protesta el más totalizante Alegría de *El mundo es ancho y ajeno*; y con ellos la prolongación hasta nuestros días, y hasta mucho después de la literatura, que tiene como referente el mundo andino y sus hombres.

Eleodoro Vargas Vicuña (1924) ha publicado apenas dos breves volúmenes de relatos, *Ñahuin* (1953) y *Taita Cristo* (1963)[54]. Se trata de un narrador de estilo muy depurado, construido a través de un lenguaje artificiosamente coloquial pero sabiamente dispuesto, que cimenta sus bases en el mundo de hierofanías del universo mágico, religioso y mítico del hombre de la sierra central del Perú, concretamente de Acobamba, un pueblo pequeño cercano a Tarma, vieja capital de una intendencia virreinal. Algunos relatos suyos como «Taita Cristo», «Tata mayo», «Esa vez el huayco»[55], «La mula Mañuca» o «Un grano de sal» abordan temas lindantes con la su-

---

[52] Washington Delgado escribe en el prólogo de *Ñahuín*: «A pesar de su brevedad, la narrativa de Eleodoro Vargas Vicuña tiene un lugar muy importante en el cuadro de la narrativa peruana contemporánea. En primer lugar, porque esa obra está impregnada de una subyugante intensidad poética que carga de sentido no sólo cada cuento o relato, sino también cada párrafo y a veces cada frase y aun cada palabra suya, luego, porque los cuentos de Vargas Vicuña tienen un significado preciso en el desarrollo histórico de un segmento importante de la literatura peruana: el movimiento indigenista», ob. cit. Lima, Milla Batres Editorial, 1977, pág. 17.

[53] Véanse especialmente los relatos *El unicornio* y sus primeros libros.

[54] *Taita*, significa padre o señor, en lengua quechua.

[55] *Huayco*, voz quechua, es una avalancha de piedras, tierras y lodo que se produce en las estribaciones de la cordillera de los Andes por la acción de las lluvias. Ese material se almacena en las partes altas y cae sorpresivamente.

perstición y la fantasía cosmogónica del campesino, entre el
incesto y las primeras fantasías amorosas, pero desde las normas del boca a boca prefijadas por el control social y la agu-
deza pueblerina de los decires anónimos de las gentes que,
en virtud de la coloquialidad de la lengua, que no es otra
cosa que el viejo rezago quechua del habla metafórica, elusi-
va, confidencial y comunera que se ha mestizado tomando
formas españolas, aunque, como también ocurre con Arguedas, conservando, muchas veces, el esquema mental campesino.

Edgardo Rivera Martínez (1933) al publicar *El unicornio*
(1964) se revela como un narrador cuya prosa lírica y grave
tiene una mirada entre enternecedora y mágica del mundo
andino; sin embargo, en él se registran elementos de la cultura y la mitología clásicas, como la figura del unicornio, que
se aparece a un maestro en una aldea andina. En otra pieza
señera de su narrativa, *El ángel de Ocongate*[56], se urdimbran en
el perfecto tejido narrativo relucientes fibras del alma netamente peruana. Vendrán otros libros de relatos como *El visitante* (1973), *Azurita* (1978), *Enunciación* (1979), *Historia de Ci-
far y Camilo* (1981) y será siempre esa nostalgia andina mezclada con la gravedad del indio y la parquedad en sus
palabras, la sustancia de su narrativa aun cuando buena cantidad de sus relatos tenga poco que ver con lo esencialmente
indígena. Sin duda, *Azurita* es el libro que más nexos tiene
con el mundo andino. Antonio Cornejo Polar ha escrito en
el prólogo: «Los cuentos de *Azurita* afincan su nivel de representación en la vasta región de los Andes, cuyo paisaje es descrito con fruicción pictórica, con prosa sensitiva pero refre-
nada, y rastrean acciones de personajes también definidos
por su condición serrana; sin embargo, por encima de este
plano referencial, aunque sin inhibirlo, el narrador modula
una dimensión semántica más amplia, legítimamente onto-
lógica, que se resuelve, casi siempre, por la vía de lo maravi-

---

[56] Este relato le valió el Premio de las mil palabras patrocinado por la revista limeña *Caretas*. A manera de una ensoñación, la brevedad, sentido circular y bien trabajada prosa del relato, la convierten en una joyita literaria.

lloso, en una densa y sutil predicación su orden existencial»[57].

La primera novela de Rivera Martínez, *El país de Jauja*[58], es la perfecta amalgama de su poética. En un pueblo mítico desde antes de la llegada de los españoles, la vieja Xauxa, convertida en Jauja, la ciudad de las maravillas y refundada por Pizarro como la primera capital del Perú, discurre su historia ya entrados los años 40 del siglo XX, y los personajes, mestizos y extranjeros, algunos vienen a recuperar la salud en un célebre sanatorio para tuberculosos, mantienen el deje de cuanto Rivera Martínez entiende por hacer literatura.

Carlos Eduardo Zavaleta[59] es un narrador polifónico de temas, espacios y tendencias. Consumado admirador de Faulkner, no ha descuidado, sin embargo, la creación de relatos memorables con personajes indios y mestizos para ofrecernos como referente las tierras de Ancash y más concretamente el pueblo de Sihuas. Algunos relatos suyos como «El Cristo Villenas» o su novela *Los Ingar* son ya clásicos dentro de la narrativa peruana.

El de Manuel Scorza es el caso del poeta contestatario que, en la madurez, se torna en novelista comprometido con la lucha social, pero aun así, se vale del mundo mágico para reforzar sus símbolos. La suya es una saga, una «guerra silenciosa» como bautizó a su pentalogía en un prólogo de manifiestas intenciones. Es la lucha de la resistencia campesina y comunera ante la incursión terrateniente, alentada por el fortalecimiento de capitales norteamericanos, en la sierra central del Perú que despojó a los indios de sus pequeñas heredades y al país de grandes riquezas mineras.

La pentalogía de Scorza está integrada por *Redoble por Rancas* (1970), *Garabombo, el invisible* (1972), *El jinete insomne* (1977), *Cantar de Agapito Robles* (1977) y *La tumba del relámpa-*

---

[57] Edgardo Rivera Martínez, *Azurita*, Lima, Lasontay, 1978, pág. 8.
[58] Edgardo Rivera Martínez, *El país de Jauja*, Lima, La Voz/Ediciones, 1993, 515 págs.
[59] Carlos Eduardo Zavaleta (Carás, 1928) empezó a publicar cuentos y novelas a partir de los años 50, de manera constante, sin prisas ni pausas, y tiene algunos relatos que se vinculan directamente con el neoindigenismo.

go (1979)[60]. Las novelas abarcan un espacio temporal comprendido entre 1950 y 1962, y se localizan entre las comunidades y haciendas del departamento de Pasco. Tomás Escajadillo, destacado estudioso del indigenismo peruano, dice: «Al hacer una evaluación de las cinco novelas de Scorza, sin embargo, descubrimos que se trata del mismo esquema básico de *El mundo es ancho y ajeno;* lucha, primero legal luego armada, entre una o varias comunidades y un poderoso gamonal local, batalla que termina en el exterminio de los indios»[61]. El neoindigenismo se advierte por el nuevo tono narrativo que insufla a sus libros, desenfadado, lírico y antitético[62], que contrasta grandemente por lo repetitivo, caricaturesco y fantástico con lo que en realidad constituye un tema espeluznante, absolutamente vejatorio de la condición humana como es el relato de un auténtico genocidio. Aun cuando, como ya advierte Ricardo González Vigil, los dos últimos tomos alcancen un nivel elevado: «La tercera novela depuró considerablemente los defectos estilísticos de las dos primeras[63] (imitación excesiva a García Márquez, tendencia al ornamento retórico, etc.), permitiendo que *Cantar de Agapito Robles* y *La tumba del relámpago* posean méritos sobresalientes»[64].

De todas maneras, el trabajo narrativo de Scorza, pese a su dependencia de García Márquez, al esquema básico de

---

[60] La primera novela de Manuel Scorza fue traducida a muchas lenguas, la segunda a muchas menos y las últimas, prácticamente, no han sido traducidas a otros idiomas. Lamentablemente, Plaza & Janés ya no publica a Scorza y los saldos de las ediciones de sus libros fueron vendidos a mitad de precio en el verano de 1994.

[61] Escajadillo, ob. cit., pág. 112.

[62] Al referirse a la primera novela de Scorza dice: «*Redoble por Rancas* tiene un carácter lúdico en su escritura y en la concepción de situaciones y personajes que obstaculiza la aludida fusión; es decir, la farsa reviste allí cierta gratuidad, lo que estabelece el divorcio entre la condición de testigo que reclama para sí el autor y las modalidades histriónicas que adopta el novelista.» Véase «Un redoble algo frívolo por Rancas» de Abelardo Oquendo en *Dominical,* suplemento dominical de *El Comercio,* Lima, 11 de junio de 1971, pág. 28.

[63] Imitación flagrante a García Márquez, tendencia al ornamento retórico, histrionismo y desacostumbrado sarcasmo en los personajes, etc.

[64] Ricardo González Vigil, *El Perú es todas las sangres,* Lima, Pontificia Universidad Católica del Perú, 1991, pág. 330.

33

Alegría y a ciertos detalles recargados e inconsistentes, constituye un hito en la narrativa latinoamericana, por la declarada y desbordante pasión del narrador, por los temas verídicos que relata desde la óptica hierofánica y que, además, ha servido para mostrar al mundo las pústulas de una herida abierta que permanecerá sin restañarse mientras quede un indio, un campesino o un comunero, discriminado por su pobreza y el tono de su piel.

El crítico argentino Alejandro Losada escribió: «Scorza ha creado una ficción que revela una realidad: el modo como los campesinos vivían su vida cotidiana, enquistados en su alienación, velando y ocultando lo que tenía a la vista y considerando a los que se escapaban de esta condición como rodeados por virtudes sobrehumanas. A pesar de la abundancia de elementos fantásticos empleados a la manera del realismo tradicional, y de aquellos otros introducidos como meros elementos exóticos y distractivos, que amenazan con fisurar completamente la obra, queda esta validez: ha creado un símbolo significativo de un mundo, una metáfora de su alienación, de la irracionalidad con que sostienen su vida. De esta manera, lo fantástico es un elemento esencial de su intención literaria: crear una "balada" que refleje la conciencia de su pueblo. Para él, desde hace siglos, es una conciencia vencida que deforma la realidad, que destruye el mundo y construye, en su lugar, una fantasía como camino para sobrevivir»[65].

Hay escritores indigenistas como Gamaniel Churata, Rubén Sueldo Guevara y Porfirio Meneses que merecen mayor ahondamiento en su narrativa por parte de la crítica, así como también hay narradores neoindigenistas como Marcos Yauri Montero[66], Hildebrando Pérez Huarancca, Óscar Colchado Lucio, Cronwell Jara, Luis Enrique Tord y algunos más, por el momento, que merecen ser tomados en cuenta.

[65] Véase Alejandro Losada, «Ciro Alegría como fundador de la realidad: interpretación del indigenismo en el contexto de la sociedad andina», en *Acta literaria*, Academia de Ciencias, Budapest, 1975.

[66] Ricardo González Vigil, «Importancia y vigencia del Indigenismo», en *Dominical* de El Comercio, Lima, 2 de octubre de 1994, pág. 21.

5. Las obras más significativas y el tiempo

Fundador de la realidad peruana, llama Alejandro Losada a Ciro Alegría y, efectivamente, a partir de sus novelas se concibe al hombre andino de otra manera, no sólo entre los intelectuales más o menos vinculados a las férulas del poder cultural peruano, sino que el triunfar en un concurso de novela fuera de su país y en momentos de exilio, enfermedad y extrema pobreza, otorgan un valor añadido a los méritos propios de sus libros. Cuando en Nueva York, el concurso internacional de Farrar & Rinehart le erige como el mayor novelista hispanoamericano de ese momento, su obra trasciende las fronteras del español y continúa siendo el peruano más traducido y reeditado[67]. El acercamiento de los intelectuales peruanos al indio se desarrolló con creciente vigor y estuvo siempre ligado a la militancia cultural y social. Puede resultar útil la siguiente cronología paralela a una bibliografía seleccionada de lo que por esos momentos significó el indigenismo:

1908 Hijo de José Alegría Lynch y María Bazán Lynch, nace Ciro Alegría Bazán, el 4 de noviembre, en la hacienda Quilca, provincia de Huamachuco, Departamento de La Libertad.// Max Medina: *Causas del estacionamiento de la raza indígena.*

1909 Oficialmente se sindica este año como la fecha del nacimiento de Alegría.// Pedro S. Zulen, Dora Mayer y Joaquín Capelo fundan la Asociación Pro Indígena que edita *Deber Pro-Indígena* a partir de 1912.

1914 José Alegría recibe por accidente un balazo y mientras se restablece enseña a leer a Ciro.// Felipe Barreda y Laos: *La raza indígena en la historia y en el arte.*

1915 Su familia se traslada a Marcabal Grande, cercana al río Marañón de sus novelas.// José Antonio Encinas:

---

[67] Los libros de Ciro Alegría han sido traducidos en 29 lenguas y han sido publicados en 56 casas editoriales extranjeras.

El alcoholismo en la raza indígena y Félix Cosio: *La propiedad colectiva del ayllo.*

1916 José Frisancho: *El caciquismo y el problema indígena* y Domingo Sánchez: *La raza indígena y los medios de promover su evolución.*

1917 Viaja a Trujillo. Atraviesa los Andes a caballo. En el Colegio San Juan es alumno de César Vallejo.// Alberto Ballón: *Los hombres de la selva.*

1920 Contrae fiebres palúdicas. Estudia en Cajabamba. Visita al pintor indigenista José Sabogal.// López Albújar: *Cuentos andinos*, José Antonio Encinas: *Contribuciones a una legislación tutelar indígena*, Manuel Yarlequé: *La raza indígena* y José Valle Riestra: *Ollantay.*

1921 Juan Chouvenc: *Dicionario Quechua-Castellano*, Julio C. Tello: *Introducción a la Historia Antigua del Perú* y Víctor Pérez: *La individualización de la propiedad comunal indígena.*

1922 Pedro Irigoyen: *Del conflicto y el problema indígena* y Luis Felipe Aguilar: *Cuestiones indígenas.*

1924 Alegría retorna a Trujillo. Escribe su primer relato.// Ventura García Calderón: *La venganza del cóndor*, Augusto Aguirre Morales: *El pueblo del sol* e Hildebrando Castro Pozo: *Nuestra comunidad indígena.*

1925 Aparece *Alma quechua* en Cuzco y Raoul y Marie D'Harcourt: *La musique des incas et ses survivances.*

1926 Alegría funda la revista *Juventud*. Escribe poemas y relatos. Muere su madre.//Aparecen dos revistas señeras: el grupo Orkopata de Puno con Emilio Vásquez y Alejandro Peralta editan *Boletín Titikaka* y José Carlos Mariátegui *Amauta.*

1927 Ingresa en el diario *El Norte* de Antenor Orrego. Amistad con el Grupo Norte.// Célebre debate sobre el indio entre Luis Alberto Sánchez y José Carlos Mariátegui. Luis E. Valcárcel: *Tempestad en los Andes* y Jesús Lara: *Arawiy, arawiku. Poemas quechuas.*

1928 José Carlos Mariátegui en *Siete ensayos de interpretación de la realidad peruana*, hace planteamientos sobre el indio de gran importancia futura. Louis Baudin: *El imperio socialista de los incas* y L. A. Sánchez incluye en su *Literatura peruana* un capítulo sobre literatura inca.

1929   Larco Herrera: *Hacia el despertar del alma india* y Julio C. Tello: *Antiguo Perú.*

1930   Trabaja en *La Industria* de Trujillo. Ingresa en la universidad y escribe la novela corta *La Marimorena.* Participa en luchas estudiantiles. Se funda la Alianza Popular Revolucionaria Americana, Apra. // José Uriel García: *El nuevo indio* y Antonio Almaza: *También ruge el indio.*

1931   Se inicia la revolución aprista. Participa en escaramuzas armadas. Fracasa el movimiento. En la cárcel de Trujillo es cruelmente torturado.// César Vallejo: *El tungsteno,* José Frisancho: *Del jesuitismo al indianismo,* Domingo Verástegui: *El indio presente y porvenir* y Víctor Andrés Belaúnde en *La realidad nacional* contrapone las tesis de Mariátegui.

1932   Estalla la revolución de Trujillo, Alegría es liberado. Hay masacres y fusilamientos. Interviene el ejército y debela la insurrección. Alegría huye a las montañas pero es capturado. Sufre prisión en Celendín, Cajamarca, Chilete, Trujillo y, finalmente, es confinado en la Penitenciaría de Lima.// Magdaleno Chira: *Observaciones e indicaciones de la legislación indígena.*

1933   El nuevo presidente Óscar R. Benavides le otorga amnistía. Ingresa en *La Tribuna,* diario clandestino. Escribe *Carnet de celda.*// José María Arguedas: *Warma kuyay,* Alfredo Yépez Miranda: *Los Andes vengadores* y Emilo Vásquez: *Altipampa.*

1934   Escribe en *Panoramas, Crónica social* y *Palabra.* Interviene en la Conspiración de El Agustino. Es apresado y deportado a Chile. Llega el 15 de diciembre, el día que J. S. Chocano muere asesinado.// Emilio Vásquez: *Tawantinsuyo,* Recaredo Pérez Palma: *La evolución mítica del Tawantinsuyo* y J. M. Arguedas publica varios cuentos.

1935   Vive en Chile de colaboraciones periodísticas. Con *La serpiente de oro* gana el concurso Nascimento. Se casa con Rosalía Amézquita.// J. M. Arguedas: *Agua,* Alfredo Yépez Miranda: *La novela indigenista* y Ricardo

Martínez de la Torre: *Apuntes para una interpretación marxista de la historia del Perú.*

1936 Trabaja en la Ed. Ercilla. Enferma del pulmón y se recupera en el Sanatorio de Maipo.//Se publica por primera vez, en facsímiles la *Nueva Crónica y Buen Gobierno* de Guamán Poma de Ayala; Hildebrando Castro Pozo: *Del ayllu al cooperativismo socialista* y Dora Mayer de Zulen: *La intangibilidad de las comunidades indígenas.*

1937 Recrudece su enfermedad. Hace traducciones y pasa apuros económicos.// López Albújar: *Nuevos cuentos andinos,* Antenor Orrego: *Pueblo-Continente* y Luis E. Valcárcel: *Mirador andino.*

1938 Sufre una afasia motriz. Como medida terapéutica se le recomienda escribir y concluye *Los perros hambrientos,* novela que gana el Premio Zig Zag. // J. M. Arguedas: *Canto Kechwa;* en París, García Calderón y Jorge Basadre: *Literatura inca.*

1939 Se traduce *La serpiente de oro* al inglés y aparece *Los perros hambrientos.*// Rafael Larco Herrera: *El indio, problema nacional.*

1940 Inicia su novela *La flauta de pan* pero abandona el proyecto.// Alberto Tauro: *Presencia y definición del indigenismo literario,* Napoleón Burga: *La literatura en el Perú de los Incas.*

1941 Apremiado por el plazo de cierre, escribe en cuatro meses *El mundo es ancho y ajeno* para un concurso abierto por la Farrar y Rinehart para países iberoamericanos, representa a Chile y gana en la votación final de Nueva York. Viaja a Estados Unidos y Puerto Rico. La Guerra Mundial le impide el retorno.// J. M. Arguedas: *Yawar fiesta,* Serafín Delmar: *Sol, están destrozando tus hijos,* Julio Garrido Malaver: *La guacha,* Mario Florián: *Tono de fauna* y Roberto Mac Lean: *Autoctonismo de las culturas andinas.*

1942 Trabaja en *Selecciones.* En Washington entra en el Servicio de Propaganda de Guerra. Versiones en inglés, portugués y sueco de su última novela.// Serafín Delmar: *La tierra es el hombre,* J. M. Farfán: *Poesía folklórica quechua,* Jorge Cornejo Bouroncle: *Sangre india* y Julio

C. Tello: *Origen y desarrollo de las civilizaciones prehistóricas andinas.*

1943 Alegría, en protesta contra el racismo alemán, rechaza la propuesta nazi de editar *El mundo es ancho y ajeno*, en versión de K. Korner.// López Albújar: *El hechizo de Tomayquichua*, Serafín Delmar: *Los campesinos y otros condenados* y Jesús Lara: *Surumi.*

1944 Alegría se divorcia de Rosalía Amézquita, su primera esposa.// Julio Garrido: *Palabras de tierra.*

1945 Hace doblajes para películas en español. Escribe para Overseas News Agency y *Norte* de Nueva York. // Luis E. Valcárcel: *Ruta cultural del Perú* y Mario Florián: *Urpi.*

1946 Concluye su drama *Selva*. Conoce a Gabriela Mistral, tema de un futuro libro. Publica en *Annals* el ensayo «Los derechos humanos en América Latina», levantando un gran revuelo.// Smithsonian Institution: *Handbook of South American Indians: The Andean Civilizations* y Porfirio Meneses: *Cholerías.*

1947 Profesor visitante en universidades norteamericanas. Problemas económicos y mala salud.// J. M. Arguedas y Francisco Izquierdo: *Mitos, leyendas y cuentos peruanos*, Jesús Lara: *La poesía quechua* y Leopoldo Vidal Martínez: *Poesía de los incas.*

1948 Renuncia al Apra. Vuelve a Puerto Rico. Colabora con diarios y revistas norteamericanos. Vive con un solo pulmón y este año se le interviene el hígado.// Carlos Paz Soldán: *Disección del indigenismo peruano* y Felipe de la Barra: *El indio peruano en las etapas de la conquista y frente a la República.*

1949 Escribe *Las piedras solas* y *El hombre que era amigo de la noche*. Contrae matrimonio con Ligia Marchand. Contrato en la Universidad de Puerto Rico.// J. M. Arguedas: *Canciones y cuentos del pueblo quechua*, Dora Mayer de Zulen: *El indigenismo* y Julio C. Tello: *Wira Kocha.*

1950 Su última novela es traducida a catorce idiomas. Escribe «Notas sobre el personaje de la novela hispanoamericana». Colabora con *El Mundo* de San Juan.// Raúl Porras Barrenechea: *Los quechuistas del Perú.*

1951 Exiliado y prohibido en el Perú, publica *La piedra y la cruz*, en *Letras peruanas* de Lima.// Mario Florián: *El juglar andinista*, Raúl Porras Barrenechea edita versiones facsimilares de *Lexicón o Vocabulario de la Lengua General del Perú* y *Gramática o Arte de la Lengua General de los Indios del Perú*, escritas por fray Domingo de Santo Tomás en 1560.

1952 El general Odría, dictador peruano, le niega la entrada al país.// Juan Ríos: *Ayar Manko*, Jesús Lara: *Yanakuna* y J. M. Farfán: *Colección de textos quechuas en el Perú*.

1953 *La Crónica* de Lima acepta sus colaboraciones, publica la primera pero es censurado. Viaja a Cuba. Da clases en La Habana. Escribe *Duelo de caballeros* e inicia *Lázaro*. La Asociación de Artistas Aficionados de Lima estrena su drama *Selva*. Se divorcia por segunda vez.// Eleodoro Vargas Vicuña: *Ñahuín* y J. M. Arguedas: *Cuentos mágico-realistas y canciones de fiestas tradicionales del valle del Mantaro*.

1954 Publica «Calixto Garmendia». Escribe para *Diario de la Marina* y *Alerta* de Cuba.// J. M. Arguedas: *Diamantes y pedernales*, Porfirio Meneses: *El hombrecillo oscuro y otros cuentos*.

1955 J. M. Arguedas: *Taki parwa* y la traducción de *Apu Inka Atawalpaman* y Rebeca Carrión Cachot: *El culto del agua en el antiguo Perú*.

1956 Inicia en *Carteles* de Cuba sus *Historias reales noveladas* que aparecerán después de su muerte como *Sueño y verdad de América*.// Paul Rivet y George Crequi-Monfort: *Bibliographie das langues Aymara et Kichua* y Jesús Lara: *Poesía popular quechua*.

1957 Viaja a Puerto Rico, Santo Domingo, Jamaica, México y Estados Unidos para redactar *Cien años de vida productiva*, libro de encargo que se frustra cuando la revolución cubana nacionaliza el ron Bacardí. Se casa con la poetisa cubana Dora Varona Gil. El Primer Festival de Libro Peruano le edita 50.000 ejemplares de *El mundo es ancho y ajeno* que se agotan en pocas semanas. El presidente Prado le permite retornar después de 23 años de exilio. Es aclamado en un estadio. Doctor Honoris causa por la Universidad de Trujilllo. // Gamaniel Churata: *El pez de oro*, Alden Mason: *The ancient civilización*.

1958 Conoce Arequipa, Cuzco, Puno, Juliaca, Tingo María e Iquitos. Colabora con *El Comercio*. Retorna a Cuba. Reside en zona castrista y obtiene material para *La revolución cubana, un testimonio personal*.// J. M. Arguedas: *Los ríos profundos* y Sociedades Bíblicas Unidas: *Señorninchic Jesucristopa Musuq Testamenton*.

1959 Gallimard: sexta edición en francés de *El mundo es ancho y ajeno*. Concluye la primera versión de *Cien años de vida productiva*.// Jesús Lara: *Yawarninchij*.

1960 Vuelve al Perú. Elegido miembro de número de la Academia Peruana de la Lengua.// Jesús Lara: *Leyendas quechuas* y Patricio Ricketts: *El legado aborigen*.

1961 Vigésima edición de *El mundo es ancho y ajeno* en Buenos Aires. Se inscribe al partido Acción Popular, postula una senaduría por La Libertad y pierde por la oposición aprista. Escribe en *Expreso*. Escribe *Siempre hay caminos*, hasta donde la conocemos, hoy publicada póstumamente. // Julio C. Tello: *Chavín, cultura matriz de la civilización andina*.

1962 Golpe de Estado. Se anuncian nuevas elecciones y postula una diputación por Lima.// José María Arguedas: *La agonía de Rasu Niti* y José Varallanos: *El cholo y el Perú*.

1963 Gana las elecciones y asume la diputación por Lima. Se publica *Duelo de caballeros* en edición peruana dirigida por Manuel Scorza. Edición china de sus novelas.// José María Arguedas: *Las comunidades tradicionales de España y del Perú*.

1964 Viaja a Francia, Italia y Estados Unidos./ J. M. Arguedas: *Todas las sangres*.

1965 Visita Berlín. Sus novelas se editan en rumano./ J. M. Arguedas: *Poesía quechua*.

1966 Intensa actividad política.// Francisco de Ávila: *Dioses y hombres de Huarochirí*, J. M. Arguedas: *Katatay* y Jesús Lara: *La cultura de los incas*.

1967 Decide viajar a México al Segundo Congreso de la Comunidad Latinoamericana de Escritores. El 16 de febrero entrega personalmente su artículo «El país de la piedra» a *Expreso* y regresa a su hogar. A la 1.30 de la madrugada del 17 fallece víctima de una hemorragia cerebral.// J. M. Arguedas: *Amor mundo y todos los cuentos*, Mario Florián: *Ullantay-Tampu Haylli*, Víctor Villanueva: *Hugo Blanco y la rebelión campesina* y Gabriel Escobar: *Organización social y cultural del sur del Perú*.

6. Las obras de Ciro Alegría

En vida, Ciro Alegría publicó tres novelas: *La serpiente de oro* (1935), *Los perros hambrientos* (1939) y *El mundo es ancho y Ajeno* (1941), y un libro de cuentos *Duelo de caballeros* (1963). Pero, hoy día, su bibliografía supera la veintena de libros. Dora Varona, su viuda, antóloga, editora y biógrafa, ha publicado las novelas inéditas e inconclusas: *Lázaro, El dilema de Krause* y *Siempre hay caminos*, siete novelas para niños y jóvenes[68], tres libros de ensayo, y según ha anunciado en repetidas ocasiones varios tomos más pueden aparecer con la recopilación de centenares de artículos periodísticos que escribió el novelista para ganarse la vida. Sin embargo, pese a que Alegría se inició como poeta, no existe hasta hoy un volumen autónomo con sus versos.

La serpiente de oro describe el mundo familiar y cotidiano de los cholos balseros de Calemar; hombres que tienen como única fuente de vida al Marañón, un río que más tarde se juntará con el Ucayali para convertirse en el Amazonas. Calemar es una aldea ubicada en la ceja de selva, en el norte del Perú, hasta donde llega un ingeniero limeño con ansias de hacerse millonario. Pero la selva termina devorandolo, matando de esa manera su proyecto de occidentalización del mundo agreste. La novela discurre en medio de una sinfonía

---

[68] Los libros para niños y jóvenes son: *Sueño y verdad de América; Fitzcarraldo, el dios del oro negro; Sacha en el reino de los árboles; Nace un niño en los Andes; 11 animales con alma y 1 con garras; El zorro y el conejo* y *El ave hechizada que canta en la noch*e, todos publicados por la editorial Alfaguara de Madrid entre 1984 y 1987.

de colores, de agua y naturaleza[69], relatada por varias voces, sin dejar de lado fragmentos contados por un narrador omnisciente. Algunos críticos como Alberto Escobar y Luis Alberto Sánchez[70] consideran a ésta la mejor novela de Alegría, aunque no está enmarcada dentro de la ortodoxia indigenista por dejar de lado los grandes conflictos del Perú y volcarse hacia la vida cotidiana de balseros que, pendientes de las bravatas del gran río, llegan a idolatrarlo como dueño de sus vidas y sus destinos.

Los perros hambrientos (1939) es la segunda novela de Ciro Alegría y a ella nos dedicaremos más adelante.

El mundo es ancho y ajeno, ganadora del Premio Latinoamericano de Novela después de previas selecciones en los 21 países de habla hispana de América, es la tercera novela de Alegría. Constituye canto épico al campesino manipulado, desposeído y humillado por los caciques regionales que, de la mano de autoridades cómplices, expoliaron al indio sin la menor piedad. Como ya se ha dicho, es una novela que, por el estilo supera los lindes del indigenismo esencial. Narra la historia de una comunidad andina a la que despojan de su tierra, la realojan en una zona improductiva, más alta, para excluirla y acabar echándola definitivamente. Aun cuando Alegría consigue crear un arquetipo de la narrativa peruana en Rosendo Maqui, el sabio alcalde comunero que busca la reivindicación de su pueblo a través de las leyes y la educación, aparecen otros dos personajes de gran vigor, Benito Castro, autoexiliado de la comunidad que después de recorrer buena parte del país vuelve a defender su tierra hasta la

---

[69] Sobre la sinfonía de colores, sonidos y silencios, como vías de ingreso a la novela véase Alberto Escobar, *La serpiente de oro o el río de la vida*, UNMSM, Ed. Lumen, Lima, 1993, págs. 9-14. «Cuando Joaquina Navarro (hija de don Tomás Navarro Tomás, el ilustre filólogo hispano) presentó como tesis para un grado de bachiller en Artes de la de Columbia University, un estudio sobre la musicalidad y el colorido del estilo de Ciro Alegría, sorprendió a muchos: estaba en lo cierto. Ciro contaba y poetizaba», escribe Sánchez, ob. cit., pág. 51.

[70] «A nuestro juicio, en esta novela revela Ciro Alegría toda su maestría de narrador y su convicción de rebelde, comunitario», asegura Sánchez, ob. cit., pág. 54.

muerte, y El Fiero Vásquez, bandolero tenebroso y romántico, embarcado también en la lucha, a su manera, por reconquistar los terrenos que les han sido arrebatados a los campesinos. Se trata de una novela densa, que conmueve y emociona porque presenta el gran problema de la tierra, todavía latente en la mayoría de países americanos[71].

Para Henry Bonneville, *Lázaro*, la novela inconclusa de Alegría, tenía los ingredientes para superar «en amplitud y madurez a todas las anteriores»[72], pero escrita, como sabemos, en 1953 quedó aparcada para siempre al año siguiente. Relata la revolución aprista de Trujillo de 1932, intentona en la que el narrador fue militante activo. El referente indígena comunero ha sido cambiado por el del obrero sindicalista encaramado en lo más efervescente de la lucha social: la huelga. Aparece un Alegría más suelto, que esgrime un estilo remozado, demostrando sus disposiciones de narrador de raza y no del memorialista, que algunos le echaron en cara. Sus personajes convencen y seducen, y tal vez esa razón hace más doloroso su truncamiento. Como de costumbre, apela a la interpolación de relatos y de pronto el lector se da de bruces con esa formidable pieza literaria que es «Calixto Garmendia»[73] cuando todos estábamos en la creencia de que se trataba de un cuento autónomo.

En *El dilema de Krause*[74], Alegría muestra el gran drama carcelario del Perú como producto de la desaprensión, la mala administración de la justicia y el hacinamiento brutal en que los reclusos se debaten. El *alter ego* del novelista es Celso Arizmendi, y Krause, un presidiario alemán próximo a

---

[71] Véase Peter Klaren, *La formación de haciendas azucareras y el origen del Apra*, Lima, Instituto de Estudios Peruanos, 1970 y Baltazar Caravedo Molinari, *Clases, lucha política y Gobierno en el Perú (1919-1933)*, Lima, Retama Editorial, 1977.

[72] Henry Bonneville, prólogo a *Lázaro* de Ciro Alegría, Buenos Aires, Editorial Losada, 1973, pág. 7.

[73] En forma de un relato, «Calixto Garmendia» apareció en la revista *Cuadernos*, París, núm. 7 de 1954, y luego en muchas antologías de cuentos sobre la narrativa peruana, publicados dentro y fuera de la patria de Ciro Alegría hasta descubrirse, finalmente, como parte integrante de *Lázaro*.

[74] Ciro Alegría, *El dilema de Krause. Penitenciaría de Lima*, Lima, Ediciones Varona, 1979, 150 págs.

cumplir su condena, que filosofa sobre la verdadera libertad del hombre y el sentido de la vida. Otra novela abortada, lamentablemente.

Aunque también inacabada, pero de mayor fuerza, es *Siempre hay caminos*, que nunca sabremos si es un relato largo o una novela corta. Alegría, que había escamoteado reiteradamente su andadura literaria por el mundo íntimo de la mujer, realiza en esta obra una notable inmersión. Y podemos afirmar que conocía bien a las mujeres, pues en su agitado periplo de trotamundos mantuvo convivencia formal con seis mujeres y contrajo matrimonio con tres.

De los cuatro libros de cuentos para adultos y siete para niños y jóvenes, Alegría autorizó únicamente[75] el primero: *Duelo de caballeros* (1963), en el que aparecen relatos de gran belleza. El relato que da nombre al libro recrea la vida de dos delincuentes de los bajos fondos de la Lima de la primera mitad del siglo: es una especie de danza guerrera ritual, un duelo a muerte a navajazos entre dos auténticos caballeros del delito.

Seleccionados y editados por Dora Varona han aparecido luego *La ofrenda de piedra*, *Siete cuentos quirománticos* y el *Sol de los jaguares* para lectores adultos, y *La panki y el guerrero* y otros libros para los lectores jóvenes[76]. Se trata de relatos refundidos y entresacados de sus novelas, inéditos o inacabados, que han merecido el aplauso de algunos por el esfuerzo en la difusión de toda la obra del novelista; otros, como Tomás Escajadillo, Carlos Eduardo Zavaleta y, no hace mucho, de César Hildebrant[77] los han rechazado.

El caso de las *Memorias*[78] del escritor constituye un

---

[75] Varios volúmenes de cuentos aparecieron después de la muerte de Ciro Alegría (1967) de acuerdo con refundiciones, rescatados de inéditos, olvidados y entresacados de las novelas mayores. Este trabajo lo realizó Dora Varona, su viuda.

[76] *La panki y el guerrero*, editada póstumamente en Lima, recibió el Premio Nacional de Literatura Infantil en el Perú.

[77] Escajadillo, ob. cit., págs. 159-176, Carlos Eduardo Zavaleta en su opúsculo *Retrato de Ciro Alegría*, Lima, Lluvia Editores, 1984 y César Hildebrant en *ABC El libro del año*, Madrid, Espasa Calpe, 1995, págs. 278-280.

[78] Ciro Alegría, *Mucha suerte con harto palo. Memorias*, Buenos Aires, Editorial Losada, 1976, 471 págs.

auténtico paradigma. Alegría nunca escribió sus páginas con ese propósito. Fue un esmerado trabajo de *collage* de su viuda, que, con mucha ilusión, juntó fragmentos autobiográficos de artículos, notas, conferencias, cartas, relatos y hasta de novelas. Lleva por título *Mucha suerte con harto palo,* frase con la que el escritor resumió lo que, a su juicio, había sido su vida. Además, a Dora Varona le debemos *A la sombra del cóndor*[79], la única biografía extensa de Ciro Alegría que se ha hecho hasta la fecha. Obra escrita con amor y furia, con algunas páginas de infinita ternura y otras de inflexible realismo y dureza, pone al descubierto rincones inéditos del escritor, del hombre y de su última esposa.

II. «Los perros hambrientos»

Como decía Camus, todo libro trascendente guarda una historia secreta. Alegría escribió un artículo titulado «Novela de mis novelas»[80] para dar testimonio de su desgarrado acto de amor con la vida, que le permitió engendrar sus tres obras famosas. Al referirse a *Los perros hambrientos,* cuenta que fue producto de una larga y dolorosa convalecencia de la tuberculosis pulmonar que le tenía postrado en la clínica Maipo, en una serranía maravillosa a cien kilómetros de Santiago de Chile. Allí, cuando se le agudizaba la crisis, le aplicaban un neumotórax, prácticamente manual, para insuflar sus pulmones con oxígeno. En una de esas operaciones, una burbuja de aire se deslizó a su sangre y se le fue hasta el cerebro, causándole una parálisis parcial durante algunos días. Pero su gran tenacidad hizo que, como terapia de rehabilitación a su afasia motriz, se le impusieran ejercicios de escritura manual puesto que, como él mismo cuenta, «tenía raros desórdenes motrices a tal punto que, al escribir, suprimía letras de las palabras,. hacía *emes* con cuatro rasgos, *eles* como *elles* y toda

---

[79] Dora Varona, *La sombra del cóndor,* bibliografía ilustrada de Ciro Alegría, Lima, 1993, Diselpesa, 345 págs.
[80] «Novela de mis novelas».

46

combinación de consonantes me resultaba una maraña. Para peor, me olvidaba frecuentemente de las palabras»[81]. Su médico, el doctor Juricic, le recetó que escribiera, y así estuvo durante días emborronando papeles «sin ton ni son», hasta que resolvió escribir algo, de mayor entidad, una novela por ejemplo, pero no encontraba el tema idóneo. Entonces, ocurrió que «con la noche solían aullar algunos perros encerrados en la caseta ubicada en medio del pinar que rodea el sanatorio, eran broncas sus voces, pero una de ellas, débil, pequeña, alargaba un agudo acento. Su lamento nocturno martillaba mis oídos con incansable pertinacia y entonces recordé. En tiempos lejanos, siendo un niño de cuatro o cinco años, había escuchado yo voces parecidas a la pequeña y aguda, mientras la sombra ceñía apretadamente la cordillera andina. Había escrito también un cuento llamado "Los perros hambrientos". Viendo el asunto con más amplitud, una novela saldría de allí»[82].

Ciro Alegría nos contó de viva a voz, a Isabel Córdova[83] y al autor de estas páginas[84], que un día vino a visitarle Rosalía Amezquita y le trajo las bases del concurso Zig-Zag, le dejó unas cuartillas de papel que él le había pedido y se marchó. Al caer la tarde, en la hora bruja de la llegada de la noche, oyó que aullaban los perros, recordó las historias que su abuela Juana le había contado sobre una antigua sequía y empezó su novela con las siguientes palabras: «Guau, guau, guau // El lento y monótono ladrido de los perros tras el ve-

---

[81] Ciro Alegría, *Memorias.*, pág. 181.

[82] Ciro Alegría, ob. cit., pág. 182.

[83] «Una tarde llegó a Chaclacayo una parejita joven, Carlos Villanes Cairo y su novia Isabel Córdova Rosas. Querían conocer personalmente al maestro. Venían de la ciudad de Huancayo. Ciro los recibió con simpatía. Tenían apenas diecinueve y quince años respectivamente. Él dejó a Ciro su primer libro de poemas *Silencio roto* y un cuento. Ella el recuerdo de su bella estampa de princesa huanca. ¿Quién iba a decirnos que con el tiempo aquellos jóvenes habrían de convertirse en hábiles profesionales de las letras y fieles divulgadores de la obra de Ciro Alegría?», ha escrito Dora Varona en *La sombra del cóndor*, pág. 332.

[84] Véase «El mundo de Ciro Alegría» reportaje de C.V.C. en «Luz y Arte», Escuela de Bellas Artes de Instituto Nacional de Cultura de Junín, Huancayo, núm. 6, abril-mayo de 1965, págs. 27-35.

llón albo del ganado...»[85]. Había empezado a nacer su segunda novela; sin embargo, la historia de los «perros hambrientos» de su país tenía más de cinco siglos...

1. Una historia imprescindible

¿Por qué «perros hambrientos» en un territorio tan lleno de recursos naturales y posibilidades de desarrollo como el Perú? ¿Por qué mendigos sentados en bancos de oro, como escribió Raimondi[86], para referirse a sus habitantes? Se trata de un país rico, cuna de la civilización inca que dio al mundo la papa, el algodón, el girasol, las judías y un largo etcétera; tiene tres mil kilómetros de costa con una corriente submarina privilegiada de placton, que produce pesca abundante; petróleo en la costa y en la Amazonía; una selva, de ingentes recursos, casi tan grande como la Península Ibérica; una gran riqueza minera con mucho oro, que sirvió para fundar el Banco de Londres porque, según se sabe, cierta cantidad venía para España en unos barcos, que fueron asaltados por corsarios en alta mar y tuvieron otro destino... Sin embargo, desde siempre, sus malos gobernantes festinaron el manjar y la ingente riqueza no fue administrada ni con sabiduría ni con honradez.

Basada en la agricultura y el colectivismo[87], la economía de los antiguos peruanos queda fracturada violentamente durante la colonia, que no consigue crear una economía alternativa porque se da preferencia a la minería, con mano de obra muy barata y beneficios inmediatos. A principios del si-

---

[85] La edición príncipe se inicia de esta manera y la mayoría de las impresas en América también. La edición de Aguilar suprime las onomatopeyas de los ladridos y, por ejemplo, una de las últimas que se han hecho también. Ediciones Varona imprimió en Chile una edición en 1990 donde también han desaparecido.

[86] Antonio Raimondi, naturalista italiano que vivió y estudio durante muchos años las riquezas del país andino y publicó con sus investigaciones entre 1874 y 1913, El Perú, en seis volúmenes.

[87] Véase Waldemar Espinoza Soriano, Los modos de producción en el Imperio de los Incas, Lima, Amaru editores, 1978, 384 págs.

glo pasado, el naciente capitalismo inglés impulsó los movimientos liberales americanos, y al independizarse las colonias de España, se cambiaron virreyes y encomenderos por presidentes movidos por industriales y banqueros de Inglaterra, luego de Francia y finalmente de los Estados Unidos. La economía republicana se bifurcó por dos caminos: en las nacientes ciudades creció la economía burguesa y en el mundo rural la economía feudal reanudó su marcha con atisbos de un naciente capitalismo. En las haciendas de la costa y de la sierra, la mano del amo continuó siendo la misma[88].

Al descubrirse las bondades del guano y del salitre como fertilizantes, desde Inglaterra y Francia se impulsó una guerra fratricida entre Perú, Bolivia y Chile, pomposamente llamada Guerra del Pacífico, en la que, como afirma Manuel González Prada, buena parte los combatientes fueron batallones formados por indios, y la patria de Ciro Alegría llevó la peor parte. Mutilado y enfermo, el país vio cómo su economía se fue a la deriva, las deudas y los bonos de garantía emitidos para sufragar y sobrevivir a la contienda le obligaron a caer en una contraprestación leonina: la cesión a consorcios extranjeros de sus riquezas naturales, como el nocivo contrato Grace. Y sonó una nueva trompeta: el Perú continuaba siendo un país rico en recursos y se podía hacer fortuna con sus ferrocarriles, entregados a la Peruvian Corporation; la riqueza minera, a la Cerro de Pasco Cooper Corporation y a la Southern Perú; el petróleo, a la International Petroleum Company y el guano y el salitre a la Grace[89]. El capital financiero dio sus primeros resultados: hasta cierto punto creció la oligarquía nativa, los obreros se fortalecieron y el caciquismo nativo tomó mayor auge, apañado por autoridades cómplices y corruptas. Mientras tanto, las estadísticas decían, con toda claridad, que las cuatro quintas partes de la población peruana era indígena. Y en medio de aquella efervescencia social, política y económica, un hijo de hacendados, que había

---

[88] Véase Ernesto Yepes del Castillo, «Los inicios de la expansión mercantil capitalista en el Perú (1890-1930)», *Historia del Perú. Perú Republicano*, Lima, Editorial Juan Mejía Baca, t. VII, págs. 305-400.

[89] *Ibídem.*

dejado su heredad para ir en pos de la causa de los humildes y vivía pobre y enfermo en el exilio, escribió, antes de cumplir los treinta y tres años, sus tres fulgurantes novelas.

Las tambaleantes primaveras democráticas del Perú vivieron siempre al trasiego del ruido de los sables. Tres militarismos gobernaron el país andino; hubo de todo, pero también presidentes constitucionales que, arropados por oligarquías o populismos, convirtieron el territorio nacional en feudos de sus allegados y/o de sus partidos políticos, hasta terminar algunos fácilmente perdonados por la ausencia de memoria histórica y otros huidos como vulgares asaltantes del erario nacional.

2. *Los contenidos*

Entre la diafanidad y la poesía de su prosa, que nunca supedita lo social a lo literario, ni a la proclama panfletaria, ni al sentido vicario del gran drama humano; dentro del marco general de una gran sequía andina, *Los perros hambrientos* constituye, en 1939, año de su publicación, la novela peruana más próxima al mayor problema[90] del hombre peruano: la propiedad de la tierra, su diaria lucha por vencer la agreste naturaleza y las relaciones humanas entre las desproporciones que determinan los papeles antagónicos de agua-sequía, blanco-indio, pobreza-riqueza, cosmovisión e instituciones occidentales-cosmovisión e instituciones andinas.

Pero además, Alegría establece dos mundos paralelos, el de los hombres y el de los perros, para sumergirnos primero en el seno de una familia, llevarnos al mundo de dos seres marginales huidos de la ley y luego a la casa de un hacendado, con un ojo móvil que muestra las secuencias unas veces desde la mirada de un relatista oral, otras desde la voz de un narrador y a veces desde la óptica de un perro. El escritor ensaya una curiosa omnisciencia metiéndose, un poco, dentro de la piel canina, como cuando describe a los miembros de una casa; es como si el perro se lo contara al lector asombra-

---

[90] Las novelas mayores del indigenismo tanto de Ciro Alegría como las de José María Arguedas aparecerían después.

50

do y apoyado en la balconada de un mundo lacerante. Pero como los humanos, también los perros se vuelven malos ante el hambre y hasta llegan a odiarse, matarse y devorarse entre ellos.

2.1. El hombre peruano y la tierra

Desde tiempos muy antiguos, el hombre peruano adora a la tierra. La ha convertido en una diosa que aparece con el nombre *Pachamama*[91] en el Panteón andino. Su lugar de privilegio le ha ganado un culto permanente y aunque de manera cíclica le hace significativas ofrendas casi todos los días, cuando empieza algo especial y tiene que brindar, o encomendarse, lo primero que hace es derramar unas gotas de su bebida al suelo para que se alimente la Madre Tierra.

El hombre andino también rendía culto al agua, la adoraba, como elemento primordial de todo cuanto existe. Tierra y agua eran la fuente de la vida, y se convirtieron en los seres tutelares por excelencia de una cultura eminentemente agraria, que basó el poder de su economía en el cultivo de la tierra y llegó a gobernar un territorio de dos millones de kilómetros cuadrados y diez millones de habitantes, en los que, como aseguran los cronistas de la conquista, ocurría algo realmente increíble: nunca hubo hambre. Para ello, los incas construyeron sistemas de canales de irrigación que desafiaron a las montañas de los Andes, llevaron agua a los desiertos y a los páramos, y fueron habilísimos astrónomos y cosmógrafos[92]. El

---

[91] *Pachamama*, es una palabra de origen quechua que significa literalmente madre tierra, pero además es una de las diosas principales del panteón inca, fuente de toda vida y elemento vital para la supervivencia.

[92] «Asegurar una oferta estable de alimentos para un imperio de 10 millones de habitantes, teniendo como recurso agrícola la diversidad, el fraccionamiento y las fluctuaciones, exigía una organización social y un razonamiento científico, adaptados y consistentes con este desafío. Por ello, de manera autónoma, ingeniaron una tecnología agrícola de andenes; de sistemas hidráulicos; de rotación y combinación de cultivos; de elección genética de variedades y su correspondiente localización ecológica; y el diseño y construcción de herramientas, entre otros aportes», escribe John Earls en *Planificación agrícola andina*, Lima, Universidad del Pacífico-Ediciones Cofide, 1989, pág. 7.

sistema de distribución de las riquezas y de la tierra consiguió tal sabiduría que realmente conmueve. Los hombres debían entregar un tercio de sus cosechas al Estado; éste poseía grandes almacenes de alimentos en lugares estratégicos, especialmente en las cumbres de las montañas, dotados de una perfecta refrigeración, y de esta manera estaban preparados para la sequía y las eventualidades del hambre en las guerras y, sobre todo, mantenían bien conservadas las semillas. Sin embargo, en la colonia esta economía cambia, radicalmente, y se presta mayor atención a la minería en la sierra, se favorecen las encomiendas dando origen al gamonalismo latifundista, que con la república se acentúa con vigor. Los viejos *ayllus,* muchos de ellos transterrados, se aferran en núcleos indígenas llamados «comunidades campesinas» que sobreviven, pese a las dificultades, en lugares por lo general abandonados a su suerte y al amparo de la benevolencia del agua, que trae la lluvia.

Y esto lo supo entender Ciro Alegría con mucha sapiencia, tanto que sus tres novelas ejemplares están vinculadas a la tierra y al agua. En la tercera, sobre todo, hay una lucha épica por la propiedad de ese metro cuadrado que en este mundo, según dice el poeta, nos toca por derecho natural a todos los humanos, por la búsqueda desesperada de cuando menos un pequeño lugar en el mundo, pese que el mundo es ancho pero ajeno. En la primera, hay que vencer la bravura del agua del río y despojar la virginidad de la selva a través de alguna industria floreciente, condenada a la venganza de la naturaleza en forma de serpiente dorada, la *intiwaraka,* que mata las ilusiones del aventurero capitalino. Y, finalmente, en la segunda novela, que motiva este prólogo, encontramos el enfrentamiento, hasta el desgarro, entre congéneres, hombres y perros, por falta del agua.

El gran drama de *Los perros hambrientos* es la tierra de secano, generosa y buena cuando llueve, pero despiadada si se cierran las compuertas del cielo para quienes no tienen otra forma de riego que aguardar, con los ojos al cielo, la primicia de la bondad ecológica. Cosa que no ocurre con los dueños de las haciendas que, aun en los momentos más desesperados, tienen los canales de irrigación, las acequias, el bombeo de agua subterránea, la ubicación estratégica de sus propiedades, la mano gratuita en el caso de los pongos o muy barata en el de los colonos y concertados, así como el almacenamiento especulativo de los excedentes. Para el campesino la tierra lo es todo:

> La siembra, el cultivo y la cosecha renuevan para los campesinos, cada año, la satisfacción de vivir. Son la razón de su existencia. Y a fuer de hombres rudos y sencillos, las huellas de sus pasos no se producen de otro modo que alineándose en surcos innumerables. ¿Qué más da? Eso es todo. La vida consigue ser buena si es fecunda.

La madre tierra, además, tiene el embrujo de la conservación de la vida y su mágica realidad le otorga un aire maternal, fecundo y sensual:

> Es bella la tierra, y más si está arada. Muelle y tierna, propicia, sabe a fecundidad y despide una vaharada sexual.

Pero con la sequía llega la desgracia y el hombre andino ni en sus momentos más desesperados maldice a la *Pachamama*, a lo más mira impotente al cielo y ve cómo la tierra se abre para dar cobijo definitivo a sus muertos. Nunca es más desgarrante la función de las herramientas agrarias que cuando se vuelven «inútiles... como no fuera para cavar tumbas». Porque, como dice el narrador, el campesino vive y muere por la tierra. «Ellos solamente saben sembrar y cosechar. El ritmo de su vida está netamente ajustado a la tierra. Y aquella vez, por eso, estaban muriendo pegados a la tierra.» Nunca es más feliz el hombre, en este caso Simón Robles, cabeza de la familia sobre la que gira esta novela, como cuando después del gran drama llega la lluvia y él sube al terrado de su casa en busca del mayor tesoro que ahí tenía guardado: semillas de trigo, maíz y arvejas; las acaricia amorosamente al contraluz de la claraboya y espera que crezca un poco la hierba, y se repongan los bueyes porque «la tierra esponjosa y feraz sería abierta para guardar la semilla hurtada al hambre».

2.2. Los prolegómenos de la desgracia

El esquema narrativo que Alegría emplea en *Los perros hambrientos* es sencillo. Su relato, circular y tradicional, empieza describiendo la vida cotidiana de una familia campesina de pastores y agricultores andinos, y termina devolviendo la paz perdida por la sequía, en donde el hombre desempeña un papel pasivo frente a los designios de la naturaleza. La composición se desarrolla con la estrategia clásica de la exposición, nudo y desenlace, con una técnica de alargamiento de la historia, a lo que algunos críticos llaman «el retardamiento del desarrollo de la acción», para crear suspense y de paso interpolar buena cantidad de relatos orales que contribuyen a dar mayor atmósfera a la novela, pero que, algunas veces, distraen la atención del desarrollo de la trama.

La localización espacial de *Los perros hambrientos* es imprecisa; sabemos que sucede en la serranía norte del Perú, entre el páramo andino y la cordillera, pero nada más. La aventura de un perro nos llevará concretamente a Cañar, que «no tenía nada de nido de cóndores, sino de madriguera de pumas», a las fiestas a Saucopampa y a la casa hacienda, pero el motivo central no está especificado como en otras novelas del autor (la comunidad de Rumi en *El mundo es ancho y ajeno* y Calemar y Shicún de *La serpiente de oro*). Sin embargo, esta imprecisión importa poco, porque la sequía es un fenómeno que tiene el poder de uniformar el paisaje, de convertirlo en gris y despiadado.

Por lo general, se pondera el «sentido idílico» del primer capítulo; en él aparece la pastora Antuca con su ganado y el cholito Pancho que viene a acompañarla en sus horas de soledad. A nuestro juicio, este paisaje tiene muy poco de idílico, nos parece más bien trágico aunque estable y sosegado frente al drama mayor que se le avecina. Estas líneas: «El ladrido monótono y largo, agudo hasta ser taladrante, triste como un lamento, azotaba el vellón albo de las ovejas», con que se inicia la novela, tienen muy poco de idílico y menos de bucólico en el sentido clásico, como sugiere Matilde Vilariño[93]. Es tristísimo, inclemente, casi lóbrego, despiadado por el rigor de la naturaleza. A más de 4.000 metros sobre el nivel del mar, allí sólo existe el *ichu* «como un regalo de la in-

[93] Matilde Vilariño de Olivieri, *La novelística de Ciro Alegría*, Universidad de Puerto Rico, Col. Mente y palabra, 1980, págs. 94-95.

clemencia». La soledad de la pobre pastora le hace dar animación y vida a los seres inanimados y pretende encontrar en el sol y la luna a un padre y a una madre. Luego aparece el viento, pero no es una brisa que acaricie sino un elemento implacable y agresivo, «potente y bronco, mugiendo contra los riscos, silbando entre las pajas, arremolinando las nubes, desgreñando la pelambrera lacia de los perros...».

Aparece Pancho, y después de reír y conversar toca wainos, canciones andinas casi siempre inspiradas en el amor perdido. Después toca «atormentados yaravíes»[94], a cuyo son aúllan los perros porque ven a las almas purgando sus penas, y más tarde cuenta historias sobrecogedoras y trágicas como la del cura que enloquece de amor y en vez de dejar en la paz del sepulcro a su amada, la desentierra, desgaja su cuerpo y con una canilla construye una quena que toca enloquecido, hasta morir junto al cadáver putrefacto. Prólogo tremendamente trágico de un futuro idilio entre Pancho y Antuca, que nunca llega a producirse a lo largo de la novela y que se disuelve entre los lamentos de la sequía. El capítulo concluye con una bella, pero también trágica, descripción de una tormenta andina, el retorno al hogar de Antuca, la llegada de la noche y la angustia, en medio de la oscuridad, de ser asaltados por pumas y zorros. Los perros ladran a las sombras para evitar desgracias mayores y finaliza de manera lóbrega: «Las voces de Zambo y su familia, junto con las de otros perros vecinales, formaban un coro ululante que hacía palpitar la noche andina.»

El capítulo que nos parece arcádico, conciliador y cargado de esperanzas es el décimo, «La nueva siembra», donde empieza realmente[95] el gran drama de la novela. Desde el ca-

---

[94] *Yaraví* es una palabra que procede del quechua *jarahui*, con que se designaba a la canción de la despedida amorosa. Su tono es plañidero y sentimental. Es por lo general el canto del desamor y la nostalgia.

[95] Empieza la gran sequía y la novela cobra una palpitante intensidad, los pocos relatos interpolados toman un tono ancilar y ante la inminente tragedia que se produce por la agresión de la naturaleza, también cambia el tono general de la novela, la arquitectura parece más fluida y la movilidad de los personajes acciona con gran soltura el engranaje y el final, que aunque previsible, es corto y rotundo.

pítulo undécimo al decimooctavo, el espectro del hambre atrapa y desquicia las vidas de los hombres y de los perros, enfrentándolos con gran crudeza.

La historia privada de los perros, también protagonistas de la novela y muchas veces con mayor intensidad y relevancia que los humanos, se inicia en el segundo capítulo. Zambo y Wanka traídos de un lugar lejano por Simón Robles inician la estirpe canina que llegará a ser famosa y conocida por todos los vallinos, tanto que hasta los bandoleros al toparse con uno de los perros que pertenece a esa jerarquía no vacilan en raptarlo. Se presenta la biografía de los animales apelando a pequeños relatos que nos muestran sus cualidades, como la de Güendiente; pero siempre flota un hálito nefasto, como las muertes de Máuser de un dinamitazo o de Tinto, que por arriesgarse a ir a la casa del hacendado, perece de una dentellada de Rafles, el perro malo de la hacienda, al que venga su hermano Chutín, pero no tomándose la justicia por sus dientes, sino yendo a parar a las manos del niño Obdulio, hijo del hacendado, y convirtiéndose en mejor cazador que los perros de «abundante gama heráldica». El mismo capítulo cuenta la historia de los nombres de Güeso y Pellejo, dos perros nacidos del nuevo parto de Wanka incorporados por Simón Robles al mando de Antuca porque el ganado crecía y necesitaba ayudantes.

Alegría se vale de la emigración de los perros de Simón Robles para mostrar las nuevas aventuras de sus personajes[96]. El Mañu nos lleva al hogar de Mateo Tampu, su mujer Martina y su hijo Damián, un niño de nueve años. Esta historia también es harto trágica. A Mateo, la gendarmería lo arranca del hogar para enrolarlo al servicio militar obligatorio y no regresa nunca. Cuando llega la sequía, Martina va en busca de comida y deja a Damián al cuidado de Mañu y de una oveja. Ésta es robada una noche y, al no re-

---

[96] El hogar de Simón Robles es el punto de partida, a través de la emigración de los perros del descubrimiento del mundo exterior. Lo mismo ocurrirá después en *El mundo es ancho y ajeno* con mayores dimensiones: Rumi es el centro vital de la comunidad, y la emigración de sus comuneros nos sirve para descubrir la realidad del Perú.

tornar la madre, el niño se echa al camino y muere de hambre, mientras Mañu lo salva de ser devorado por los cóndores.

El capítulo cuarto, «El puma de sombra», es prácticamente autónomo: mientras alguien dice que un puma ronda los rediles y se desata la alarma, el narrador «cae en cuenta» de que no ha descrito a Simón Robles, le hace un retrato y aprovecha para obsequiarnos con un simpático relato oral, de tono bíblico y machista, para demostrar que Eva fue creada por el miedo de Adán a estar solo, pero que con ella llegó su desgracia.

Al mundo del bandolerismo llegamos de la mano de Güeso, raptado en la altura por los hermanos Celedonio. Su difícil aunque después muy decidida aclimatación a la vida de los marginados comprende los capítulos sexto y séptimo; su trágico final, cercados por la policía y envenenados, se produce en el capítulo noveno.

Éstos son los tres capítulos más largos y, según Arturo del Hoyo, los más vibrantes de la novela. De nuevo, el sino trágico galvaniza la atención del lector y lo condiciona para la desgracia que se avecina. En el capítulo octavo, «Una chacra de maíz», aparece la primera sequía, que dura un año y casi agota las provisiones, y nos relata cómo los perros al ser condenados a media ración de alimentos por sus dueños empiezan a vagabundear de noche en busca de comida. La encuentran en las jugosas mazorcas de maíz en una chacra del hacendado, pero les tienden una trampa y Rayo cae atrapado por una gran piedra mientras que Shapra y Manolia son cazados a balazos.

Un concierto de sucesos trágicos ha ido señalando los hitos de la novela, hasta desembocar en el capítulo undécimo, donde, abruptamente, después de un capítulo bucólico y conciliador, como ya hemos señalado, llega la desgracia. El indio Mashe acompañado de cincuenta comuneros, hombres, mujeres y niños, aparece de improviso, pidiendo ser admitidos en la finca del patrón porque el pequeño pueblo en que vivían les había sido arrebatado por un fallo judicial injusto. El patrón les recibe de mala gana; en el cielo empieza a vislumbrarse la desgracia.

2.3. La sequía como revulsivo

Ante la furia de la naturaleza, el hombre se vuelve un niño desprotegido y acude desesperadamente a las fuerzas superiores, apela a su religión. Hace promesas, enciende lámparas votivas, saca en andas a sus imágenes sacras y en medio del desencanto vuelve a caer la lluvia durante algunos días, renace la ilusión y luego de nuevo la sequía. Y cuando las expectativas están casi perdidas, una vez más unos pocos días de lluvia, hasta que finalmente se corta toda esperanza.

Tres signos determinan la tragedia: los tallos pequeños de la nueva siembra se secan definitivamente, vuelve a parir la perra Wanka y Simón Robles ahoga con sus propias manos a los cachorros. Finalmente, el buen hombre roba a la hambruna las semillas de trigo, arvejas y maíz, y las esconde en un lugar secreto del terrado de su casa; el símbolo es evidente: no importa que la gente muera de hambre, no debe morir la semilla.

La naturaleza entera explosiona y Ciro Alegría, buen naturalizador del mundo, lo registra:

> Y vinieron, inexorables y agobiantes, los largos días de la sequía. Los hombres y los animales no estaban solos deplorándolo. Toda la naturaleza profería las palabras fatales de la sed y la muerte.
>
> Un viento silbante cruzaba la puna llevándose las nubes, levantando terrales y rezando largos responsos entre las hojas mustias de los árboles. «No llueve», gimió un agonizante hilillo de agua desde lo más profundo de su cauce. «No llueve», repitieron los alisos de las orillas, dejando caer sus hojas y contorsionando sus brazos. «No llueve», corearon las yerbas, desgreñándose, amarilleando y confundiéndose con la tierra. Hasta el caserón de la hacienda llegó la voz. «No llueve», admitieron los altos y severos eucaliptos que lo rodeaban, haciendo sonar sus hojas con un ruido metálico.

Y al caer la tarde se prolongaba el dolor:

Las noches parecían interminables. Nunca fueron tan negras, nunca tan hondas. Mugía el viento esparciendo un olor a polvo, a disgregación, a cadáver. Si salía la luna, frente a la naturaleza muerta, ante los árboles mustios o deshojados, fingía presidir una reunión de espectros.

Ante la desesperación viene el enfrentamiento por la disputa del poco agua que quedaba. Los primeros en hacerlo fueron los seres racionales: «Y se sabía que abajo, en las riberas del Yana, donde prosperaban la coca y las naranjas, los hombres morían en las tomas de agua disputándose a tiros y puñaladas el escaso caudal que lograba reunir el río.»

Mashe, el indio guía de los cincuenta exiliados de la expoliada comunidad de Huaira y posiblemente su alcalde, como Rosendo Maqui de *El mundo es ancho y ajeno*, comete una acción que le atormenta hasta poco antes de su muerte y que dentro de su sentimiento mágico religioso constituye para él y los suyos una verdadera afrenta. En su desesperación, llega hasta la imagen de San Lorenzo, patrón de Paucar, esa que tiene siempre en su altar un hermoso ramo de espigas de trigo maduro, y sin ser visto las roba para comérselas crudas, acongojado y silencioso, en la mitad del camino. Después de contar el suceso a su mujer, muere el prohombre de Huaira. Juana descubre el robo y se lo cuenta a Simón Robles, su marido, esperando levantar su ira y la cólera del santo, pero él, sin inmutarse, calma a su esposa y pretende que por su boca hable la imagen sacra: «Si consintió que luempuñaran, jué que quiso.»

También Mashe, al retornar a su casa tras su desesperado errar en busca de cualquier cosa, encuentra los despojos de la oveja que unos perros han comido y sin el menor reparo se los lleva a su casa y con ellos alimenta a su familia. Es desgarradora la escena en que se muestra a los hombres devorando los despojos que han dejado los perros.

El capítulo dieciocho, que lleva el nombre de la novela, encierra el momento culminante del libro. Nos introduce en él un ojo móvil que sigue el derrotero de los perros: «Las tropas grises de perros hambrientos iban de aquí para allá. Parecían retazos de tierra en movimiento. ¿Dónde diablos habían volado las perdices? Decididamente, no había nada. Carecían de fuerzas para conducir las manadas y de las chozas los corrían con tizones para que no molestaran más. A veces se quedaban parados en las lomas, dubitativos, indecisos, sin saber hacia donde seguir.» Lo mismo ocurre con los emigrados de la comunidad de Huaira: al ser sólo «acogidos» de la hacienda, se les acaban los alimentos y empiezan a morir de hambre. Un día, indios y cholos, entre ellos está Simón Robles, deciden rodear la casa del patrón y le exigen desesperadamente algo de comida y que, por favor, el encargado del cementerio no les cobre por los entierros para que las almas de los difuntos, que crecen día a día, se puedan salvar.

Don Cipriano, el patrón, dice que no puede meterse en las cosas de la iglesia, ni tampoco darles comida, porque no queda nada, y les obliga a marcharse:

> La voz del Simón Robles sonó ronca y firme:
> —Patrón, ¿cómo que nuay nada? Sus mulas y caballos finos tan comiendo cebada. ¿No vale más quiun animal un cristiano? Y tamién ay tan sus vacas, punta grande, patrón. Bienestá que haga pastiar, que no le roben... Pero hoy es el caso que debe matar pa que coma su gente. Peyor que perros tamos... Nosotros sí que semos como perros hambrientos. Yo tuavía, gracias a Dios, tengun poco, perotros pobres, esos huairinos, botaos po los campos buscando, llorando, suplicando... y nunca hallan nada... ni robar pueden [...]. Y si tiene pensar e hombre derecho, piense, patrón... Con nustro trabajo, con nustra vida sian abierto tuesas chacras, sia sembrao y cosechao to lo que uste come y tamién lo que comen sus animales... Algo deso denos siquiera onde los más necesitaos. No nos deje botaos como meros perros hambrientos, patrón...

El gamonal le replica, enfadado, que las tierras le pertenecen. Los campesinos deciden invadir la casa y llegar al terrado donde don Cipriano esconde alimentos. Les recibe una descarga de balazos, tres campesinos caen acribillados y los demás huyen.

Con este hecho terminan las protestas y el autor nos informa que pasan semanas y meses, hasta que llega noviembre con el milagro en forma de lluvia. Han muerto muchos hombres y muchos perros, pero la vida renace y Simón Robles sube al terrado a rescatar las pocas semillas que ha arrancado al hambre. Ante el regocijo de la familia, retorna al hogar Wanka, la madre de varias generaciones de perros pastores, exiliada por matar a dentelladas a la oveja que cuidaba y devorarla.

Y con la lluvia de nuevo la vida, sobre todo la comida, porque como advierte el anónimo narrador de la historia en el capítulo séptimo:

> Hablando en plata, ser hombre o perro es, después de todo, un bello asunto; pero cuando hay comida.

La sequía ha tratado de manera muy diferente a los perros, se ha ensañado con ellos y ha matado a todos nuestros conocidos, con excepción de Wanka y los canes de la hacienda. Debemos insistir en que son perros pastores, entrenados desde recién nacidos a beber la leche primigenia de la ubre de la oveja para que le tomen cariño, trabajan ayudando a sus amos en el campo, donde las irregularidades de los páramos y de las montañas extravían y dispersan con frecuencia la manada, y donde, no muy lejos, merodean animales dañinos de día y de noche; por eso pernoctan muy cerca de los rediles. Además de servir de compañía en la despiadada soledad de las punas y serranías, son imprescindibles en la tarea cotidiana de los pastores.

Después del año de mala cosecha de la primera sequía, Simón reduce las raciones de alimentos y, cuando están a punto de nacer los nuevos cachorros de Wanka, sentencia y ejecuta:

> —Nuay que dales e comer, y los otros cristianos no los quedrán tamién pueso.
> Y esa misma noche en que parió Wanka cogió a los perrillos y los arrojó a la poza más honda de la cercana quebrada. La madre estuvo aullando mucho rato frente a la impasible profundidad de las aguas sombrías.

Condenados a una escasa ración de alimentos, los perros no pueden acallar su hambre, como los hombres, oyendo historias nocturnas que se prodigan en la casa de los Robles. Aprenden a derribar las cañas y a comer las jugosas mazorcas tiernas, pero los cuidadores los descubren y les preparan trampas.

Ya hemos visto cómo Güeso, raptado por los Celedonios en la altura ante la impotente mirada de Antuca, después del sufrimiento que supuso la separación y la tortura por hambre y látigo de manos de sus nuevos dueños, se transforma en perro de bandoleros. Al ser abatidos los malechores por la policía, el animal trata de defenderlos pero también resulta herido de un balazo. Cuando ya se llevaban muertos a los forajidos, el alférez Chumpi, apodado el Culebrón, descubrió que Güeso permanecía todavía vivo y de «un balazo le rompió la cabeza», para dedicarle, finalmente, un postrero epitafio: «Perro de mierda —dijo Chumpi, recordando las batidas que inutilizó su ladrido.»

Ante la gran esperanza de que la procesión de la Virgen desataría la lluvia, acuden todos los campesinos a honrar a la Patrona. «Cerraba la marcha una tropa de perros entre los que estaba Pellejo. Los canes miraban el espectáculo con aire de desgano.» Pero llega la sequía definitiva y... la zarpa reaparece. «Comenzaron a deslindarse fronteras entre hombres y animales, entre hombres y hombres, y animales y animales [...]. Este fenómeno lo conocen bien los gobernantes y patrones —amos de calibre mayor—.»

Y el drama ocurre justamente con Wanka, la perra madre de varias generaciones de canes pastores, la más antigua y la que parecía más fiel con el rebaño. Alegría escoge a la progenitora arquetípica para el papel más cruel: matar a las ovejas de su propio redil devorándolas y, de alguna manera, aleccionar además a Zambo y a Pellejo, dos perros compañeros de trabajo, a secundar sus pasos. Consumado el delito, Simón Robles decreta el castigo en el acto: expulsión del clan familiar[97],

---

[97] La expulsión del clan familiar, de la comunidad o del *ayllu*, era uno de los peores castigos desde antiguo. Véase el relato «Ushanam jampi» de Enrique López Albújar en *Cuentos andinos*, y también *Justicia andina. Hacia una antropología jurídica*, de Oswaldo Torres R., Huancayo, Edición del autor, 1995, 176 págs.

condenándolos a la muerte lenta de la hambruna en el mundo exterior. Convertidos en vagabundos se unirán a una jauría de perros babeantes y hambrientos, como macilentos espectros dispuestos al ataque y quién sabe si a contagiarse con alguna epidemia. Al ser descubiertos asolando la hacienda, son envenenados y mueren casi todos los perros vagabundos. Algunos, como Pellejo y Wanka, huyen al ver a sus hermanos defenestrados. En el momento culminante de la desgracia, Pellejo llega a comerse a Zambo ya putrefacto y poco después muere porque su hermano había muerto envenenado. Wanka se pierde desolada; al final de la novela, cuando llega la lluvia, ella también retorna al clan familiar, a la casa de Simón Robles, y se aproxima recelosa con la memoria de haber sido alguna vez arrojada de allí:

> —¡Wanka, Wankita, ven! —dijo.
> Avanzó la perra a restregarse cariñosamente contra el Simón. Éste le palmeaba los huesudos lomos, llorando.
> —Wanka, Wankita, vos sabes lo ques cuanduel pobre yel animal no tienen tierra ni agua... Sabes, y pueso has güelto..., Wanka, Wankita... Has güelto como la lluvia güena...
> Y para Wanka las lágrimas y la voz y las palmadas del Simón eran también buenas como la lluvia...

Mañu es el perro héroe. Muy tempranamente, Alegría le dedica el capítulo tercero, «Peripecia del Mañu», para describirnos su salida de la casa de Simón Robles en manos de Mateo Tampu, su nuevo dueño. Mateo, casado con Martina, tiene dos niños. Pronto desaparece de la escena para siempre, llevado obligatoriamente para servir en el ejército. «Es así como el hogar quedó sin amparo. No tuvo ya marido, ni padre, ni amo, ni labrador. La Martina hacía sus tareas en medio de un dolido silencio: el Damián lloraba cada vez que le venía el recuerdo: el Mañu, contagiado de la tristeza de sus amos y apenado él mismo, aullaba hacia las lejanías, y las tierras se llenaban de mala yerba.» Es cuando Mañu asume la función de custodio del hogar: «En casa donde no hay hombre, el perro guarda [...] Mañu, sintiéndose guardador de la casa y sus moradores cobró gran orgullo. Gruñía y mostraba los afilados colmillos a la menor ocasión y tenía siempre la mirada y los oídos alertas. Erguido sobre una loma o un pedrón, era un incansable vigía de la zona.»

La parte épica del periplo de Mañu ocurre mucho más adelante, en el capítulo decimosexto, dedicado íntegramente a sus aventuras, cuando Mañu, convertido en una fiera y malherido por los picotazos de las aves rapaces, evita el ensalmo macabro. Más tarde retorna a la casa de Simón Robles, que no sólo no premia su acción, sino que le niega los alimentos: «Pero nada le fue dado. Ni siquiera el cariño a que lo tenía acostumbrado el Damián. Si mataban una oveja, roían y hacían hervir los huesos, de modo que cuando llegaban a la cálida y buida ansiedad de su lengua y sus colmillos, ya estaban inservibles.»

Poco antes de morir Mañu, de hambre y abandonado a la vera del cauce seco de un río, sucede que:

> Una tarde, mientras el horizonte dentado de cerros se teñía de rojo, la Antuca se encontró con Mañu. Estaba tirado sobre las piedras en el reseco lecho de la quebrada. Escueto, fatal, herido acaso. Su colgante lengua tenía un color pálido. ¿Moría tal vez? Moría solo. Se trataba de un buen perro que podía esperar la muerte en medio de la soledad. La miró sin rencor en sus pupilas brillantes. «¿No he tratado siempre de servir?», pareció decirle. Y ella, que era pequeña y había crecido junto con los perros, le entendió perfectamente. Se olvidó del cántaro y el agua. Cuando cayó la noche y escuchó la aguda voz de la Juana, que le llamaba, tenía aún las manos posadas cariñosamente entre las hirsutas lanas, sobre el cuello de Mañu. Estaba extrañamente cálido y estremecido.

Aun cuando la sequía vuelve «malos», vagabundos y hambrientos a todos los perros de los campesinos y en su mayoría terminan muertos, la suerte de los canes de la hacienda es diferente. En primer lugar disfrutan de una condición de privilegio, no se sabe si la comida les escasea, pero sí se oyen de vez en cuando sus ladridos altaneros y prepotentes. En una clara toma de partido por los perros pobres, Alegría siempre pinta a los otros como malos y asesinos, especialmente a Rafles, que parece atribuirse el liderazgo de la jauría siniestra. Chutín, perro de cuna humilde, al que bautizan con ese nombre por ser *chuto*, pobre, desaliñado, se une a ellos y pronto adquiere los modales de su jefe, volviéndose contra sus congéneres.

Ante la sequía, los poderes del Estado peruano son letra muerta. La máxima figura política de una provincia es el subprefecto, en este caso «don Fernán Frías y Cortes y otras yerbas». Alegría se vale de él para describir a las autoridades de esta manera:

> ...don Fermín pertenecía a esa serie de engreídos e inútiles que, entre otras buenas y eficaces gentes, pare Lima por cientos, y que ella, la ciudad capital, la que gobierna, envía a las provincias para librarse de una inepcia que no se cansa de reclamar acomodo. Desde luego que su destino no puede ser otro que la fácil burocracia de las subprefecturas y la recaudación de impuestos, y estando allí, tratan de «allegar dineros» por todos los medios para después retornar a Lima, despilfarrarlos en trajes y burdeles y trajinar otra vez en busca de colocación.

Pero, además, el novelista aprovecha la circunstancia para poner de manifiesto la marginación que hasta hoy día aliena, aunque cada vez menos por la gran emigración de provincianos a Lima, a quienes por razón exclusiva de nacimiento en la Capital pretenden mayor rango social y humano: «De esto resulta que los provincianos, además de creer que todos los limeños son unos mequetrefes de melosa facundia y pulido ademán para disimular las uñas largas, viven, teniendo también otras razones para ello, en perenne plan de rechazo a la capital.»

El tradicional centralismo peruano está presente también entre el hacendado don Cipriano y su ayudante don Rómulo; un día éste le sugiere a su patrón recurrir al Gobierno para paliar los destrozos de la sequía: «—¿El Gobierno? —gruñó indignado Cipriano—. Usted no sabe lo que es el Gobierno. Desde Lima se ven de otra manera las cosas. Yo he estado allá. Una vez hubo una hambruna en Ancash, y al Gobierno le importó un pito. El subprefecto, si no es una bestia, debe estar informado ya. Le apuesto que el Gobierno no hará nada...»

Y la policía, encargada del orden público, también se muestra desmedida y abusiva en la detención de Mateo, y expoliadora de cuanto encuentra a su paso. El alférez Chumpi, el Culebrón, no va en busca de los Celedonios por cumplir su deber, sino presionado por el subprefecto que está a punto de perder su cargo y necesita ganarse los favores de «sus padrinos» en Lima. Si Chumpi consigue su objetivo «hará méritos» ante el subprefecto, éste ante sus «padrinos», y éstos ante el gobierno central. Son eslabones de una misma cadena. El Culebrón no atrapará a los Celedonios batiéndose a tiros con ellos, pese a tener el doble de hombres, como «los hombres de ley», sino mediante una trampa.

Respecto a la religión, Ciro Alegría no la muestra determinante en la vida de sus personajes. Al empezar la novela, relata la macabra historia del cura enamorado que desentierra a su amada. Luego Alegría nos presenta a otro sacerdote, pero éste es ignorante y se vale de él para relatar una bella historia de la literatura oral, texto que «no aparece» en la edición de Aguilar de Madrid, porque fue censurado por el gobierno franquista[98]. Finalmente, el novelista, entre patético y burlón, hace un breve recuento del santoral y recrea la pública solicitud de lluvia a la Virgen, con anécdota jocosa incluida, petición que no se cumple.

Tampoco Alegría hace alusión al profundo sentimiento religioso y panteísta que profesa el aborigen peruano desde tiempos milenarios. Apenas se insinúa algo en las canciones de Antuca al dirigirse al sol y la luna como deidades, y a la tierra como *Pachamama*, o sea madre tierra, pero nada más. Es bien sabido que el hombre de los Andes mantiene hasta nuestros días una serie de ritos, creencias y costumbres relacionadas con sus dioses tutelares prehispánicos que no menciona la novela. Mucho más si el agua, fuente de toda vida, recibía desde la antigüedad el culto permanente de los habitantes de un país eminentemente agrario como el Perú.

---

[98] La mutilación del texto se produjo en la pág. 236 de la edición Aguilar, correspondiente a la parte final del segundo capítulo. Nunca sabremos si por una extraña coincidencia o para dejar una pista a los lectores más meticulosos, en la edición madrileña se corta y la frase queda trunca después de una coma (,) Vg.: dice: *a desfacer entuertos de herejía,*

2.4. La humanización de los animales

Alegría configura mejor el desenvolvimiento actancial de sus perros como personajes que los papeles de los humanos. Tres sobresalen con mucha nitidez: Wanka, la madre de las generaciones, expulsada del clan familiar y al que retorna con la lluvia buena; Güeso, que de compañero de pastores se convierte en protector de seres marginales, es el primero en descubrir los rigores del hambre y del castigo y muere benefactor y fiel; y Mañu, que asume la custodia absoluta de un hogar y defiende a su pequeño amo casi hasta la extinción final.

Alegría, además, aproxima a los ojos del lector las características de los hombres desde la óptica de sus perros, como cuando presenta a la familia de Simón Robles: «El caso es que Wanka y Zambo fueron creciendo encariñados con las ovejas y con los Robles. Sus ojos, desde luego, vieron pronto más claramente y más lejos. Los amos tenían la piel cetrina. El Simón y la Juana andaban algo encorvados. El Timoteo hinchaba el poncho con un ancho tórax abombado. La Vicenta, erguida y ágil, era quien les enseñaba las tareas pastoriles. Pero intimaban con la Antuca, la pequeña y lozana Antuca.»

Son perros que sienten, piensan, recuerdan, y algunas veces, sin esperar una orden, actúan en favor de sus dueños. Llegan a momentos épicos de solidaridad, como cuando Mañu junto al cadáver de Damián impide que sea víctima de la voracidad de un ave rapaz, o Güeso que, al cambiar de dueño descubre las características de un hombre malvado y por algo de comida, se hace su amigo y luego le salva la vida varias veces. El lado oscuro de los perros aflora con el hambre, y retornan «a la cueva», como dice Alegría, a la barbarie plena cuando matan a ovejas de su propio rebaño para alimentar sus cuerpos desfallecientes.

Alegría tenía la firme convicción de que la novela es, ante todo, la creación de unos personajes memorables[99]. En

---

[99] Juan Loveluck, «Nota sobre el personaje en la novela latinoamericana», en *Memoria del Quinto Congreso de Literatura Iberoamericana*, Albuquerque-Nuevo México, The University of New México Press, 1952, págs. 47-59.

Los perros hambrientos, Wanka, Güeso y Mañu, lo consiguen con creces. Wanka[100], cuyo nombre simboliza al grupo étnico indómito del valle del Mantaro en el centro del Perú[101], que no se había doblegado al Imperio de los Incas hasta ser derrotado tras cruenta resistencia y que luego pactaría con los hispanos para luchar contra los incas, porque los consideraban su enemigo común[102], es, junto con Zambo, la que inicia una saga, una dinastía de perros pastores cuya fama se extiende muy lejos, hasta las ignotas madrigueras de los bandoleros.

Con Wanka, Ciro Alegría consigue el tronco de una familia que nos conduce hacia todos los horizontes de la novela. Aunque condenada al ostracismo y a la muerte por inanición por quebrantar la ley comunera, su sabiduría le salva la vida, mientras que todos sus congéneres comen carne envenenada por los dueños de la hacienda. Ella continúa errabunda casi un año hasta que retorna la lluvia, y al sentirla desde sus entrañas nace el reclamo de volver al clan familiar, aun temiendo ser de nuevo rechazada.

Güeso, el perro bandolero, es una de las figuras mejor trazadas de la novela, dice Arturo del Hoyo[103]. Sus aventuras constituyen además una micronovela autónoma dentro de la obra. Güeso es el primer personaje que descubre el dolor y el hambre.

—¿Lo marco?
—Márcalo...

El látigo se levantó describiendo un círculo, luego planeó sobre el cuerpo acezante de Güeso y, recogiéndose súbi-

---

[100] Wanka significa piedra en la variante dialectal, del mismo nombre de la lengua quechua que se habla en esta parte del Perú, el wanka a su vez tiene tres variantes.

[101] Se trata de un valle interandino entre Jauja y Santiago León de Chongos Bajo, al sur de Huancayo, está a 300 kilómetros de Lima y 3.100 metros sobre el nivel del mar, en el centro mismo del país y su situación estratégica de paso hacia la selva, la sierra sur y norte y la costa, ha sido determinante en su desarrollo social y económico.

[102] Véase *La destrucción del Imperio de los Incas,* de Waldemar Espinoza Soriano.

[103] Arturo del Hoyo, Prologo a *Novelas completas* de Ciro Alegría, pág. 29.

tamente para doblar la punta, estalló en una de las ancas. Tras un breve chasquido la carne se abrió, roja, como un flor. Güeso profirió un taladrante aullido.

—¿En lotra también? —preguntó el Blas.

—No, no seya que le caiga gusano. Dale así nomá...

Y el látigo se levantó y cayó sobre el cuerpo tembloroso, zumbando y estallando rítmicamente. Güeso sintió que sus carnes le ardían. Se puso de pie para huir, más sólo consiguió hacerse a un lado, pues la soga lo retuvo. En su ofuscación no se había acordado de ella. Pero ya no trató de tenderse nuevamente. El Julián jaló y el otro le ordenó, agitando la oscura y flexible culebra:

—Camina.

Y Güeso, rendido, entregado a una dolorosa y sangrante renuncia, con la respiración corta, el cuerpo ardoroso y la cabeza en llamas, comenzó a caminar. Un hilo de sangre tibia le resbalaba por una pierna.

Descubrió que era terco e implacable el hombre.

La primera intención de Güeso es negarse a probar alimento; después, acuciado por las entrañas, come lleno de odio y aprende a querer esas manos que un día le castigaron. Lleva la fidelidad como escudo e incluso salva la vida del amo cruel. En cierta ocasión, Güeso divisa la manada de Antuca, pero su nuevo dueño le llama y el perro acude sin vacilar; entonces comprende que ya había decidido su destino: la suerte violenta de sus nuevos dueños.

Del heroísmo de Mañu ya hemos hablado, sólo añadir que fue la deslealtad de sus dueños el acicate para vivir de vagabundo, pero su fin, propio de alguien que había dado todo por los demás, en brazos de la Antuca, es una preciosa estampa de las muchas del libro.

La correspondencia entre el título de la novela y el desarrollo del relato, además de la metáfora válida para hombres y animales, otorga circularidad a la historia; empieza con el ladrido de Wanka y Zambo tras la manada y termina con la misma Wanka retornando con la lluvia y los ojos de Simón Robles que también llueven al ver de nuevo a la amiga fiel.

Los perros sirven al novelista de pretexto para contar muchas historias arrancadas de la literatura oral, de las que ellos son protagonistas. También hay otras, como la del puma azul, con un tono de control social y moralina, pero sin atisbarse en ella el más mínimo carácter de escolaridad, propaganda o sentido vicario de la vida. Son cosas que pasan, y las voces de los hombres del campo las cultivan y difunden.

En la «humanización» de los animales, Ciro Alegría consigue cotas mucho más altas que las de Jack London con Centella y Colmillo Blanco; o que las de Oliver Curwood con Kazán, el perro lobo, y su descendiente Bari; e incluso que Virginia Woolf que inmortalizó al pequeño Flush, compañero de Elizabeth Barret, o que Rudyard Kipling[104] en sus hermosas historias de la selva.

Esta especie de franciscanismo no tiene antecedentes en la literatura peruana, ni hispanoamericana, y tampoco ha tenido seguidores. En el fondo, Ciro Alegría nunca dejó de ser un hombre agrario. Cuando le conocí, en 1964, me pareció así, y algunas veces me invitó a su casa en Chaclacayo, pueblo de clima privilegiado cercano a Lima, a departir en su patio; entonces, él mismo cocinaba a la parrilla carne seca machacada con un mazo de madera y la degustaba con delicia, acompañándola de unos granos de cancha[105]. En esos momentos ya era diputado de la nación y se había convertido en el narrador más famoso del Perú, sus hijos todavía muy pequeños, Cecilia, Ciro Benjamín y Gonzalo[106], jugaban por los alrededores al abrigo del sol acariciante y el cercano rumor del río Rímac, que bajaba rugiendo de la sierra cargado de humus y tierra primordial. Entonces comprendí que el novelista, pese a su prolongado exilio en Chile, Estados Unidos, Puerto Rico y Cuba, nunca había dejado de sentirse un hombre de campo, enamorado de los animales, de los cielos limpios y del frescor de la naturaleza que se deja acariciar con el alma y con las manos.

---

[104] Existen algunas novelas con perros como protagonistas en la literatura infantil y juvenil, sin embargo, pocas alcanzan el sentido humano y patético de la obra de Alegría.

[105] *Cancha*, palabra quechua, maíz tostado.

[106] Diego Arturo, el último hijo de Ciro Alegría, nació cuatro meses después de la muerte de su padre.

2.5. Campesino, hacendado y bandolero

Alegría delimita con mucha precisión a sus personajes: indios comuneros, campesinos, cholos, blancos y bandoleros.

Los indios de *Los perros hambrientos* son los que vienen fugitivos de Huaira, víctimas de una tramoya político judicial con la que les han arrebatado sus tierras. Llegan totalmente desposeídos y son los que sufren con más rigor la inclemencia de la sequía andina. Muy poco se sabe de sus tradiciones y sus costumbres, de su lenguaje y sus creencias comunes, que son cuanto les une como rezago de un viejo *ayllu*[107]. Esto tiene una explicación literaria. Cuando Alegría escribía sobre la llegada de los huairinos mendigando un plato de comida a la tierra del hacendado, cayó en la cuenta de que aquí había otra novela y, efectivamente, eludió el contenido de cuanto podía dar de sí el gran drama de los pueblos tradicionales de los Andes, desposeídos compulsivamente de sus tierras. Esa epopeya de gran aliento, *El mundo es ancho y ajeno*, vio la luz tres años después. Mashe dejará su timidez y se convertirá en el sabio alcalde Rosendo Maqui, a la cabeza de indios comuneros pertenecientes al viejo *ayllu*[108], de Rumi, del que serán arrojados y al que pretenderán volver y conservar como la única y última razón de su existencia.

El novelista, en varios pasajes de *Los perros hambrientos*, manifiesta que Simón Robles y los suyos son campesinos y pastores. Siembran un terreno que suponemos no es muy grande, con independencia de las tierras comunales y también de las de los hacendados, que les permite vivir y poseer un buen rebaño de ovejas que satisface sus necesidades y esperanzas de un futuro sin nuevos horizontes, pero llevadero. «¿Raza? No hablemos de ella. Tan mezclada como la del hombre peruano [...]. Ancestros hispánicos y nativos se mez-

---

[107] Aun cuando su aparición en la novela únicamente se refiere al pedido de asilo, poco se informa de su procedencia anterior, apenas se sabe de su levantamiento y su final.

[108] Véase vocabulario.

71

claban en Wanka y Zambo, tal como en el Simón Robles y toda la gente atravesada[109] de estos lados», explica de la prosapia de hombres y perros de su libro.

El narrador omnisciente que cuenta la historia dice hablar un lenguaje agrario:

> El año fue malo. Y ya se sabe que en este lenguaje agrario que nos es propio, año malo quiere decir año sin buenas cosechas. Hay que ajustarse la barriga entonces, y de ahí el dicho, cuando alguien se harta: «Saca el vientre de mal año.»

Y tipifica como campesinos, expresamente, a los protagonistas de su historia:

> Los campesinos miraban al cielo, pleno de una inclemencia azul, y pensaban en la semilla para el año próximo y en la espera de la cosecha. La ración, por eso, fue reducida.

Sin duda, limitado a cuanto tiene delante y manteniendo a lo largo de los años unas mismas costumbres, como si las trajeran atadas a sus genes, en su atavismo centenario, la tierra para el hombre agrario lo es todo: «La siembra, el cultivo y la cosecha renuevan para los campesinos, cada año, la satisfacción de vivir. Son la razón de su existencia. Y a fuer de hombres rudos y sencillos, las huellas de sus pasos no se producen de otro modo que alineándose en surcos innumerables.»

En el indigenismo esencial, la reivindicación y la protesta son elementos determinantes; sin embargo, en *Los perros hambrientos* esas condiciones están casi ausentes. La sequía asola por igual la tierra de hacendados y campesinos y únicamente en el penúltimo capítulo de la novela, cuando el hambre ya es insoportable, los campesinos acompañan a los indios en su protesta contra el hacendado, que prefiere alimentar a sus animales antes que a los hombres más desgraciados. Ante la amenaza de agresión, la respuesta del hacendo es expeditiva; él y sus hombres, sus familiares y hasta su pequeño

---

[109] Se refiere al mestizaje racial del Perú.

hijo tiran a matar[110]. Caen tres hambrientos de manera impune, porque nunca se juzga a quienes apretaron el gatillo, y lo que es más trágico, cuando se quiere comunicar a los parientes de los muertos que éstos ya han sido enterrados, los deudos han huido de sus precarias viviendas, temerosos de ser incriminados.

El anciano Mashe relata circunstancialmente que, a punto de ser desalojados en Huaira, también levantaron sus machetes en contra de los despojadores, y la represión y la muerte fueron la inmediata respuesta.

Alegría muestra a un hacendado algo bonachón, en una mano el látigo y en la otra el premio, que trabaja en armonía con sus pongos, colonos e indios. Cosa que no ocurre con los perros de la hacienda; el novelista siempre los tilda de malos y hasta de criminales. Esto no condiciona que ante los ojos del narrador el blanco siempre sea malo, y el arquetipo del blanco es el costeño y de preferencia el limeño, tanto peor si es autoridad y mucho más si es presidente de la república, de los que dice: «A la corta lista de genios que ofrece la humanidad habría que agregar la muy larga de los presidentes peruanos. A todos los ha clasificado así, por servilismo o compulsión, un pueblo presto a denigrarlos al día siguiente de su caída. Unos se lo dejaron decir, sonriendo ladina y sardónicamente, pero alentando la adulación y los compromisos que crea, como Leguía, y otros se lo creyeron, haciendo por esto ridículos o dramáticos papeles.»

Entre los hacendados, la única que se salva es la abuela del niño Obdulio, amable y carismática, que cuando llega el momento de la desgracia contribuye a hacer más llevaderas las horas contando historias populares.

Los caudillajes civiles y militares desarrollaron el bandolerismo en el Perú[111]. Cuando los adalides se retiraban a sus cuarteles de invierno, los hombres armados se echaban al

---

[110] Sobre el tema de las luchas campesinas véase la pentalogía titulada *La guerra silenciosa* del novelista peruano Manuel Scorza.

[111] Caudillajes y montoneras propiciaron el bandolerismo en el Perú. Muy tempranamente Enrique López Albújar publicó *Los caballeros del delito*, su tesis para optar al título de abogado.

monte por su cuenta. Pero éste no es el caso de los hermanos Julián y Blas Celedón, los Celedonios en la novela. Su iniciación como bandoleros, sus aventuras, sus amores y su trágico destino, como ya dijimos, constituyen una micronovela dentro de la mayor, a la que se engarzan a través de Güeso y que sirve, a su vez, de ojo móvil del narrador para contarnos sus incidentes.

Alegría concede a sus bandoleros un rango narrativo fluido, verosímil y romántico, como ya se insinúa en El Corrido de *La serpiente de oro*; más tarde lo hará inmortalizando la figura de Fiero Vásquez, y después con los famosos Carita y Tirifilo de su relato *Duelo de caballeros*. Tampoco disimula su simpatía por estos hombres que abandonan las filas de la legalidad y el orden. Sus bandoleros nunca roban reses, ellos a lo más se las «arrean», las «pescan» o simplemente se las «alzan». A veces el ganado está «botao» por los caminos y ellos irán «a juntalo, no se vaiga a perder», explican sus personajes, acentuando el escaso humor de la obra.

2.6. Las historias menores y la oralidad tradicional

Ágrafa, pero altamente desarrollada, la civilización inca encontró en el relato oral un medio muy eficaz de cultura, educación y ocio. A sus habitantes se les acostumbró, desde muy niños, a captar las enseñanzas del mundo a base de fábulas. A través de la tradición oral se revelaba lo épico de su historia y las hazañas de sus dioses, semidioses, líderes y gobernantes. De igual manera, durante el descanso, el relato oral era muy apreciado y acompañaba los momentos de ocio en el seno familiar. En el mundo agrario, colectivista, mágico y maravilloso en muchos sentidos, animista y panteísta, de los antiguos peruanos, la fabulación oral estaba a la orden del día[112].

Muy joven aprendió Ciro Alegría una técnica que le reportaría algunos beneficios literarios y económicos. Eran

---

[112] Véase Carlos Villanes e Isabel Córdova, *Literaturas de la América precolombina*, Madrid, Editorial Istmo, 1992, 562 págs.

tiempos en los que un manuscrito se pagaba por la cantidad de páginas que traía, y el narrador en ciernes le daba mayor volumen a su texto insertándole uno o varios relatos orales. El uso de esta triquiñuela no fue descubierto por la crítica, el mismo Ciro lo comentó varias veces. En momentos de gran angustia económica, en el exilio de Santiago de Chile, enviaba cuentos a los periódicos para sobrevivir. Y algún relato creció tanto que se convirtió en novela. Ocurrió con «La balsa», fue remitido a *La Nación* de Buenos Aires con el doble de las páginas acostumbradas, «en mi ingenua aritmética creí que me pagarían más», nos dijo el novelista; y lógicamente, el relato fue devuelto por su tamaño excesivo. El autor decidió convertirlo en una novela corta, que llegó a unas 80 páginas, con el nombre de *Los marañones;* entonces salieron las bases de un concurso literario que exigía el doble de esa cantidad de páginas y no hubo más remedio que hacer crecer la novela y la táctica de los relatos orales resultó buena. De allí en adelante, todas sus novelas se llenaron de cuentos menores. Resultan casos arquetípicos; el cuarto capítulo «Ande, selva y río» de *La serpiente de oro* en el que se incluyen varios, y otros dentro de los primeros, un poco como en las *Mil y una noches*; y de la misma manera el primer capítulo de *El mundo es ancho y ajeno*, denso y de gran belleza, donde aparecen nada menos que catorce relatos orales[113].

Apenas en la cuarta página de *Los perros hambrientos*, ya estamos frente a un relato de la oralidad tradicional peruana: la historia macabra del cura enamorado, que muere de amor tocando una quena junto al cadáver desenterrado de su amada. Y hablando de tonsurados, al finalizar el capítulo segundo, Alegría pone en la boca de Simón Robles el sabroso cuento de «un curita de la provincia de Pataz», relato que transcribo casi íntegro porque la «censura» de los años 60 borró, en la edición de Aguilar de Madrid, todo cuanto sigue a continuación:

> Nuestro buen curita predicaba una vez el famoso Sermón de las Tres Horas en la iglesia del distrito de Siguas.

---

[113] Ciro Alegría, *El mundo es ancho y ajeno*, véase el primer capítulo.

Puso mucha emoción, gran patetismo, en relatar los padecimientos y la muerte de Nuestro Señor. El resultado fue que casi todos los aldeanos feligreses, en especial las viejas pías, se pusieron a gemir y llorar a moco tendido. Confundido el curita por el efecto de sus palabras y no sabiendo como remediar todo dolor, dijo al fin:

No lloren, hermanitos... Como hace tanto tiempo quién sabe sera cuento...

En el capítulo segundo, exprofesamente denominado «Historias de perros», se cuenta la génesis de nada menos que de siete canes: Wanka y Zambo, Güendiente, Máuser, Chutín, Güeso y Pellejo. Cada una tiene una anécdota particular, casi autónoma y abiertamente arrancada de la oralidad. En el capítulo cuarto aparecen las historias particulares de Trueno y de Shapra, sin embargo, el relato que se hace de Güeso cobra tanta fuerza que ha sido considerado por algunos críticos como la parte más literaria y más lograda de la novela. Sin duda, la mayoría de los perros desarrollarán sus historias particulares, algunas muy breves, por la impronta de sus muertes repentinas y terribles, y otras a lo largo de todo el libro, en el caso de Wanka, o dentro de contornos épicos, como cuanto sucede a Mañu.

En los relatos de Alegría hay reminiscencias de lecturas bíblicas. El mismo narrador omnisciente que nos introduce en la novela tiene de vez en cuando muletillas como «ha de saberse que...», o «no le fue dado nada...», y de suyo, varios relatos orales interpolados en la historia principal arrancan de la *Biblia,* como el del «Consejo del Rey Salomón», que además refuerza sin paliativos la postura machista de su concepción de mundo; o la historia de Adán y Eva en «El puma azul», que también lleva agua a su molino, y quiere demostrar que la mujer vino al mundo para compensar la soledad del primer hombre de las *Escrituras,* pero al llegar le empeoró la vida porque arribó con los temores y la oscuridad: «Y así jué como la mujer lo perdió, po que vino con el miedo y la noche...»

Además de las historias orales de los curas, hay dos más relacionadas con la iglesia católica; la que se refiere a los milagros de san Antonio y cómo un descreído decapita la efigie

76

del santo por no cumplirle con el milagro; y la de la Virgen de Pallar. Ambas relatadas con una sorna patética.

Si se apartara del conjunto el séptimo capítulo, la anécdota principal de la novela perdería poco. Sus tres páginas y media contrastan con las dieciocho del capítulo precedente, para encontrarnos de inmediato con otro capítulo de casi cuatro páginas, y luego uno siguiente de veinticuatro. Sin duda, en los capítulos largos es la historia de Güeso la que sobresale, y nos da la impresión de que los dos pequeños habrían sido añadidos al conjunto total para dos cosas: o hacer crecer el volumen del libro o «retardar la acción», como sugiere Cornejo Polar y corrobora Escajadillo[114].

Pero, volvamos al séptimo; si bien los datos que se aportan al drama de la sequía ya han sido dichos o luego se repiten, para el análisis de los relatos orales interpolados en la novela este capítulo es muy interesante. En primer lugar se reafirma el tipo de lenguaje del narrador principal: «en este lenguaje agrario que nos es propio». Luego dice: «hablando en plata» para confirmar su oralidad. Estaban en un grupo entrañable y el narrador nota que: «La charla, a pesar de todo, decayó», para en el acto pegar la hebra de la madeja: «Y el Simón retornó el hilo de la charla, sea por dar curso a sus aficiones de narrador, sea por romper ese silencio triste...» y se aferra a la clásica manera de iniciar un relato con el «a propósito de...», en este caso una mujer que peleaba con su marido, y arranca la historia que le atribuye a Salomón para concluir satanizando a la fémina: «Al burro y a la mujer, palo con ellos.» Alegría tiene una declarada predilección por los relatos orales ya tempranamente, al terminar su segundo capítulo, nos había advertido: «Aprendiendo del Simón, y

---

[114] Antonio Cornejo Polar y Tomás G. Escajadillo postulan la tesis del retardamiento del desarrollo de la acción en la novela de Alegría, como recurso narrativo. Véase «La estructura del acontecimiento de *Los perros hambrientos*», de Cornejo en *Ciro Alegría, trayectoria y mensaje*, de Dora Varona, Lima, 1972, págs. 155-185; apareció primero en la revista *Letras*, núms. 78-79, del Instituto de Literatura de la Facultad de Letras y Ciencias Humanas, Universidad Nacional Mayor de San Marcos; y de Escajadillo, *Alegría y El mundo es ancho y ajeno*, Lima, 1983, págs. 5-7.

frecuentemente ayudado por él mismo, relataremos también otras muchas importantes historias.»

Simón Robles es un cuentista nato y sus relatos nutren muchas páginas de la novela. El narrador lo mima y deja caer incisos y puntualizaciones para acrecentar su prestigio:

> Dicen que, de día, la coca acrecienta las fuerzas para el trabajo. De noche, por lo menos al Simón, le aumentaba las ganas de hablar. A otros en cambio, los concentra y torna silenciosos. Es que él era un charlador de fibra. Pero esto no quiere decir, desde luego, que fuera un charlatán. Al contrario: era capaz de hondos y meditativos silencios. Pero cuando de su pecho brotaba el habla, la voz le fluía con espontaneidad de agua, y cada palabra ocupaba el lugar adecuado y tenía el acento justo.

La oralidad a Alegría le viene de casa[115], de las historias que sus familiares le contaban de niño, especialmente su abuela Juana Lynch y luego los hombres de campo y, sin duda, su propio padre, Teodoro Alegría, hacendado culto y buen lector. Al ganar Ciro Alegría el concurso Nascimento, con *La serpiente de oro*, su progenitor le dirige una carta sumamente reveladora en la que asegura haber sido él quien le ha contado mucho de lo que en la novela aparece:

> Lo más de admirar es tu prodigiosa memoria para captar los cuentos, las historietas, las anécdotas i los paisajes de lugares a los que llegaste por una sola vez, aquella en que tuviste que ir de corrida por parajes que ni siquiera habías soñado[...] estoi casi seguro de que, por lo menos, el noventa por ciento de los episodios de tu libro te los he referido yo, ya sea en Colpa, ya en Shicún, cuando estuviste allí i teníamos una vida llena de zozobras i había que velar para que la carcancha no nos empuñara dormidos[116].

---

[115] «Mujeres de la raza milenaria me acunaron en sus brazos y ayudaron a andar; con niños indios jugué de pequeño; siendo mayor alterné con peones indios y cholos en las faenas agrarias y los rodeos. En brazos de una muchacha trigueña me alboreó el amor como una amanecida quechua, y en la áspera tierra de surcos abiertos bajo mis pies y retadoras montañas alzadas frente a mi frente, aprendí la afirmativa ley del hombre andino», escribió Ciro Alegría, *Memorias*, pág. 68.

[116] Ciro Alegría, *Memorias*, págs. 175-176.

En esta última parte, Teodoro Alegría se refiere al momento en que Ciro, perseguido por cuestiones políticas, tuvo que refugiarse tierra adentro y que, posiblemente, de alguna manera le sirvió como referente para relatar la persecución de los Celedonios.

La inclusión de relatos autónomos dentro de sus novelas, explica la aparición de la narrativa infantil y juvenil de Ciro Alegría en España. La mayoría de sus libros para los jóvenes lectores ha sido elaborada con respecto a estas narraciones, inteligentemente seleccionadas de sus novelas por Dora Varona y publicadas por Michi Straufeld[117], buena conocedora de la realidad peruana.

3. *Estructura del relato*

De estructura clásica, sencilla y circular, esta novela no implica complicaciones en su arquitectura ni en su estilo y puede ser perfectamente apreciada por lectores de toda edad[118]; aun cuando el uso del español del Perú puede resultar, de alguna manera, algo extraño para los destinatarios europeos, en ningún caso, esto representa una dificultad en su lectura o un hermetismo capaz de frenar su conocimiento. Por lo demás, la verosimilitud de sus acontecimientos, los dejes poéticos y terriblemente dramáticos con que son presentados, invitan a una conmovedora experiencia.

Tampoco se piense que Alegría desarrolla una poética narrativa «propia el siglo XIX», como algunos críticos apresura-

---

[117] Editora de Alfaguara hasta 1992, antes vivió en el Perú.

[118] Personalmente, recuerdo haber leído este libro a los nueve años de edad en el Perú. Mi hermana mayor lo trajo escondido, y al tratar de guardarlo en la estantería, descubrió que yo la miraba, le pregunté de qué libro se trataba y me respondió que era «un libro prohibido», porque su autor era un perseguido político y que yo nunca debería leerlo, porque se quejaría a mis padres si lo hacía. Luego salió apresuradamente. En el acto cogí el libro y lo leí en varios días, con gran deleite, y sobre todo con la comprensión de su texto. No fue difícil enterarme de todo su contenido. Fue mi primer encuentro con Alegría y de mi amistad hacia su persona, que conocería y frecuentaría más tarde.

dos[119] han dicho. Escrita en 1938, *Los perros hambrientos*, tiene elementos experimentales de la novelística moderna; hay diversos puntos de vista, breves monólogos interiores, etc., pero también algunas «intromisiones» del autor en el texto y el famoso retardamiento del desarrollo de la acción en algunos capítulos.

3.1. Armazón interna

En primer lugar, no olvidemos que esta novela nació como un ejercicio terapéutico[120]. El autor, enfermo de tuberculosis en un sanatorio chileno, había sufrido una embolia cerebral, felizmente no muy grave, que le ocasionó una afasia motriz, paralizándole una parte del cuerpo. Para recuperar sus movimientos, su médico le recomendó que escribiera, y unos aullidos nocturnos cercanos a la clínica pusieron en movimiento los recuerdos y la pluma del novelista.

La historia se desarrolla en diecinueve capítulos y dos partes bien definidas, aunque no han sido señaladas exprofesamente por el autor. La primera comprende los capítulos del primero al décimo: allí se plantean los prolegómenos —reducción de raciones alimenticias, robo de mazorcas de maíz por los perros y la sospecha de que si al próximo año

---

[119] El conocido crítico Emir Rodríguez Monegal propició una teoría involucrando a Juan Carlos Onetti, para desacreditar la narrativa de Alegría, arguyendo que en el momento en que Alegría ganó con *El mundo es ancho y ajeno*, el Premio Internacional de Novela en 1941, *Tiempo de abrazar* de Onetti pasó desapercibida en el concurso, pese a su gran carácter innovador. Lo cierto es que la novela de Onetti es un relato que no llega a cien páginas y no apareció sino hasta 1975, en que salió en ediciones Bruguera de Barcelona. Es un libro que integra varios relatos y que hasta el momento de cerrarse esa editorial en 1986 alcanzó tres ediciones y no se ha seguido reeditando. El novelista José Donoso también entró a terciar en el entredicho, en el prólogo de *El astillero* de Onetti, repitiendo la cantaleta de Rodríguez Monegal en contra de Alegría. Juan Carlos Onetti nos aseguró en Madrid, que él nunca había participado en la controversia. Véase la defensa que hace Escajadillo de la novela de Alegría, ob. cit., págs. IX-XI.

[120] «*Los perros hambrientos* nació de la lucha por la vida en un sentido estrictamente biológico», ha escrito Ciro Alegría en «novela de mis novelas», Conf. *Memorias*, pág. 181.

no llovía aquello podía ser catastrófico, pero se hace una nueva siembra y renace la esperanza— aunque todavía lejanos de la gran sequía; y la segunda, del undécimo al décimo octavo, crea el gran clímax que produce la espantosa inclemencia de la naturaleza en la vida de los hombres y de los perros. El epílogo, muy breve, llega en el último capítulo con el agua que devuelve la vida.

La primera parte es generosa en interpolación de relatos orales y dos capítulos cortos, «El consejo del rey Salomón» y «El puma de sombra», que se convierten casi en un pretexto para hacernos saborear dos relatos de la oralidad tradicional en medio de tres capítulos largos, dos de ellos los más extensos de la novela: «Perro de bandolero» y «Las papayas», para contarnos una historia que nada tiene que ver con la sequía, la de los bandoleros Julián y Blas Celedón a la que accedemos por el perro pastor secuestrado.

La separación entre la primera parte y la segunda se marca, muy notoria y casi abruptamente, entre los capítulos décimo y undécimo. Se hace una nueva siembra y todos, hacendados y campesinos, felices, albergan la esperanza de tener una buena cosecha, cuando de improviso nos topamos con un grupo de despojados de su tierra que reclaman aunque sea «Un pequeño lugar en el mundo». El patrón les acepta a regañadientes con la condición de que sean los campesinos de la vecindad los que les reciban en sus casas. «El viejo barbado dio hospitalidad al viejo lampiño. No lo habría hecho, tal vez, con un blanco. Y es que la color trigueña los hermanó con el sentimiento de la raza y la tierra de la cual venían, del suelo ajeno que, a pesar de todo, amaban y era su fin y su destino», dice Alegría. Simón acoge a Mashe, un hombre asentado en Paucar a un despojado de la comunidad de Huaira, un barbado a un lampiño, un mestizo a un indio, un campesino a un comunero, uno que posee un pequeño terreno y un hato de ganado a otro que lo ha perdido todo. Como se puede ver, Alegría, con mucha sutileza y conocimiento del hombre andino, establece la diferencia entre el indio comunero y el campesino con algún rasgo mestizo.

La segunda parte de la novela es sin duda la más vibrante y conmovedora del libro. La maestría descriptiva de Alegría, linda por momentos con el naturalismo, y consigue presentarnos un panorama conmovedor, que sacude y sirve de revulsivo frente a la desgracia. Mucho más cuando engarza casi de manera perfecta, las historias y los padecimientos de los hombres y de los animales, sus reacciones, sus momentos de solidaridad, pero también de antagonismo que no conoce fronteras, ni respeta límites, para volverlos a la «cueva» como dice Alegría, a las cavernas de la lucha por sobrevivir, sin importar quien caiga en el camino.

3.2. Lenguajes y perspectivas

En sus años mozos, típicos de evanescencia parricida de los jóvenes triunfadores, Mario Vargas Llosa hizo declaraciones en una revista limeña[121] de considerable difusión en contra del lenguaje de los narradores indigenistas con directa alusión a Ciro Alegría. Le reprochaba la poca presencia del quechua, lengua aborigen del Perú, entre sus personajes como medio expresivo o esquema mental de discurso, mientras que los de José María Arguedas sí lo hacían. Alegría le respondió inmediatamente: «En general, todo el pueblo que pulula en mis libros, sólo mecha con cierto número de sobrevivientes palabras quechuas su habitual español tartajoso y, frecuentemente, arcaico. Cerros dentro, en tierras norteñas, podemos escuchar palabras como velay, maguer, ansina, y giros de prosapia clásica, entre un torrente de neologismos y barbarismos, sin que las contadas voces quechuas dejen de sufrir cambios. Por ejemplo: en lugar de minka se dice minga, castellanización del tipo de inga, que se usa allá tanto para designar a los incas como a cierto tipo de carneros»[122].

Y luego añade:

---

[121] En la revista *Caretas,* a finales de mayo de 1964.

[122] El artículo titulado «El idioma de Rosendo Maqui» fue publicado en el diario *Expreso,* el 5 de junio de 1964, y buena parte de él aparece en las *Memorias* que citamos aquí por su facilidad de localización para los lectores. *Memorias,* pág. 396.

82

Al novelar sobre estos mundos, cuanto hice fue pegar el oído a los recuerdos, tratando de captar el idioma de los norteños en todo su intenso colorido y su enorme fuerza expresiva. Gente que los conoce me ha dicho alguna vez: «Parece que los estuviera oyendo hablar.» Yo no tenía por qué buscar otro fin. Siendo esa la realidad idiomática, mal hubiera podido hacer hablar a los indios cual Arguedas, «en un castellano que nos da la sensación de que es así como ellos hablan cuando se expresan en quechua». Es que el novelista sureño Arguedas hace hablar a sus personajes traduciendo los parlamentos del quechua y yo, norteño, no[123].

Ciro Alegría concluye: «Sirva la ocasión para dejar claramente establecido que Rosendo Maqui ha perdido el runasimi. Y como Rosendo hay seis millones de indios que parlan sólo en español o, mejor dicho, en una modalidad del español que comienza a ser distintivamente peruana»[124]. Dora Varona en la biografía del novelista cuenta que: «al día siguiente de haber salido este artículo de Ciro, llegó una tarjeta de Mario Vargas Llosa en la que le pedía "disculpas por su ignorancia". Ciro admiraba ya al joven novelista, y recuerdo que no sólo se expresó elogiosamente de él, sino que le escribió augurándole un gran porvenir, a raíz de la aparición de *La ciudad y los perros*»[125].

Para corroborar las afirmaciones precedentes, veamos a continuación la transcripción de un relato oral completo, y luego un breve análisis en el plano lingüístico de las palabras mestizas que integran su composición, con las características y variantes que utilizó el escritor para presentarnos el español de la sierra norte del Perú. Es diferente del hablado en la sierra central, sin referentes literarios fiables, y el del sur que tiene en Arguedas su mejor representante. El cuentecillo tradicional está relatado por Simón Robles, el más notable narrador y cabeza de la familia, sobre la que se desarrolla la novela, y pertenece al capítulo: «El puma de sombra».

---

[123] *Ibídem*.
[124] *Memorias*, pág. 397.
[125] Dora Varona, *A la sombra del cóndor*, pág. 314.

—Y asiés la historia e la sombra o más bien la diun puma yotras cosas e sombra. Oiganmé... Jué que nustro padre Adán taba en el Paraíso, llevando, comues sabido, la regalada vida. Toda jruta bía ay: ya seya mangos, chirimoyas, naranjas, paltas o guayabas y cuanta jruta se ve puel mundo. Toda laya e animales tamién bía y tos se llevaban bien dentrellos y tamién con nustro padre. Y velay quel no necesitaba más questirar la mano pa tener lo que quería. Pero la condición e to cristiano es descontentarse. Y ay ta que nustro padre Adán le reclamó ondel Señor. Nues cierto que le pidiera mujer primero. Primero le pidió que quitara la noche. «Señor —le dijo—, quita la sombra; no hagas noche; que todo seya solamente día.» Y el Señor le dijo: «¿Pa qué?» Y nustro padre le dijo: «Po que tengo miedo: No veyo ni puedo caminar y tengo miedo.» Y entón le contestó el Señor: «La noche pa dormir sia hecho.» Y nustro padre Adán le dijo: «Siestoy quieto, me parece quiun animal miatacará aprovechando lescuridá.» «¡Ah! —dijuel Señor—, eso miace ver que tienes malos pensamientos. Niun animal sia hecho pa que ataque ondel otro.» «Asiés, Señor, pero tengo miedo en la sombra: haz sólo día, que todito brille como la luz», le rogó nustro padre. Y entón contestouel Señor: «Lo hecho ta hecho», po quel Señor no deshace lo que ya hizo. Y dispués le dijo a nustro padre: «Mira», señalando pa un lao. Y nustro padre vido un puma grandenque, más grande que toítos, que se puso a venirse bramando con voz muy feya. Y parecía que tenía que comelo onde nustro padre. Abría la bocota al tiempo que caminaba. Y nustro padre taba asustao viendo como venía contra dél el puma. Yeneso ya llegaba y ya lo pescaba, pero velay que se va deshaciendo, que pasa po su encima sin dañalo nada y dispués se pierde en el aire. Era, pue, un puma e sombra. Yel Señor le dijo: «Ya ves, era pura sombra. Asiés la noche. No tengas miedo. El miedo hace cosas e sombra.» Y se jué sin hacele caso a nustro padre. Pero como nustro padre tamién no sabía hacer caso, aunque endebidamente, siguió asustándose po la noche y dispués le pegó su maña onde los animales. Yes así como se ve diablos, duendes y ánimas en pena y tamién pumas y zorros y toda laya e feyaldades dentre la noche. Y las más e las veces son meramente sombra, comuel puma que lenseñó a nustro padre el Señor. Pero no acaba entuavía la historia. Jué que nustro padre Adán, po no saber hacer caso, siempre tenía miedo, como ya les hey dicho, y le pidió compañía ondel Señor. Pero entón le dijo, pa

que le diera: «Señor, a toítos les dites compañera, menos
onde mí.» Y el Señor, comuera cierto que toítos tenían, menos él, tuvo que dale. Yasí jué como la mujer lo perdió, po
que vino conel miedo y la noche...

Respetando el orden de aparición en el relato, veamos la
función de las palabras más significativas:

Asiés, así es: yuxtaposición de adverbio y verbo, sin llegar a
    un desplazamiento acentual tiene que hacerlo por regla de
    tildación.
e, de: aféresis consonántica en preposición apocopada, por la
    concurrencia vocálica de igual timbre, de uso vulgar.
diun, de un: unificación fonético sintáctica de dos palabras
    con el cambio de la *e* por *i* en la primera, a consecuencia
    de la debilidad vocálica. Igual cosa ocurre con *quiun*, que
    un, que aparece en líneas posteriores del relato.
oiganmé, óiganme: acentuación de pronombre enclítico, de
    concurrencia verbal con pronombre, y conversión en tó-
    nica con función enfática.
jué, fue: cambio de *f* por *j*, impropia conversión tónica de
    monosílabo verbal.
nustro, nuestro: disolución de hiato con pérdida vocálica.
comues, como es: unión adverbial y verbo, con cambio vocá-
    lico de fuerte por débil, muy frecuente en el área andina
    del Perú, por herencia fonética de la lengua quechua en el
    trueque de *o* por *u*.
jruta, fruta: cambio, en nombre, *f* por *j*.
bía, había: consonantismo, aféresis con pérdida silábica.
ay, ahí: eliminación acentual de adverbio y pérdida conso-
    nántica por ausencia fónica de la *h*.
seya, sea: forma verbal con prótesis, conjunción *y* consonan-
    tizada por su localización delante de la vocal.
puel, por el: yuxtaposición de preposición y artículo, con do-
    ble alteración de la función prepositiva, en el plano vocá-
    lico por debilidad en la alternancia de *o* por *u* y en la eli-
    minación consonántica de *r*.
tamién, también: consonantismo del grupo llamado *mb*, tam-
    bién se produce en Asturias, Cantabria y algunas partes de

Castilla la Vieja. Es el producto de una nasalización por desgaste de la *b*.

dentrellos, de entre ellos: unión de doble preposición y pronombre con la concurrencia fonética sintáctica de dos vocales iguales y contiguas que se unifican. Este fenómeno se repite más adelante con *quel*, que el, en su función pronominal relativa más artículo y *questirar*, que estirar, de igual función en el primer elemento más verbo.

pa, para: concurrencia de dos vocales iguales en una preposición, con eliminación consonántica de *r*. Es un fenómeno de vulgarización muy frecuente en la mayoría de áreas de uso del español hablado. Ocurre lo mismo en la función adjetiva de *to*, todo, incluida la supresión de *d*.

descontentarse, no contentarse: prótesis silábica que aprovecha la significación negativa del prefijo *des*.

ondel, donde el: aféresis en unión de adjetivo y artículo, con ausencia consonántica de *d* y pérdida vocálica por la concurrencia de dos del mismo sonido.

nues, no es: unión de invariable y verbo, con cambio de *u* por debilidad vocálica. Son casos parecidos los de: *miatacará*, me atacará; *dijuel*, dijo él; *contestual*, contestó al; *comuera*, como era; *miace*, me hace, con cambio vocálico y supresión de *h* por ausencia fonética. En el caso de *lescuridad*, la oscuridad, se produce un extraño caso de, primero, una doble supresión vocálica y luego el cambio entre dos fuertes *a* y *o* por *e*; *enton*, entonces: apócope silábico de átona que consigue volverse tónica por regla de tildación.

sia, se a: pronombre y preposición unidos por el cambio vocálico de una fuerte por una débil.

ta, está: aféresis, pérdida silábica inicial y conversión de tónica en átona.

lao, lado: pérdida de la *d* intervocálica frecuente en la Península ibérica especialmente en el sur y en Hispanoamérica. Sucede igualmente con *asustao*, asustado.

vido, vio: prótesis de *d*. Este *vido* nada tiene que ver con el latinismo *vide*, que significa véase.

grandenque, muy grande: aumentativo enfático del adjetivo.

toítos, toditos: aféresis adjetival, al producirse el hiato se hace necesaria la tildación.

feya, *feyaldades*, fea, fealdades: en ambos casos se produce una prótesis de *y* delante de vocal fuerte.

comelo, comerlo: asimilación consonántica de la *r* por la *l*, se produce por la unión del verbo en infinitivo más el enclítico. Son casos análogos: *dañalo*, dañarlo y *hacele*, hacerle.

onde, donde y adonde: existen dos alternativas, o se produce una aféresis con pérdida silábica inicial, o es remembranza del castellano antiguo.

pue, pues: apócope, en el que se pierde la *s* por desgaste, se trata por lo general de una partícula enfática.

taba, estaba: aféresis de verbo con pérdida de sílaba inicial.

yél, y él: consonantización de *y* porque precede a una sílaba.

endebidamente, indebidamente: cambio vocálico de inicial absoluta, se produce por asimilación de débil por fuerte, *i* por *e*.

entuavía, todavía: prótesis de prefijo que, al parecer, trata de reforzar la función significativa del adjetivo, con cambio vocálico de asimilación de factura andina procedente de la tradición fonética quechua, *u* por *o*, y pérdida de la *d*.

po, por: apócope de preposición con pérdida de consonante.

hey, he: consonantización y prótesis de *y*, precedida de vocal.

yeneso, y en eso: locución elíptica, unión de conjunción, preposición y demostrativo. La forma *conel*, con el, es parecida.

Alegría utiliza el español del Perú que, en esencia, mantiene la herencia castiza pero que lleva consigo toda la prosapia del mestizaje. De vez en cuando nos encontramos con palabras del castellano viejo, ya casi extinguido, pero también con voces genuinamente quechuas. Entre las componentes de este maravilloso despliegue de registros, hay voces quechuas absolutas, quechuismos formados de acuerdo con palabras quechuas pero que han sido aceptadas en todo el Nuevo Continente, y aun en todo el mundo de español, términos regionales, nacionales o peruanismos, voces regionales de América del Sur y americanismos aceptados en el norte. Además, esta forma particular que tienen los hombres de la sierra norte del Perú y que hemos sacado de un relato oral que integra la novela, significa tan sólo una parte de cuantas

87

usa Alegría. Para tener una idea más cabal remitimos al lector a los pies de página del texto de *Los perros hambrientos,* donde están registradas todas la palabras de uso ajeno a la Península. Hay palabras muy cultas, como *radioso,* y alguna construcción que más bien nos da una idea de la forma antigua y bien conservada del hablar de los hacendados, o de lecturas de los clásicos españoles por el autor.

Además, Alegría tiene también una manera peculiar de utilizar el idioma. El tono poético que otorga a muchos fragmentos hace flexible la elasticidad del idioma a merced de las licencias de la lírica y, además, está el afán de otorgar en lo posible un lenguaje propio a los diferentes puntos de vista desde donde se resuelve la trama. Existen momentos en que habla el narrador impersonal, otros en los que un personaje indígena, comunero o blanco, cada quien a su manera, cuenta una micro historia, dejando al descubierto su lenguaje particular. También existe una gran riqueza de ejemplos en los diálogos de los personajes. Algunas veces el escritor llega a inventarse una que otra palabreja como *gloglotear,* onomatopeya para alguien que se está ahogando, *sote* como imperativo para frenar a un animal, «sorber el vaho» o hacer derivaciones como *atristado, polvoroso, apretera,* o uno que otro giro forzado como *árbol escueto.*

Por razones de espacio en el prólogo, y porque con un poco de esfuerzo el lector puede descubrir el contenido de las particularidades lingüísticas del habla regional de Alegría, no hemos trasladado a la norma general los diálogos y las particularidades referidas que, como ya señalamos oportunamente, causaron algún resquemor.

Decir, finalmente, que *Los perros hambrientos* es una novela relevante y simbólica frente a la gran amenaza del tercer milenio: la sequía y el hambre. Sequía que los hombres provocan con la desertización artificial y el encarecimiento del agua, ya en algunos lugares más onerosa que el petróleo, y a la que también se puede llegar como el producto de las nuevas políticas mundiales en contra de los pobres de la tierra.

Esta edición

Esta novela apareció en 1939 editada por Zig-Zag en Santiago de Chile, empresa que la publicó de manera continuada hasta 1968. En algún momento de sus penurias económicas, Ciro Alegría vendió los derechos de *Los perros hambrientos* a la casa chilena, en exclusividad y de por vida, hasta que Dora Varona consiguió recuperarlos. Luego salieron ediciones notables en Losada de Argentina y en muchos otros lugares de habla castellana. Tempranamente fue traducida a otras lenguas gracias a la popularidad que obtuvo Ciro Alegría con el *El mundo es ancho y ajeno*, al ganar el Premio Internacional de Novela convocado por la Farrar & Rinehart de Nueva York y patrocinado por la Unión Panamericana, en 1941.

La versión de *Los perros hambrientos* que ahora publicamos ha sido tomada de las *Novelas Completas* de la edición de Aguilar, texto que fue corregido y autorizado por el propio novelista, y que la mayoría de críticos, en muchas partes del mundo y en el mismo Perú, utilizan como punto de apoyo para sus análisis y estudios. Sin embargo, esta edición al ser sometida a la censura franquista de 1959, en que fue publicada por primera vez, perdió unas cuantas líneas, referentes a un relato oral de Semana Santa que cuenta un cura predicador de pueblo. Hemos revisado los pasajes relativos a «la religión y las buenas costumbres», que podían haber movido las tijeras de la censura, como la historia del cura amante que desentierra a su enamorada y muere junto a ella tocando una flauta, o la burla sin proponérselo que hacen unos campesinos a la Virgen cuando vuelca el anda en que la sacaban en procesión o la decapitación de san Antonio por un descreído; felizmente, los textos permanecen intactos. Ahora se restituye el cuento mutilado por la inopia y sale por primera vez en una prensa española.

Esta edición rescata, además, un «Vocabulario» que preparó el mismo novelista para la Edición Príncipe y que fue suprimido en las tiradas posteriores. En realidad, son muchas más las palabras y peculiaridades lingüísticas de *Los perros hambrientos* que las anotadas por Ciro Alegría, ahora han sido registradas, puntualmente, en las notas a pie de página.

La obra de Alegría ha producido abundante bibliografía por parte de la crítica, la seleccionada por nosotros se limita al autor, por lo mismo, los libros de referencia general aparecen, únicamente, en las notas correspondientes.

Bibliografía seleccionada

1. Obra de Ciro Alegría

1.1. *Novelas*

La serpiente de oro, Santiago de Chile, Editorial Nascimento, 1935, 242 págs.
Los perros hambrientos, Santiago de Chile, Editorial Zig Zag, 1939, 183 págs.
El mundo es ancho y ajeno, Santiago de Chile, Editorial Ercilla, 1941, 509 págs.
Novelas completas, Madrid, Editorial Aguilar, 1959.
Lázaro, Buenos Aires, Editorial Losada, 1973.
Siempre hay caminos, Lima, Ediciones Varona, 1969.
El dilema de Krause, Lima, Ediciones Varona, 1979.

1.2. *Cuentos*

Duelo de caballeros, Lima, Populibros, 1963.
La ofrenda de piedra, Lima, Editorial Universo, 1969.
Siete cuentos quirománticos, Lima, Ediciones Varona.

1.2.1. En antologías.

Lecturas americanas, Biblioteca «Conocimientos», Libros auxiliares para la Enseñanza Superior, de Roque Esteban Scarpa, Santiago de Chile, Ed. Zig-Zag, 1944. [Incluye algunos textos de Ciro Alegría.]
Os mais belos contos hispanos-americanos dos mais famosos autores, selección, prólogo y notas bibliográficas de J. Agarb, Río de Janeiro, Casa Editora Vecchi ltda., 1946. [Incluye «La uta y el puma azul» de Ciro Alegría.]

Savia nueva, páginas selectas de autores iberoamericanos, lecturas, biografías, iniciación literaria, 5.º y 6.º años, edición de Guillermo Díaz Tejada y otros, Buenos Aires, Ed. Kapeluz, 1947.

El indio en América, síntesis de obras americanas sobre el problema del indígena, edición de Elisa Mújica, Bogotá, Imp. Municipal, 1948. [Considera *Los perros hambrientos*.]

Spanischamerika im Selbstzeugnis, editado por Georg Neuendorff, Wiesbaden, Limes Verlag, 1948. [Incluye Hochgebirge, Strom, Wald de Ciro Alegría.]

The golden land. An anthology of Latin American folklore in literature, seleccionada, editada y traducida por Harriet de Onis, Nueva York, ed. Alfred A. Knopf, 1948. [Contiene fragmentos de *El mundo es ancho y ajeno*.]

Antología Hispano-Americana, preparada por Jorge Campos, Madrid, Ediciones Pegaso, 1950. [Contiene relatos de Ciro Alegría.]

Cuentos peruanos, edición de Enrique Congrains Martín, Madrid, Círculo de Novelistas Peruanos, 1955. [Incluye «La piedra y la cruz».]

Cuentistas modernos y contemporáneos, selección y prólogo de Luis Jaime Cisneros, Lima, Patronato del Libro Peruano, 1957.

Cuentos peruanos, Antología de Enrique Congrains Martín, Santiago de Chile, Embajada Cultural Peruana, 1957.

Narradores de La Libertad, Ediciones de Cuadernos Trimestrales de la Poesía, 1958. [Breve información biobibliográfica y un relato de C.A.]

Alto Perú, el gran imperio de los incas, Barcelona-Madrid, Artco, Ediciones de arte y color, 1959. [Incluye textos de C.A.]

Cuentos modernos (Autores peruanos), compilación de Carlos Meneses, Ed. Meteoro, 1961. [Incluye: «Piedra y cruz».]

Semana Vallejiana, Casa de la Cultura de Loreto, Iquitos, Ed. del Dpto. de Publicaciones de la U.N.A.P. [Incluye *Panki y el guerrero*.]

Lecturas escogidas, seleccionadas por Emilio Ponce Delgado y Cristina Ipenza de Ponce, Lima, C.I.P., 1973. [Incluye: «El río, los hombres y las balsas» de *La serpiente de oro* y «Perros tras el ganado» de *Los Perros hambrientos*.]

1.2.2. En revistas y periódicos

«Quiero ser novelista», en *Pn*, Año 1, núm. 2, junio de 1934.

«El sargento Amaru», en *La Tribuna*, Lima, 17 de junio de 1934.

«Caminantes», en *Pn*, Año 1, núm. 7, noviembre de 1934.

«Desmonte», en *Soc*, Año IX, núm. 193, 18 de marzo de 1939. [Primera versión de «Cuarzo».]

«Los perros hambrientos», en *E*, Año V, núms. 85-86, mar-abr., 1940. [Fragmento de la novela homónima.]

«La flauta de pan», en *E*, Año V, núm. 90, ago. 1940. [Varias veces anunciado como el primer capítulo de una novela.]

«El símbolo terrígena», en *Soc*, Año XX, núm. 371, ene., 1951.

«La piedra y la cruz», en *LPe*, Año I, núm.1, jun. 1951. También en *CP*, Año XVIII, vol. XVIII, núm. 125, oct., 1958. [Primera versión de «La ofrenda de piedra».]

«La cabeza del fiero Vásquez», en *ECC*, 12 de feb., 1955. [Frag., de *El mundo es ancho y ajeno*.]

«Perros tras el ganado», en *E*, núm. 220, 1952.

«Dos enamorados, un tamalero y un perro», en *AL*, 6 de dic., 1956.

«La más inocente de las víctimas», en *AL*, 13 de dic., 1956.

«Una oreja a medio rebanar con ron y sangre», en *AL*, 13 de dic., 1956.

«Encuentro con mi tía Rosa», en *AL*, 8 de abr., 1957. [Relato autobiográfico.]

«Muerte del cabo Cheo López», en *CA*, núm. 1, 1958.

«Perro de bandolero», en *BC*, Año II, núm. 2, feb.-mar., 1959. [Frag. de *Los perros hambrientos*.]

«Calixto Garmedia», en *EC*, 3-5 dic., 1959. [Relato que integra *Lázaro*, la novela inconclusa y póstuma de Alegría.]

«Cuarzo», en *LNB*, 13 de nov., 1960. [La primera versión de este cuento apareció en 1939 con el título de «Desmonte».]

«Navidad con nieve», en *Expreso*, 30 de dic., 1963.

«Coca», en *ECC*, 29 de ene., 1965.

«Páginas inolvidables de Ciro Alegría», en *CyP*, Año II, núm. 6, abr.-jun., 1965. [Contiene: «La balsa solitaria» de *La serpiente de Oro*; «La lluvia güena» de *Los perros hambrientos*; «Tormenta» de... y «El puma y el gañán» de...]

«Quiero ser novelista», en *CE*, Año IX, núms. 79-80, set.-oct., 1966.

«Cuento quiromántico», en *AlB*, Año III, núm. 12, oct-dic., 1967. [Relato aprovechado después por Dora Varona para la colección *Siete cuentos quirománticos.]*

«El barco fantasma», en «Estampa», sup. de *Expreso*, 16 de mar., 1969.

1.3. *Narrativa adaptada para niños y jóvenes*

La leyenda del nopal (Cuentos ilustrados para niños), Santiago de Chile, Ed. Zig-Zag, 1940.

Panki y el guerrero, Lima, Col. Infantil Ciro Alegría, 1968.

Fábulas y leyendas americanas, Madrid, Ed. Espasa-Calpe, 1982.

Sueño y verdad de América, Madrid, Alfguara, 1985.

Fitzcarraldo, el dios del oro negro, Madrid, Alfguara, 1986.
Sacha en el reino de los árboles, Madrid, Alfaguara, 1986.
Nace un niño en los Andes, Madrid, Alfaguara, 1986.
El zorro y el conejo, Madrid, Alfaguara, 1987.
Once animales con alma y uno con garras, Madrid, Alfaguara, 1987.
El ave invisible que canta en la noche, Madrid, Alfaguara, 1989.

1.4. *Poesía*

Cantos de la Revolución, Lima, Ed. Cooperativa Aprista Atahualpa, 1933.

1.4.1. En antologías

Índice de la poesía peruana contemporánea (1900-1937), de Luis Alberto Sánchez, Santiago de Chile, Ed. Ercilla, 1938.
El motivo del caballo en la poesía peruana, Antología e interpretación de Mario Florián, Lima, G.U.E. «Bartolomé Herrera», 1956, mimeo. [Incluye poema «El caballo fraterno» de de Ciro Alegría.]

1.4.2. En revistas y periódicos

«Entierro de la niña gentil», en *Tribuna Sanjuanista*, Trujillo, 1927.
«Poema al Cusco», en *La Tribuna*, Sup., Lima, 3 de dic., 1933.
«El caballo fraterno», en *PaL*, año 1, núm. 2, oct., 1936. [Reproducido en muchas publicaciones]
Poesías de Ciro Alegría, en *RP*, núms. 11-12, ene-jun., 1967. [Contiene: «El caballo fraterno», «El poema inacabable», «Pacha mama», «Cárceles» y «Ruth».]

1.5. *Teatro*

Selva, I, núms. 16, mayo-jun., 1953; 18, nov.-dic., 1953; 19, ene-feb., 1954.

1.6. *Ensayo*

Gabriela Mistral, Íntima, Lima, Editorial Universo, 1969.
Sueño y verdad de América, Lima, Editorial Universo, 1969.
La revolución cubana: un testimonio personal, Lima, Editorial Peisa, 1971.
Mucha suerte con harto palo. Memorias, Buenos Aires, Editorial Losada, 1976.

94

1.7. *Prólogos*

A *Hombres y rejas,* de Juan Seoane, Santiago de Chile, Ed. Ercilla, 1933.
A *El motelo,* de Víctor Morey, Lima, Ed. y Lib. Juan Mejía Baca, 1958.
A *Memorias,* de Enrique López Albújar, Lima, Talls. Gráfs. P.L. Villanueva S.A., 1963.
«Incorporación de los Andes peruanos a la literatura infantil», por Ciro Alegría, a *Muy cerca del cielo,* Cuentos infantiles de Teófilo Magüiña Cueva, Lima, Talls. Gráfs. Asensio Hnos., 1963.
«El canto del pueblo», por Ciro Alegría a *Décimas* de Nicomedes Santa Cruz, Lima, Lib. Studium, 1966.

1.8. *Encuentros y reportajes*

Reportajes de Jesús Manuel Orbegozo Hernández, Lima, Ed. Ausonia, 1958. [Ciro Alegría.]
Primer encuentro de narradores peruanos, Arequipa, 1965; Lima, Ed. Casa de la Cultura del Perú, Talls. Grafs. P. L. Villanueva, 1969.

1.9. *Artículos seleccionados*

Abreviaturas de publicaciones periódicas:
AIB, Alpha, Barranco, Perú; *Ale, Alerta,* Santiago de Cuba; *AL, América Literaria,* Lima, Perú; *Al, América ilustrada,* Lima, Perú; *ALH, Anales de Literatura Hispanoamericana,* Madrid, España; *Aso, Asomante,* San Juan de Puerto Rico; *At, Atenea,* Concepción, Chile; *Bab, Babel,* Santiago de Chile; *BC, Boletín Cultural Peruano,* Lima; *BH, Bulletin Hispanique,* París, Francia; *CA, Cuadernos americanos,* México; *Ca, Caretas,* Lima, Perú; *CE, Correo de Educación,* Lima, Perú; *Ce, Cahuide,* Lima, Perú; *Cha, Chasqui,* Asoc. Peruana de Arqueología, Lima, Perú; *Cu, Cuadernos de la Unesco,* París, Francia; *CP, Cultura y Pueblo,* Lima, Perú; *Corr, Correo,* Lima, Perú; *DC, Diario de Cuba,* La Habana; *Dia, Diario de la Marina,* Cuba; *E, Excelsior,* Lima, Perú; *EC, El Comercio,* Lima, Perú; *ECC, El Comercio del Cuzco,* Perú; *EL, Estafeta Literaria,* Madrid, España; *EM, El Mundo,* Lima, Perú; *EMC, El Mundo,* Caracas, Venezuela; *EU, El Universal,* Lima, Perú; *Ex, Expreso,*

Lima, Perú; *G, Generación*, Lima, Perú; *Ga, Garcilaso*, Lima, Perú; *Ipna, Instituto Cultural Peruano norteamericano*, Lima; *LC, La Crónica*, Lima, Perú; *LNB, La Nación*, Buenos Aires, Argentina; *LNS, La Nación*, Santiago de Chile; *LP, La Prensa*, Lima, Perú; *LeP, Letras Peruanas*, Lima; *LT, La Tribuna*, Lima, Perú; *Ne, Norte*, Lima; *MH, Mundo Hispánico*, Madrid, España; *MN, Mundo Nuevo*, París, Francia; *Oi, Oiga*, Lima, Perú; *PaL, Palabra*, Lima, Perú; *Pn, Panorama*, Lima, Perú; *RCL, Revista de Crítica Literaria Latinoamericana*, Lima, Perú; *RP, Revista Peruana de Cultura*, Lima, Perú; *Soc, Social*, Lima; Perú y *Sp, Sphinx*, Lima.

«El legado espiritual de Cervantes y nuestra época», en *Pn*, año II, núm. 17, abril-mayo, 1936.

«Posibilidad de un teatro nuevo en Indoamérica», *PaL*, núm. 4, abril, 1937. [Reproducido por la Escuela Nacional de Arte Escénico, Lima, 1954.]

«Novela de mis novelas», en *Sphinx*, núm. 3, noviembre-diciembre, 1938. [Escribe sobre *La serpiente de oro* y *Los perros hambrientos*.]

«Perfil de un revolucionario», en *Babel*, Santiago de Chile, año XX, vol. II, núms. 15-16, enero-abril, 1941. [Sobre León Trotsky.]

«El César Vallejo que yo conocí», en *CA*, año III, vol. XVIII, núm. 6, nov.-dic. 1944. [Reproducido por *Letras peruanas*, núm. 8, oct. 1952.]

«La cultura y el pueblo en América Latina», en *Democracia*, Nueva York, 1946. [Ponencia al Congreso de Escritores Americanos, Washignton, 1941.]

«Visita a Gabriela Mistral», en *Norte*, Nueva York, vol. VIII, núm. 8, may., 1948.

«Estampa de jíbaro Abelardo Díaz Alfaro», en *El Diario*, Río Piedras, Puerto Rico, oct., 1950.

«Literatura indigenista e hispanismo», en *El Diario*, Río Piedras, Puerto Rico, oct., 1950.

«Balzac y el enjuiciamiento del mundo contemporánero», en *Aso*, vol. VI, núm. 4, oct-dic., 1950.

«Notas sobre el personaje en la novela hispanoamericana», en *Memorias del Congreso de Literatura Ibero-americana*, Albuquerque, Nuevo México, 1950.

«Más de un centenar de escritores estudiaron y rindieron homenaje a Martí en La Habana», en *LC*, 29 de marzo, 1953.

«Esperando, siempre esperando», en *LC*, 12 de abril, 1953. [Fragmento y nota de *Los perros hambrientos*.]

«Sobre el estreno de Selva», en *LP*, 22 de dic., 1953.

«Hacia una estimativa de Mann», en *Diario de la Marina*, Santiago de Cuba, 25 de agosto, 1955.

«Mann frente al hombre y las épocas», en *Diario de la Marina*, 28 de agosto, 1955.

«Notas sobre Rómulo Gallegos y su obra», en *Letras peruanas*, núm. 12, agosto, 1955.

«Significación de Thomas Mann», en *Diario de la Marina*, 20 de septiembre, 1955.

«Melville: Jonás de la novela», en *Diario de la Marina*, 21 de septiembre de 1955.

«El mundo de los recuerdos», en *Alerta*, 2 de febrero, 1957. [Sobre Gabriela Mistral.]

«La fiesta y el atardecer», en *Alerta*, 3 de febrero, 1957. [Sobre Gabriela Mistral.]

«Gabriela Mistral, íntima», en *Alerta*, 4 de febrero, 1957. [Sirvió luego de título para un libro póstumo compilado por su viuda.]

«El siglo XIX y la novela folletinesca», en *Alerta*, 8 de marzo, 1957. [En torno a Alejandro Dumas.]

«El lenguaje de Gabriela Mistral», en *Alerta*, 10 de marzo, 1957.

«Boceto final de Gabriela», en *Alerta*, 11 de marzo, 1957.

«El último libro de versos», en *Alerta*, 11 de marzo, 1957. [De Gabriela Mistral.]

«Mi nombre como seudónimo. Yo me llamo Ciro Alegría», en *Alerta*, 8 de abril, 1957. [Autobiográfico.]

«Nace un niño en los Andes», en *Alerta*, 8 de abril, 1957. [Autobiográfico.]

«Gano un concurso bajo dos seudónimos», en *Alerta*, 9 de abril, 1957. [Autobiográfico.]

«El hombre y el escritor», en *Alerta*, 10 de abril, 1957.

«Palabras santiagueras», en *Alerta*, 15 de abril, 1957. [Nota lexicológica.]

«Una creciente según mis recuerdos de niño», en *Alerta*, 18 de abril, 1957.

«Pedro Serrano, un Robinson desconocido», en *F*, vol. XV, núm. 55, 1958. [Recreación de un personaje de *Los comentarios reales del Inca Garcilaso.*]

«Navidad en Los Andes», en *El Comercio*, Lima, 25 de dic., 1958.

«El arte de leer», en *El Comercio*, 28 de feb., 1958.

«Facetas de un dramaturgo», en *El Comercio*, 16 de mar., 1958. [Sobre Eugene O'Neill.]

«El arte de hacer novelas», en *El Comercio*, 11 de abr., 1958.

«Whitman como americano», en *El Comercio*, 3 de ago., 1958.

«Walt Whitman y José Martí», en *El Comercio*, 8 de ago., 1958.

«Don Quijote, Sancho y un nexo maestro», en *El Comercio*, 26 de sep., 1958.

«Algunos poetas difíciles», en *El Comercio,* 5 de dic., 1958.

«Conversación con José María Eguren», en *El Comercio,* 4 de marzo, 1960. [Poeta simbolista del Perú.]

«Eguren versa sobre palabras, poesía vallejiana, colores», en *El Comercio,* 10 de mar., 1960.

«Los primeros pasos de Luis Valle Goycochea», en *El Comercio,* 18 de mar., 1960. [Poeta peruano.]

«Luis Valle y su duelo a pistola», en *El Comercio,* 5 de jun., 1960.

«Valle [Goycochea] en tiempos de trabajo y amistad», en *El Comercio,* 10 de jun., 1960.

«Valle Goycochea en Lima», en *El Comercio,* 17 de jun., 1960.

«Presencia de Andreyev», en *El Comercio,* 12 de ago., 1960.

«Novela de mocedad y esperanza», en *El Comercio,* 9 de oct., 1960.

«El tercer festival del libro», en *El Comercio,* 11 de nov., 1960. [De Buenos Aires.]

«Versión conmovida de Borges», en *El Comercio,* 2 de dic., 1960.

«Victoria Ocampo», en *El Comercio,* 11 de dic., 1960. [Semblanza de la escritora argentina.]

«El dramaturgo Pedro Bloch», en *El Comercio,* 30 de dic., 1960.

«Interés por la novela», en *El Comercio,* 10 de feb., 1961.

«El americano Sarmiento», en *El Comercio,* 17 de feb., 1961.

«Más perros hambrientos», en *El Comercio,* 24 de feb., 1961.

«Los derechos esquivos», en *El Comercio,* 10 de mar. de 1961.

«Algo más sobre Sabogal», en *El Comercio,* 31 de mar. de 1961.

«Don Quijote y un nexo maestro», en *LNB...,* 9 de abr., 1961.

«Mi amigo Enrique Espinoza», en *El Comercio,* 21 de abr., 1961. [Sobre el escritor argentino.]

«Libros peruanos que hacen falta», en *El Comercio,* 28 de abr., 1961.

«En la forja del cuento peruano», en *El Comercio,* 12 de may., 1961.

«Un nuevo libro de Martín Adán», en *El Comercio,* 26 de may., 1961. [Escribe sobre La mano desasida que canta a Machu-Picchu.]

«Calderón y las lecciones de los clásicos», *El Comercio,* 2 de junio, 1961.

«Hemingway y su juego con la muerte», en *El Comercio,* 7 de julio, 1961.

«Don Pío Baroja y Hemingway», en *El Comercio,* 7 de jul., 1961.

«Presencia de la comunidad indígena», en *Expreso,* 16 de nov., 1961.

«La revolución del agua», en *Expreso,* 23 de nov., 1961.

«Vigencia popular de El Tunante», en *Expreso,* 18 de dic., 1961. [Sobre el escritor peruano Abelardo Gamarra.]

«El indio y la guerra», en *Expreso,* 21 de dic., 1961.

«Nace una autora», en *Expreso,* 8 de feb., 1962.

«La tierra de Vallejo», en *Expreso,* 26 de may., 1962.

«Indagación en Faulkner», en *Expreso,* 13 de jul., 1962.

«John Dos Passos en Lima», en *Expreso,* 27 y 29 de agost., 1962.

«El teatro abrumado», en *Expreso,* 27 de oct., 1962.

«Steinbeck y el pueblo», en *Expreso,* 30 y 31 de oct., 1962.

«El latino Thomas Mann», en *Expreso,* 9 de nov., 1962.

«Los 90 años de López Albújar, un relato y una entrevista», en *Caretas,* año XII, núm. 256, nov., 1962.

«Bartolomé de Las Casas, el apostol de los indios. Un nombre polémico a través de los siglos», en *Caretas,* año XII, núm. 257, diciembre, 1962.

«Actualidad de Las Casas», en *Expreso,* 14 de dic., 1962.

«Releyendo a Frost», en *Expreso,* 7 de feb., 1963.

«Un tal Shakespeare», en *Expreso,* 14 de feb., 1963.

«Santiago de Chuco: La tierra de Vallejo», en *Caretas,* año XIII, núm. 266, may., 1963.

«La casa de Garcilaso», en *Expreso,* 3 de may., 1963. [Sobre el Inca Garcilaso de la Vega Chimpu Occllo.]

«Garcilaso y la historia», en *Expreso,* 21 de agost., 1963.

«Vallejo en Medellín», en *Expreso,* 5 de nov., 1963.

«Carta sobre el quechua», en *Expreso,* 22 de nov., 1963.

«Kennedy y Huxley».

«El idioma de Rosendo Maqui», en *Expreso,* 5 de jun., 1964. [Respuesta a Vargas Llosa sobre sus apreciaciones de la lengua de Alegría en su narrativa indigenista.]

«Los ochenta años de Gallegos», en *Expreso,* 9 de ago., 1964.

«Víctor Hugo y la opresión», en *Expreso,* 8 de sep., 1964.

«Literatura comprometida» en» *Expreso,* 10 de nov., 1964.

«Librerías y tertulias literarias», en *Expreso,* 26 de oct., 1966.

«La importancia política de las lluvias», en *Expreso,* 2 de nov., 1966.

«El cholo Vallejo en Quechua», en *Expreso,* 30 de nov., 196.

«Los dos últimos Premios Nóbel», en *Expreso,* 3 de dic., 1966.

«Eximio escritor y extravagante ciudadano», en *Expreso,* 7 de diciembre, 1966. [Se refiere a don Ramón del Valle Inclán.]

«Permanencia del indigenismo», en *Expreso,* 24 de dic., 1966.

«Autobiografía», en *RP,* núms.11-12, ene-jun., 1967.

«Diez años sin Gabriela», en *Expreso,* 14 de ene., 1967,

«Waldo Frank y su geometría cultural», en *Expreso,* 18 de ene. 1967.

«Reaparición de Guamán Poma», en *Expreso,* 2 de feb., 1967. [Sobre *Nueva Crónica y buen gobierno,* de Guamán Poma de Ayala y su traducción al español.]

«El drama telúrico del Perú», en *Expreso,* 15 de feb., 1967.

«El país de la piedra», en *Expreso,* 18 de feb., 1967. [Último artículo que escribió y publicó C. A., apareció al día siguiente de su muerte.]

1.9.1. Comentarios de libros

«Presentación de *El motelo*», en *EC*, 6 de feb., 1936. [Nota sobre el libro de cuentos de Víctor Morey.]

«Miguel Ángel Asturias: *Hombres de maíz*», en *Aso*, Año VI, vol. VI, núm. 2, abr.-jun., 1951. [Sobre la Edición de Losada, Buenos Aires, 1949.]

«C. Virgil Gheorghiu: *La hora veinticinco*», en *Aso*, Año VII, vol. II, núm. 2, abr.-jun., 1951. [Sobre la Edición de Emecé, Buenos Aires, 1950.]

«Mariano Picón Salas: *El santo de los esclavos*», en *Aso*, Año VII, vol. II, núm. 2, abr.-jun., 1951. [Sobre la Edición del Fondo de Cultura Económica, México, 1950.]

«Tres libros de Sofo», en «EC», 23 de dic., 1960. [Sobre: Al pie de la letra, A dos columnas y Sinlogismos, del humorista peruano Luis Felipe Angell, «Sofocleto».]

«Antología del cuento peruano», en *Ex*, 5 de oct., 1966. [Sobre *Cuento peruano* de Francisco Carrillo.]

«Tradiciones navales peruanas», en *Ex*, 8 de ene., 1967. [Sobre el libro de José Valdizán Gamio.]

1.10. *Traducciones*

EHRENBURG, Ylia, *Sin tomar aliento*, Santiago de Chile, Ed. Zig-Zag, 1937.

FRANCOIS, Claude, *Defienda sus pulmones*, Santiago de Chile, Ed. Zig-Zag. Col. Manuales, 1940.

GAUTIER, Charles, *Nuestros aliados*, Santiago de Chile, Ed. Zig-Zag, ¿1937?

ROLLAND, Romain, *Quince años de combate*, Santiago de Chile, Ed. Ercilla, Col. Contemporáneos, 1936.

ZWEIG, Stefan, *El miedo*, Santiago de Chile, Ed. Zig-Zag, ¿1937?

1.11. *Reportajes a C.A. [Seleccionados]*

«El mundo sigue siendo ancho y ajeno, dijo Ciro Alegría al retornar al Perú», en *LC*, 5 de dic., 1957. [Por Manuel Jesús Orbegozo.]

«Un mano a mano con dos estrellas de la pluma: Ciro Alegría y Jorge Icaza», en *Última Hora*, 17 de dic., 1957.

«Con Ciro Alegría», en *ECC,* 1 de ene., 1958. [Por Alfonsina Barrio-nuevo.]

«Dos novelistas de América: Ciro Alegría y Jorge Icaza», en *CP,* año XVIII, vol. XVIII, núm. 115. [Por Manuel Jesús Orbegozo.]

«Veinte preguntas a Ciro Alegría», en *El Mundo,* núm. 123, febrero, 1960. [Este reportaje fue reproducido en el núm. 217 de la misma revista limeña en feb. de 1967 al morir el novelista.]

«Ciro Alegría, político», en *Ca,* núm. 294, jul.-ago., 1964. [Por Domingo Tamariz.]

«Entrevista a Ciro Alegría», en *Cultura y Pueblo,* núm. 6, abril-junio, 1965. [Por Francisco Bendezú.]

2. SOBRE CIRO ALEGRÍA

2.1. *Bibliografías*

«Bibliografía de Ciro Alegría», en *Anuario Bibliográfico Peruano,* Lima, 1967-1969, págs. 538-575.

«Ciro Alegría: pequeña nota biobibliográfica», en *Revista Peruana de Cultura,* Lima, núms. 11-12, págs. 70-71, 1967.

2.2. *Libros*

ÁLVAREZ DE TOLEDO, Manuel H., *Religión y superstición en «El mundo es ancho y ajeno»,* México, D. F., Ed. Buena Presa, 1963.

BUNTE, Hans, *Ciro Alegría y su obra dentro de la evolución literaria americana,* Lima, Lib. Editorial Juan Mejía Baca, 1961.

ESCOBAR, Alberto, *«La serpiente de oro» o el río de la vida,* Lima, Universidad Nacional Mayor de San Marcos-Ed. Lumen, 1993, 174 págs.

FERREIRA, Joao Francisco, *O indio no romance de Ciro Alegría,* Porto Alegre, Imp. Universitaria, 1957.

LAPSHINA, Liubov, *La proyección social de la novela «El mundo es ancho y ajeno»,* Trujillo, (Perú), 1971.

VARONA, Dora, *Ciro Alegría: trayectoria y mensaje,* Lima, Ed. Varona, 1972.

VILARIÑO DE OLIVIERI, Matilde, *Las novelas de Ciro Alegría,* Santander, Ed. Bedia, 1956.

— *La novelística de Ciro Alegría,* San Juan de Puerto Rico, Editorial de la Universidad de Puerto Rico, 1980. (Es el texto ampliado y revisado de *Las novelas de Ciro Alegría,* que inicialmente fue su tesina de Maestro en Artes en al Universidad de Puerto Rico y posteriormente, ampliada y corregida, tesis en la Universidad de Madrid.)

2.3. Sobre *Los perros hambrientos*

CORNEJO POLAR, Antonio, «La estructura del acontecimiento de *Los perros hambrientos*», en *Letras,* año XXXIX, núms. 78-79, 1967.

ESPINOSA, Enrique, «*Los perros hambrientos*», en *La capital,* Rosario, 1940.

— «*Los perros hambrientos* por Ciro Alegría», en *Anales* de la Universidad de Chile, Santiago de Chile, núms. 37-38, 1940.

MELÉNDEZ, Concha, «*Los perros hambrientos* por Ciro Alegría», en *Revista Iberoamericana,* vol. 3, 1941.

SCHIRO, Roberto, «*Los perros hambrientos* de Ciro Alegría», *Santa Fe,* Universidad, núm. 75, 1968.

NORMAND SPARKS, Enrique, «Una observación sobre *Los perros hambrientos* (los relatos interiores)», en *Mercurio Peruano,* Lima, núm. 335, 1955.

TAMAYO VARGAS, Augusto, «Los tres ases de la baraja narrativa de Ciro Alegría», Lima, *Alpha,* vol. 2, núm. 7, 1966.

VALCÁRCEL, Luis E., «*Los perros hambrientos* por Ciro Alegría», en *EU,* núm. 80, julio, 1940.

— «*Los perros hambrientos* por Ciro Alegría», en *E,* núm. 89, jul., 1940.

VALLS, Enrique, «*Los perros hambrientos* de Ciro Alegría, al cine», en *Revista Latinoamericana,* núm. 25, 1967.

VILLANES CAIRO, Carlos, «Alegría y el drama de la lluvia en el Perú», en *Taller literario,* Huancayo, Universidad Nacional del Centro del Perú, núm. 2, 1970, págs. 33-46.

3.3. *Tesis universitarias*

BONNEVILLE, Henry, *De l'indianisme à l'indigenisme: le romancier péruvien Ciro Alegría,* París, La Sorbonne, 1950.

CASADO LINAREJOS, María del Carmen, *La sociedad peruana de Ciro Alegría,* Madrid, Universidad de Madrid, 1974.

COLLANTES DE TERÁN, Juan, *El arte de novelar de Ciro Alegría,* Madrid, Universidad de Madrid, 1958.

ESCOBAR, Alberto, *Ciro Alegrías «Serpiente de Oro» interpretiert und sprachwissenschaftlich untersuch,* Múnich, Ludwing-Maximilians Universität.

PÉREZ DE COLOSIA RODRÍGUEZ, María Isabel, *El indigenismo de la novela de Ciro Alegría*, Madrid, Universidad Complutense de Madrid, 1972.

2.4. *Artículos*

ALAYZA PAZ SOLDÁN, Luis, «La serpiente de oro», en *La Prensa*, Lima, septiembre, 1936.

ALDRICH, Earl M., «El don cuentístico de Ciro Alegría», en *Hispanofilia*, núm. 19, 1963.

— «Ciro Alegría and José María Arguedas, pivotal figures», en *The modern short story in Perú*, Madison, University of Wisconsin Press, 1966.

ALEGRÍA, Ciro, «Novela de mis novelas», en *Sphinx*, Lima, núms. 2-3, 1958.

ÁNGELES CABALLERO, César, «Ciro Alegría novelista vital», en *Anales*, Universidad San Luis Gonzaga de Ica.

ARIAS, Augusto, «La novela del río Marañón *[La serpiente de oro]*», en *CM*, núm. 22, 1937.

BACACORZO, Xavier, «*La serpiente de oro*: causalidad y casualidad en el foco narrativo», en *La obra de Ciro Alegría*, Actas del simposio realizado en julio de 1974 en la Universidad de San Agustín, Arequipa, UNSA, 1976.

BARCK, C., «Probleme des Realismus in den Romanen Ciro Alegrías», en *Latinamerik*, núm. 19, primavera, 1970.

BARRIOS, Eduardo, «*La serpiente de oro*», en *Las últimas noticias*, Santiago de Chile, 3 de nov. de 1937.

BENDEZÚ, Edmundo, «*Lázaro* y el problema de la técnica narrativa en Ciro Alegría», en *La obra de Ciro Alegría*, ob. cit.

BENDEZÚ, Francisco, «Entrevista a Ciro Alegría», en *Cultura y Pueblo*, Lima, 1965.

BENNETT, Arden Lamont, «La naturaleza en algunas novelas de la región amazónica», en *DAI*, núm. 36, 1976.

Biblioteca Nacional del Perú, «Ciro Alegría Bazán», en *Anuario Bibliográfico Peruano: 1967-1969*, Lima, Instituto Nacional de Cultura, 1975.

BOLDORI, Rosa, «Ciro Alegría: la literatura como intuición y mensaje», en *Cultura y Pueblo*, año II, núms. 7-8, 1965.

BONNEVILLE, Henry, «L'indigenisme litterarie andin. De l'indianisme a l'índigenisme. Le romancier péruvien Ciro Alegría», en *Les langues neólatines*, núm. 157, abril 1961.

— «Mort el résurrection de Ciro Alegría», en *Bulletin Hispanique*, tomo LXX, núms. 1-2, enero-junio, 1968.

— «Muerte y resurrección de Ciro Alegría», prol. a Ciro Alegría: *Sueño y verdad de América*, Editorial Universo, Lima, 1969.

— «El mestizaje y Ciro Alegría», en *Literatura de la emancipación hispanoamericana y otros ensayos*, Lima, Instituto Internacional de Literatura Iberoamericana, Ed. Universidad Nacional Mayor de San Marcos, 1972.

— «Prólogo» a *Lázaro*, Buenos Aires, Editorial Losada, 1973.

BUDOR, «Aspectos de la picaresca canina en Cervantes y en Ciro Alegría», en *La picaresca: orígenes, textos y estructuras*, Madrid, Ed. Fundación Universitaria Española.

BUMPASS, Faye L., «Ciro Alegría: novelista de América», en *IPNA,* vol. 9, núm. 14, julio-diciembre, 1950.

— «Ciro Alegría, interpreter of the Peruvian Indian», en *Homage to Charles Blaise Qualia*, Lubbock, Texas Tech Press, 1962.

CÁCERES, Leticia, «Análisis psico-social de algunos personajes juveniles en la novela de Ciro Alegría», en *La obra de Ciro Alegría,* ob. cit.

CÁCERES CUADROS, Tito, «Calixto Garmendia: análisis social e ideológico», en *La obra de Ciro Alegría*, ob. cit.

CARDOZO, Juan Andrés, «Falsa hipótesis sobre Ciro Alegría», en *Época*, núm. 21, 1968.

CARRIÓN, Benjamín, «La novela regional», en *Cuadernos,* París, 1965.

COLLANTES DE TERÁN, Juan, «Teorías y esquema en las narraciones de Ciro Alegría», en *Estudios Americanos,* vol. 17, núms. 90-91, marzo-abril 1959.

CORNEJO POLAR, Antonio, «La imagen del mundo en *La serpiente de oro*», en *Revista de Crítica Literaria Latinoamericana*, año II, núm. 2, 2.º semestre 1975.

— «La dinámica de la realidad en las dos primeras novelas de Ciro Alegría», en *La obra de Ciro Alegría*, ob. cit.

— «Prólogo», en Ciro Alegría, *El mundo es ancho y ajeno*, Caracas, Biblioteca Ayacucho, 1978.

CORNEJO POLAR, Jorge, «Notas sobre la teoría novelística de Ciro Alegría», en *La obra de Ciro Alegría*, ob. cit.

CORVALÁN, Octavio, «Ciro Alegría», en *El postmodernismo*, Nueva York, Ed. Las Américas, 1961.

CRUZ, Salvador de la, «Ciro Alegría», en *La novela iberoamericana actual,* México, 1956.

CHAMPION, Emilio, «*La serpiente de oro* de Ciro Alegría», en *EU,* febrero, 1936.

DÍAZ ARRIETA (ALONE), H., «*La serpiente de oro*», en *La Nación,* Santiago de Chile, 2 de feb. de 1936 y en *Repertorio Americano,* 19 de marzo de 1936.

DURAND, Luis, «Aspectos de literatura peruana hasta Ciro Alegría», en *Atenea*, vol. 60, 1942.

ESCAJADILLO, Tomás G., «Alegría habla a los diez años de su muerte», en *Texto Crítico*, Centro de Investigaciones Lingüístico Literarias de la Universidad Veracruzana, Xalapa, núm. 11, septiembre-diciembre, 1978.

— «Ciro Alegría, José María Arguedas y el indigenismo de Mariátegui», en *Mariátegui y la literatura*, Lima, Editorial Amauta, 1980.

ESCOBAR, Alberto, «Ciro Alegría's worlds», en *Américas*, EE.UU. (ed. en inglés), vol. 15, núm. 2, 1963. El mismo artículo aparece con el nombre de «Los mundos de Ciro Alegría», en *Américas*, Estados Unidos (ed. en español), vol. 15, núm. 3, 1963.

— «*La serpiente de oro* o el río de la vida», en *Patio de Letras*, Lima, Caballo de Troya, 1965.

— «El rostro de Ciro Alegría», en *Amaru*, Lima, Universidad Nacional Agraria, núm. 2, abril, 1967.

ESTRADA, Nunyz, «Discurso sobre Ciro Alegría: Gran escritor del pueblo y para el pueblo, quedará como un clásico de nuestra literatura», en *Garcilaso*, Lima, julio, 1967.

FLORES, Ángel, «Four Latin American Writers», en *Panorama*, Washington, núm. 18, enero, 1942.

— «Ciro Alegría», en *Panorama*, núm. 18, 1942.

GALAOS, José Antonio, «La tierra y en indio en la obra de Ciro Alegría», *CHA*, núm. 144, 1961.

— «La tierra y el indio en la obra de Ciro Alegría», en *Cuadernos Hispanoamericanos*, Madrid, vol. 48, núm. 44, diciembre, 1961.

GASTÓN VIENTÓS, Nilita, «Las novelas de Ciro Alegría», en *Anales de la Universidad de Puerto Rico*, Puerto Rico, 1964.

GARCÍA, Antonio, «La novela del indio y su valor social», en *Revista de Indias*, núm. 36, 1941.

GONZÁLEZ VIGIL, Ricardo, *El Perú es todas las sangres*, Lima, Pontificia Uiversidad Católica del Perú, 1991. Véase los artículos: «Cincuentenario de *Agua* y *La serpiente de oro*», «Para releer a Ciro Alegría» y «Ciro Alegría, narrador urbano», págs. 259-268.

HERNÁNDEZ AQUINO, Luis, «Dolor por Ciro Alegría en Puerto Rico», en *Estafeta Literaria*, Madrid, núm. 366, marzo, 1967.

HERNÁNDEZ, Arturo, «Ciro Alegría», en *Garcilaso*, Lima, núm. 1, 1967.

HERNÁNDEZ URBINA, Alfredo, «Semblanza de Ciro Alegría», en *Garcilaso*, año I, núm. 1, julio 1967.

HUERGA, Feliciano, «Ciro Alegría», en *América narra*, Buenos Aires, Rodolfo Alonso, 1975.

HOYO, Arturo del, «Ciro Alegría», Prólogo a *Novelas Completas*, Madrid, Editorial Aguilar, 1959.

105

— «Entre nosotros», en *La estafeta literaria*, núm. 366, marzo 1967.
— «Ciro Alegría», *Revista Peruana de Cultura*, Lima, núms. 11-12, 1967.

IDUARTE, Andrés, «Encuentro con Ciro Alegría», en *Pláticas hispanoamericanas*, México, Fondo de Cultura Económica, 1951.

IZQUIERDO RÍOS, Francisco, «El Ciro Alegría que yo conocí», en *Cinco poetas y un novelista*, Lima, Editorial Bendezú, 1969.

JIMÉNEZ MARTOS, Luis, «Vida, obra y pensamiento de Ciro Alegría», en *Estafeta literaria*, núm. 214, abril de 1961.

LA NEGRA, Santiago, en «Enrique López Albújar y Ciro Alegría», en *Realidad*, núm. 15, 1955.

LAZO, Raimundo, «Ciro Alegría», en *La novela andina*, México, Ed. Porrúa, 1971.

LEÓN HAZERA, Lydia de, «Cuatro obras que reflejan la influencia de *La vorágine*», en *La novela de la selva hispanoamericana*, Bogotá, Ed. Instituto Caro y Cuervo, 1971.

LÉVANO, César, «Alegría sin estridencias», en *Variedades*, Lima, enero, 1977.

LÓPEZ, Julio César, «Nota sobre el sentido de la vida en *La serpiente de oro*, novela de Ciro Alegría», en *Temas y estilos en ocho escritores*, San Juan de Puerto Rico. 1967.

LORENZ, Günter W., «Ciro Alegría», en *Dialog mit Latinamerika*, Tubinga, Horst Erdmann Verlag, 1970.

LOSADA GUIDO, Alejandro, «Ciro Alegría como fundador de la realidad hispanoamericana», en *Acta litteraria*, Academiae Scientiarum Hungaricae, núm. 17, 1975.

MATE, Hubert H., «Social aspects of novels by López y Fuentes and Ciro Alegría», en *Hispania*, núm. 39, 1956.

MELÉNDEZ, Concha, «El mito de los ríos en dos novelas hispanoamericanas», en *Asomante*, Universidad de Puerto Rico, 1943.

MENDIETA ALATORRE, María de los Ángeles, *El paisaje en la novela de América*, prol. de Alberto Delgado Pastor, México, Secretaría de Educación Pública, Biblioteca Enciclopédica Popular, 1949. [Hay continuas referencias a *El mundo es ancho y ajeno*.]

MONRO, Jack, «Two new novels of distinction: Ciro Alegría's story of Perú», en *The New Yorker Boook Times Review*, 16 de noviembre de 1941.

MIRÓ, César, Prólogo a *Gabriela Mistral íntima*, Col. Autores Peruanos de Editorial Universo, Lima, 1968.

MIRÓ QUESADA, Francisco, «Ciro Alegría y la ideología peruana», en *El Dominical*, Sup. de *El Comercio*, Lima, 16 de julio de 1967.

MONTENEGRO, Ernesto, «La novela indigenista de Ciro Alegría», en *La Prensa*, Buenos Aires, 2 de noviembre de 1941.

Núñez, Estuardo, «Ciro Alegría, novelista de América», en *Mundo Nuevo,* núm. 11, mayo, 1967.

— «Ciro Alegría (1909-1967)», en *BaL,* núm. 1, 1967.

Onís, Harriet de, «Afterword», en Ciro Alegría, *The golden serpent,* Nueva York, New American Library, 1963.

Oquendo, Abelardo, «Ciro Alegría: precursor del auge de la narrativa sudamericana», en *Caretas,* Lima, 20 de febrero de 1967.

Orrillo, Winston, «Ciro Alegría: obra póstuma», en *Ciro Alegría, trayectoria y mensaje,* ob. cit.

Oviedo, José Miguel, «Los cuentos de Ciro Alegría», en *Ciro Alegría, trayectoria y mensaje, op. cit.*

Pérez de Colosia Rodríguez, María Isabel, «El indigenismo y las novelas de Ciro Alegría», en *Anales de Literatura Hispanoamericana,* Madrid, núm. 5, 1976.

Portal, Magda, «Noticias sobre Ciro Alegría», en *Repertorio Americano,* San José, Costa Rica, tomo 33, núm. 912, 1941.

— «Ciro Alegría inédito», en *Garcilaso,* año I, núm. 1, julio, 1967.

— «Ciro Alegría, primer novelista del Perú», en *Caretas,* Lima, 20 de febrero de 1967.

— «Ciro Alegría en el recuerdo», en *Garcilaso,* Lima, febrero de 1977.

Ricketts Rey de Castro, Patricio, «Ciro Alegría (notas biográficas)», 1) «El hombre», en *Expreso,* 22 de febrero de 1967; 2) «Un temprano despertar», en *Expreso,* 25 de febrero de 1967; 3) «La mar y morena», en *Expreso,* 1 de marzo de 1967 y 4) «La balsa solitaria», en *Expreso,* 5 de marzo de 1967.

Rodríguez Cárdenas, M., «Apuntes de Ciro Alegría», en *El Mundo,* Caracas, 9 de mayo de 1967.

Rodríguez Florido, Jorge, «Ciro Alegría en el Caribe: 1949-1960», en *Caribe,* núms. 1 y 2, 1976.

— «Nota sobre Alegría», en *Chasqui,* núm. 5, 1976.

— «Ciro Alegría: el hombre. Temas y aspectos estilísticos de su prosa narrativa», en *El lenguaje en la obra literaria,* Medellín, Ed. Bedout, 1977.

Rodríguez Monegal, Emir, «Hipótesis sobre Alegría», en *Mundo Nuevo,* núm. 11, mayo, 1967.

— «Balance de Ciro Alegría», en *Mundo Nuevo,* núm. 12, junio, 1967. También en *Narradores de esta América,* Montevideo, Ed. Alfa, 1969.

Romero, Emilio, «Ciro Alegría. Sus novelas completas», en *Nivel,* núm. 9, 1954.

Salas Beltrán, A., «El triunfo intelectual de Ciro Alegría en Chile», en *EU,* 24 de diciembre de 1935.

SÁNCHEZ, Luis Alberto, «Ciro Alegría en la novela americana», Lima, año VI, noviembre-diciembre, 1954.

— «Notas sobre Ciro Alegría», en *Correo*, 21 de febrero, 1967.

SARABIA, Nydia, «Biografía de Ciro Alegría», en *La revolución cubana: un testimonio personal*, de Ciro Alegría, Lima, Editorial Minerva, 1973.

SIEBEMANN, Gustav, *«La serpiente de oro:* novela cholista», en *Anales de Literatura Hispanoamericana*, Madrid, núm. 9, 1980.

SIMOES, Antonio Jr., «El universo novelesco de Ciro Alegría», en *RE*, núm. 64, 1955.

REA SPELL, Jefferson, «Ciro Alegría, "criollista" of Perú», en *Contemporary Spanish American Fiction*, Chapel Hill, N.C., University North Carolina Press, 1944.

TAMAYO VARGAS, Augusto, «Ciro Alegría, José María Arguedas y la generación del 30», en *La novela iberoamericana contemporánea*, Instituto Internacional de Literatura Iberoamericana, Caracas, Ed. de la Organización de Bienestar Estudiantil de la Universidad Central de Venezuela.

— «Su nombre y su recuerdo no tendrán fin», en *Garcilaso*, Lima, julio, 1967.

— «Persistencia del indigenismo en la narrativa peruana», en *Copé*, Lima, núm. 8, 1972.

— «Ciro Alegría en el recuerdo», en Sup. Cultural de *Ojo*, Lima, 2 de marzo de 1977.

TERLINGEN, J., «Espíritu del Perú en una novela de Ciro Alegría», en *Indianorromania*, Lima, núm. 1, 1962.

URDANIVIA BERTARELLI, Eduardo, «Para una nueva lectura de Ciro Alegría», en *Revista de Crítica Literaria Latinoamericana*, núms. 7-8, 1978.

VARGAS LLOSA, Mario, «Ciro Alegría según Mario Vargas Llosa», en *Caretas*, Lima, 22 de abril de 1967.

VARONA, Dora, «Trayectoria cronológica de Ciro Alegría», en *Ciro Alegría: trayectoria y mensaje*, Lima, Ediciones Varona.

VIENTÓS GASTÓN, Nilita, «Las novelas de Ciro Alegría», en *Índice cultural*, Río Piedras, Ediciones de la Universidad de Puerto Rico, 1962-71.

VILLANES CAIRO, Carlos, *«Lázaro,* nueva novela de Ciro Alegría», en *Humanidades*, Huancayo, núm. 1, 1977.

WADE, Gerald y ARCHER, William H., «The indianista novel since 1889», en *Hispania*, núm. 33, 1950.

Los perros hambrientos

Ciro Alegría.

I

Perros tras el ganado

El ladrido[1] monótono y largo, agudo hasta ser taladrante, triste como un lamento, azotaba el vellón albo de las ovejas conduciendo la manada. Ésta, marchando a trote corto, trisca[2] que trisca el ichu[3] duro, moteaba de blanco la rijosidad[4] gris de la cordillera andina[5].

---

[1] Esta novela empezaba con la onomatopeya: «*Guau..., guau..., guauuuúu...*» que se mantuvo hasta antes de la aparición de las *Novelas completas* de Ciro Alegría editada por Aguilar en España, en 1959, fue revisada y corregida por el autor y que ha servido de base para la presente edición. La de Losada que apareció en 1968, al año siguiente de la muerte del novelista, ha seguido manteniendo los ladridos iniciales. La edición Varona de Santiago de Chile, de 1993 también ha suprimido esa primera línea del primer capítulo.

[2] De triscar, travesear: andar de manera inquieta de un lugar a otro. (*Diccionario de la Real Academia Española de la Lengua*, Vigésima primera edición, Madrid, 1992, en adelante DRAE.)

[3] Peruanismo (*Calamagrostis rígida*) gramínea de las punas andinas. Crece entre los 3.500 y 5.000 metros de altura. «Tan dura como (la) paja, y espinosa, brota en manojos espaciados que alcanzan hasta 50 cms. de alt.» *Enciclopedia Ilustrada del Perú* de Alberto Tauro, Ed. PEISA, Lima, 1988, segunda ed., 6 vol. (En adelante EIP.)

[4] Predisposición para reñir o contender. También es la inquietud y disposición a la sensualidad, especialmente entre los animales machos, frente a la contemplación de una hembra.

[5] La cordillera de los Andes o andina, empieza en Venezuela y termina en la Tierra del Fuego; a lo largo de sus 7.500 kilómetros recorre Ecuador, Perú, Bolivia, Argentina y Chile y forma paisajes muy variados. Tiene algunos picos tan altos como el Huascarán (6.768 m) y el Aconcagua (6.959 m).

Era una gran manada, puesto que se componía de cien pares, sin contar los corderos. Porque ha de saberse que tanto la Antuca[6], la pastora, como sus taitas[7] y hermanos, contaban por pares. Su aritmética ascendía hasta ciento, para volver de allí al principio. Y así habrían dicho «cinco cientos» o «siete cientos» o «nueve cientos» pero, en realidad, jamás necesitaban hablar de cantidades tan fabulosas. Todavía, para simplificar aún más el asunto, iban en su auxilio los pares, enraizados en la contabilidad indígena[8] con las fuertes raíces de la costumbre. Y después de todo, ¿para qué embrollar? Contar es faena de atesoradores, y un pueblo que desconoció la moneda[9] y se atuvo solamente a la simplicidad del trueque[10], es lógico que no engendre descendientes de muchos números. Pero éstas, evidentemente, son otras cosas. Hablábamos de un rebaño.

La Antuca y los suyos estaban contentos de poseer tanta oveja. También los perros pastores. El tono triste de su ladrido no era más que eso, pues ellos saltaban y corrían alegremente, orientando la marcha de la manada por donde quería la pastora, quien, hilando el copo de lana sujeto a la rueca[11], iba por detrás en silencio o entonando una canción, si es que no daba órdenes. Los perros la entendían por señas y acaso también por las breves palabras con que les mandaba ir de un lado para otro.

> Por el cerro negro
> andan mis ovejas,
> corderitos blancos
> siguen a las viejas.

---

[6] Hipocorístico andino de Antonia.

[7] Peruanismo, de la voz quechua *taita*: padre.

[8] No se crea que la contabilidad indígena descuidaba los números impares, las palabras quechuas *juc, quimsa, pichqa, janchis...*, o sea, uno, tres, cinco, siete..., respectivamente, lo demuestran.

[9] En el Imperio de los Incas, no existió el valor de cambio que fijaba el precio de las cosas.

[10] Americanismo: intercambio, especialmente de productos domésticos.

[11] Por lo general el copo de lana va adherido a una horquilla de madera, de una rama de árbol en forma de Y.

La dulce y pequeña voz de la Antuca moría a unos cuantos pasos en medio de la desolada amplitud de la cordillera[12], donde la paja[13] es apenas un regalo de la inclemencia[14].

> El Sol es mi padre,
> la Luna es mi madre
> y las estrellitas
> son mis hermanitas[15].

Los cerros, retorciéndose, erguían sus peñas azulencas y negras, en torno de las cuales, ascendiendo lentamente, flotaban nubes densas.

La imponente y callada grandeza de las rocas empequeñecía aún más a las ovejas, a los perros, a la misma Antuca, chinita[16] de doce años que «cantaba para acompañarse». Cuando llegaban a un pajonal[17] propicio, cesaba la marcha y los perros dejaban de ladrar. Entonces un inmenso y pesado silencio oprimía el pecho núbil de la pastora. Ella gritaba:

—Nube, nube, nubeée...

Porque así gritan los cordilleranos. Así, porque todas las cosas de la naturaleza pertenecen a su conocimiento y su intimidad[18].

—Viento, viento, vientoóoo[19]...

Y a veces llegaba el viento, potente y bronco, mugiendo contra los riscos, silbaba entre las pajas, arremolinando las nubes, desgreñando la pelambrera lacia de los perros y exten-

---

[12] Viene de *cordel*, serie de montañas enlazadas entre sí (DRAE).

[13] Llamada también paja brava, es el *ichu*. Véase nota 3.

[14] Crece en la puna en alturas superiores a los 4.000 metros sobre el nivel del mar.

[15] Esta copla, que se canta hasta nuestros días en la zonas andinas, es una clara muestra del panteísmo religioso de los antiguos peruanos, pero algo más, el Sol o *Inti* fue el supremo dios en el Imperio Incaico y, *Killa*, la Luna, su esposa

[16] Niñita, dicho con cariño a una persona muy joven.

[17] Americanismo: terreno cubierto de paja, especialmente la gramínea silvestre rica en fibra que sirve de alimento al ganado.

[18] El mundo andino está lleno de hierofanías, de seres animados o inanimados que tienen vida y mantienen relación con los humanos.

[19] El viento o *aulit* es un dios andino. Hay vientos propicios y vientos nefastos. Un buen viento puede dar la vida y uno malo quitarla, son exhalaciones de los espíritus tutelares de las montañas y tienen poderes diversos.

diendo hacia el horizonte el rebozo negro y la pollera[20] roja de la Antuca. Ella, si estaba un perro a su lado —siempre tenía uno acompañándola—, le decía en tono de broma:

—¿Ves? Vino el viento. Hace caso...

Y reía con una risa de corriente agua clara. El perro, comprendiéndola, movía la cola coposa y reía también con los vivaces ojos que brillaban tras el agudo hocico reluciente.

—Perro, perrito bonito[21]...

Después, buscando refugio en algún retazo de pajonal muy macollado[22], se acurrucaban perdiéndose entre él. El viento pasaba sobre sus cabezas. La Antuca hilaba charlando con el perro. A ratos dejaba su tarea para acariciarlo.

—Perro, perrito bonito...

De cuando en cuando miraba el rebaño, y si una oveja se había alejado mucho, ordenaba señalándola con el índice:

—Mira, Zambo[23], güelvela[24]...

Entonces el perro corría hacia la descarriada y, ladrando en torno, sin tener que acosarla demasiado —las ovejas ya sabían de su persistencia en caso de no obedecer—, la hacía retornar a la tropa. Es lo necesario. Si una oveja se retrasa de la tropa de la manada, queda expuesta a perderse o ser atrapada por el puma[25] o el zorro, siempre al acecho desde la sombra de sus guaridas.

Después de haber cumplido su deber, marchando con el

---

[20] Americanismo: «falda externa del vestido femenino», dice el DRAE, pero, además puede ser misma prenda puesta encima de una simple braga o calzón, o de una «enagua», que a su vez es otro americanismo de procedencia taína para designar a la prenda interior femenina que se pone debajo de la falda.

[21] «Milana, milana bonita...» dice Azarías, en un pasaje inolvidable de la novela *Los Santos inocentes* de Miguel Delibes.

[22] Peruanismo: recortado, en este caso la paja macollada por haber sido cortada o comida por los animales, pero de la que quedan pequeños brotes casi pegados al suelo.

[23] Americanismo: hijo de negro e india o viceversa. En algunas partes se le llama de esta manera al mulato, vástago de un blanco y una india.

[24] En adelante no anotaremos las palabras escritas en el habla particular de los indios de Alegría, que pueden ser entendidas con algún esfuerzo y que son parte del idiolecto peculiar de sus personajes campesinos. Véase «Lenguajes y perspectivas» del Prólogo de la presente edición.

[25] Quechuismo: felino carnicero parecido al tigre y conocido también como león americano.

ágil y blando trote de los perros indígenas[26], Zambo volvía a tenderse junto a la pastora. Se abrigaban entre ellos, prestándose mutuamente el calor de sus cuerpos.

Y así pasaban el día, viendo la convulsionada crestería[27] andina, el rebaño balante[28], el cielo, ora azul, ora nublado y amenazador. La Antuca hilaba charlando, gritando o cantando a ratos, y a ratos en silencio, como unimismada[29] con el vasto y profundo silencio de la cordillera, hecho de piedra e inconmensurables distancias soledosas[30]. Zambo la acompañaba atentamente, irguiendo las orejas ante el menor gesto suyo, pronto a obedecer, aunque también se permitía reclinar la cabeza y dormir, pero con sueño ligero, sobre la suave bayeta[31] de la pollera.

Algunos días, recortando su magra figura sobre la curva hisuta[32] de una loma, aparecía el Pancho[33], un cholito[34] pastor. Lo llamaba entonces la Antuca y él iba hacia ella, anheloso y alegre, después de haberse asegurado de que su rebaño estaba a bastante distancia del otro y no se entreverarían. Lo acompañaba un perro amarillo que cambiaba gruñidos hostiles con Zambo, terminando por apaciguarse ante el requerimiento regañón de los dueños. Éstos fraternizaban desde el comienzo. Conversaban, reían. El Pancho cogía la antara[35]

---

[26] En realidad son canes amestizados. Los que son estrictamente descendientes de los primitivos perros del Imperio Inca.

[27] Posiblemente, Alegría relaciona esta palabra más bien con la cresta de algunas aves y no con el adorno calado de estilo ojival.

[28] Participio activo de *balar*.

[29] De unimismar: indentificar, unificar (DRAE).

[30] Nostálgica, en soledad.

[31] Peruanismo: tela de lana de oveja, muy fuerte y tupida y no muy gruesa que da mucho calor en los lugares fríos. *Bayeta* procede del italiano *baietta* y del francés *baiette*: que designan a una tela floja y poco tupida y que por lo general se utiliza para fregar los suelos. En español *bayetón* es una tela de lana con mucho pelo, que se usa para abrigo.

[32] Áspera.

[33] Pancho, hipocorístico peruano de Francisco.

[34] Apreciativo de un indígena joven.

[35] Quechuismo: flauta de pan, también llamada *zampoña*. «Compuesta en la época prehispánica por una fila de 3 a 15 tubos, cuyas longitudes eran determinadas por el tono deseado: los mochicas y los nazcas la hicieron de cerámica; y en las tumbas incaicas se la halla de caña hueca.» (EIP.)

115

que llevaba colgando del cuello mediante un hilo rojo y se ponía a tocar, echando al viento las notas alegres y tristes de los wainos[36] y las atormentadas de los yaravíes[37]. Uno llamado Manchaipuito[38] angustiaba el corazón de la Antuca y hacía aullar a los perros. Ella sonreía a malas y sacaba fuerzas de donde no había para regañar a Zambo:

—Calla, zonzo... ¡Han visto perro zonzo!

Y una vez dijo el Pancho:

—Este yaraví jué diun curita amante...

—Cuenta —rogó la Antuca.

—Un cura dizqué taba queriendo mucho onde una niña, pero siendo él cura, la niña no la quería onde él. Y velay[39] que diun repente murió la niña. Yentón el cura, e tanto que la quería, jué y la desenterró y la llevó onde su casa. Y ay tenía el cuerpo muerto y diuna canilla el cuerpo muerto hizo una quena[40] y tocaba en la quena este yaraví, día y noche, al lao el cuerpo muerto e la niña... Y velay que puel cariño y tamién po esta música triste, tan triste, se golvió loco... Y la gente e poray que oía el yaraví día y noche, jué a ver po qué tocaba tanto y tan triste, y luencontró al lao el cuerpo muerto, ya podrido, e la niña, llorando y tocanto. Le hablaron y

---

[36] De la voz quechua *wayñu*: canción popular indígena de carácter alegre y de ritmo bailable. Sus orígenes son prehispánicos y hasta hoy día es tocada y bailada en el Perú, de manera especial en las regiones andinas.

[37] Peruanismo: del quechuismo *jarawi*: canción de despedida. Especie musical de tono melancólico de los incas que, a principios del siglo pasado, pone en boga el poeta prócer de la independencia Mariano Melgar, con el nombre de *yaraví*.

[38] Quechuismo: instrumento musical andino construido según la leyenda con una canilla humana que sirve de flauta y se toca introducida dentro de un *porongo* (quechuismo: cántaro de barro cocido) y sus notas son de gran lirismo pero también de exasperante melancolía.

[39] Verás. Has de ver.

[40] Peruanismo, «el más típico instrumento musical del antiguo Perú y de las actuales poblaciones nativas; es una flauta hecha de caña o de hueso. Su longitud no suele exceder de los 30 cm. y su único tubo puede tener de 3 a 6 agujeros equidistantes entre sí. Sólo la tañen los hombres, y expresa la fuerza irresistible del amor, el encanto de la vida» (EIP). También llamada *pincullo*, produce música pentafónica, es prehispánica y su uso se extiende hasta nuestros días por el área andina del antiguo Tahuantinsuyo, como se llama el vasto territorio del Imperio Inca.

no respondía ni dejaba e tocar. Taba, pues, loco... Y murió tocando... Tal vez pueso aúllan los perros... Vendrá lalma el curita al oír su música, yentón los perros aúllan, poque dicen que luacen así al ver las almas[41]...

La Antuca dijo:

—Es ques muy triste... No lo toques...

Pero en el fondo de sí misma deseaba oírlo, sentía que el desgarrado lamento del Manchaipuito le recorría todo el cuerpo proporcionándole un dolor gozoso, un sufrimiento cruel y dulce. La cauda[42] temblorosa de la música le penetraba como una espada a herirle rudamente, pero estremeciéndolas con un temblor recóndito, las entrañas.

El Pancho lo presentía y continuamente hacía gemir los carrizos[43] de su instrumento con las trémulas notas del yaraví legendario. Luego le decía:

—Cómo será el querer, cuando llora así[44]...

La Antuca lo envolvía un instante en la emoción de su mirada de hembra en espera[45], pero luego tenía miedo y se aplicaba a la rueca y a regañar al aullador Zambo. Sus jóvenes manos —ágiles arañas morenas— hacían girar diestramente el huso[46] y extraían un hilo parejo del albo copo sedeño[47]. El Pancho la miraba hacer, complacido, y tocaba cualquier otra cosa.

Así son los idilios en la cordillera. Su compañero tenía,

---

[41] La oralidad tradicional peruana da cuenta en muchos relatos de que los perros detectan y ven a las almas en pena cuando aúllan.

[42] Posiblemente, Alegría utiliza esta palabra en su acepción de *rezago*.

[43] Americanismo: planta gramínea parecida a la caña, de tallos delgados y hojas lanceoladas y flores en panojas copudas. Crece en lugares húmedos; de sus tallos se hacen esteras, cielos rasos, canastas y flautas.

[44] Aun cuando pueda parecer un tópico, el sentido trágico del amor es una constante en el mundo andino. Las canciones nunca narran un amor triunfante. Se canta la desdicha, la nostalgia, el cariño perdido.

[45] Antuca es realmente una niña. No olvidemos que en un capítulo posterior los Celedonios, unos bandoleros sin escrúpulos, «la perdonan» porque es pequeña.

[46] Más que el huso de la textilería europea, es una pequeña vara de madera en la que después de retorcerse al girar se envuelve el hilo de lana. Lo que los quechuas bautizaron con el nombre *puchca*.

[47] En realidad, se trata de un copo de algodón, y éste no es de seda.

más o menos, la edad de ella. La carne en sazón triunfaría al fin. Sin duda, llegarían a juntarse y tendrían hijos que, a su vez, cuidando el ganado en las alturas, se encontrarían con otros pastores.

Pero el Pancho no iba siempre y entonces la Antuca pasaba el día en una soledad que rompía al dialogar con las nubes y el viento y amenguaba un tanto la tranquila compañía de Zambo. Llegaba la tarde, iniciaban el retorno. En invierno volvían más temprano, pues la opacidad herrumbrosa del cielo se deshacía pronto en una tormenta brutal. La Antuca se paraba llamando a los perros, que surgían de los pajonales para correr y ladrar reuniendo el ganado, empujándolo después llentamente hacia el redil.

Y eran cuatro los perros que ayudaban a la Antuca: Zambo, Wanka, Güeso, y Pellejo. Excelentes perros ovejeros, de fama en la región, donde ya tenían repartidos muchos familiares cuya habilidad no contradecía al genio de su raza. El dueño, el cholo[48] Simón Robles, gozaba de tanta fama como los perros, y esto se debía en parte a ellos y en parte a que sabía tocar muy bien la flauta y la caja[49], amén de otras gracias.

Habitualmente, en el trajín del pastoreo, Zambo caminaba junto a la Antuca, ajochando[50] a las rezagadas. Wanka iba por delante orientando la marcha, y Güeso y Pellejo corrían por

---

[48] Peruanismo: mestizo de indio con español o cualquier otro grupo extranjero, pero con preponderancia del elemento indígena; o individuo cuya condición social y cultural denota improvisación o rusticidad. Era, para Garcilaso, un «vocablo de las islas de Barlovento»; y otros lo han referido a la nación «chola» que existió en la India antigua, o a los «cholones» que en tiempo remoto poblaron (algunas) regiones del actual departamento de Huánuco. Pero quizá se halla su origen en el mochica (*hullu*, muchacho), pues como *cholos* se conoció inicialmente a los indiecitos empleados en el servicio doméstico, y cuya convivencia con familias hispanas iniciaba su mestizaje cultural» (EIP).

[49] Peruanismo: «tamborcillo indígena», dice Marcos A. Morínigo en su *Diccionario del Español de América*, Madrid, Anaya & Mario Muchnik (en adelante Morínigo). Instrumento musical de percusión de doble base de piel, en tiempos prehispánicos de perro y llama. La caja se toca acompañada de una quena o flauta, por un mismo hombre. En el valle del Mantaro existe una caja más pequeña llamada *tinya* y la tañen las mujeres mientras los varones tocan la corneta de cuerno de toro para la fiesta de El Santiago.

[50] Peruanismo: incitar, azuzar, insistir en una petición hasta la saciedad.

los flancos de la manada cuidando de que ninguna oveja se descarriara. Sabían su oficio. Jamás habían inutilizado un animal e imponían su autoridad a ladridos por las ovejas. Sucede que otros perros innobles a veces se enfurecen si es que encuentran una oveja terca y terminan por matarla. Zambo y los suyos eran pacientes y obtenían obediencia dando una pechada[51] o tirando blandamente del vellón, medidas que aplicaban sólo en último término, pues su presencia ceñida a un lado de la oveja indicaba que ella debía ir hacia el otro, y un ladrido por las orejas, que debía dar media vuelta. Haciendo todo esto, en medio de saltos y carreras, eran felices.

Ni la tormenta podía con ellos. A veces, el cielo oscuro, aún siendo muy temprano, comenzaba a chirapear[52]. Si estaba por allí el Pancho, ofrecía su poncho[53] a la Antuca. Era un bello poncho de colores. Ella lo rechazaba con un «así nomá» discreto y emprendían el retorno. Las gotas se hacían más grandes y repetidas, luego caían chorros fustigantes, retumbaban los truenos y los relámpagos clavaban en los picachos violentas y fugaces espadas de fuego. Los perros apiñaban[54] el rebaño hasta formar con él una mancha tupida de fácil vigilancia, conduciéndolo a marcha acelerada. Era preciso vadear[55] las quebradas y arroyos antes que la tormenta acreciera su caudal tornándolos infranqueables. Nunca se retrasaron. Avanzaban rápida y silenciosamente. En los ojos de las ovejas se pintaba el terror a cada llamarada y a cada estruendo. Los perros caminaban tranquilos, chorreando agua del pelambre apelmazado por la humedad. Detrás, la rueca he-

---

[51] Americanismo: empujón.
[52] Peruanismo de la voz amazónica *chirapa*: lluvia menuda con sol.
[53] Peruanismo: prenda de abrigo rectangular de lana con una abertura en el centro para pasar la cabeza y cuelga de los hombros hasta más abajo de la cintura. La EIP dice: «... su origen data de tiempos precolombinos, y se presume que las piezas halladas en el litoral septentrional de Chile hayan podido ser una adaptación de la *yacolla* incaica.
[54] Americanismo: juntarse mucho unos con otros. Apiñar viene de *piña* que en España es el fruto del pino. A la piña americana se la conoce como ananás, aunque últimamente ya se generaliza su acepción primitiva. La expresión «ser como una piña» por «estar todos muy unidos», especialmente los miembros de una familia o un grupo afín, es de uso común en la Península.
[55] Alegría la usa aquí en el sentido de atravesar una dificultad.

cha bordón para no resbalar en la jabonosa arcilla mojada, la falda del sombrero de junco vuelta hacia abajo para que escurrieran las gotas, caminaba la Antuca, rompiendo con liviano impulso la red gris de la lluvia.

Pero casi siempre retornaban a su lugar con tiempo calmo, en las últimas horas de la tarde, envueltos en la feliz policromía del crepúsculo. Encerraban las ovejas en el redil, y la Antuca entraba en su casa. Su tarea terminaba allí. Diremos de paso que la casa era como pocas. De techo pajizo, en verdad, pero sólo una de las piezas tenía pared de cañas y barro; la otra estaba formada por recias tapias. En el corredor, frente a las llamas del fogón, su madre, llamada Juana, repartía el yantar[56] al taita Simón Robles y a los hermanos Timoteo y Vicenta. La pastora tomaba su lugar en el círculo de comensales para compartir la dulzura del trigo, el maíz y los ollucos[57]. Los perros se acercaban también y recibían su ración en una batea[58] redonda. Allí estaba igualmente Shapra[59], guardián de la casa. No se peleaban. Sabían que el Timoteo esgrimía el garrote con mano hábil.

La noche iba cayendo entre brumas violáceas y azules, que por último adensaban hasta la negrura. La Juana apagaba el fogón, cuidando de guardar algunas brasas para reavivar el fuego al día siguiente[60], y luego todos se entregaban al sueño. Menos los perros. Allí, en el redil, taladraban con su ladrido pertinaz la quieta y pesada oscuridad nocturna. Como se dice, dormían sólo con un ojo. Es que los zorros y pumas aprovechan el amparo de las sombras para saltar los rediles y hacer sus presas. Hay que ladrar entonces ante el menor ruido. Hay que ladrar siempre. Por eso, cuando la claridad es tal

---

[56] Forma antigua de designar la comida.

[57] Peruanismo: (*ullucus tuberosus*) tubérculo comestible oriundo de los Andes, crece entre los 300 y 400 metros sobre el nivel del mar.

[58] Americanismo: artesa para lavar o dar de comer a los animales domésticos.

[59] Quechuismo: de pelambre crespo.

[60] «*reavivar el fuego al día siguiente*», la conservación del fuego en el mundo rural constituía una especie de rito. Si por la noche se apagaba totalmente el encargado de cuidar las pavesas debía ir al día siguiente a «prestarse candela» a la casa de algún vecino.

que las bestias dañinas renuncian a sus correrías, los canes ladran también. Ladran a la luna. Ella, la muy pingüe[61] y alba, amada de poetas y damas románticas, hace ante los perros el papel de puma o zorro hambriento.

—Guau..., guau..., guauuuuúu...

Las voces de Zambo y su familia, junto con las de otros perros vecinales, formaban un coro ululante que hacía palpitar la noche andina.

---

[61] Tal vez Alegría la usa en el sentido figurado de *abundante* o de *grande*.

II

Historia de perros

Zambo y Wanka[1] vinieron de lejos. Para hablar más precisamente: los trajo el Simón Robles. Eran muy tiernos aún y
tenían los ojos cerrados. De tenerlos abiertos, habrían visto
menos. Viajaban en el fondo de una concavidad que hizo su
conductor doblando, con la ayuda del antebrazo y la mano,
la falda delantera del poncho. Acaso sintieron, sin saber de lo
que se trataba, un continuo e irregular movimiento. Lo producía el trote de un caballo por un largo camino lleno de al-
tibajos. Los perrillos provenían de Gansul[2], de la afamada
cría de don Roberto Robles.

—Juana, traigo perroooooóos... —gritó el Simón Robles,
mientras llegaba a su casa. Ella corrió a recibirlos y luego los
condujo al redil.

En medio de sus sombras infantes, lactaron allí de unos
pezones tiesos y pequeños durante muchos días. El hombre,

---

[1] Escrita así, con *w* y *k*, según la fonética quechua es el nombre de una nación que floreció en el valle del Mantaro, famosa por sus estrategias de guerra, cultivo de la tierra y artesanía. Fue incorporada al Imperio de los Incas
muy tardíamente después de cruentas batallas, y al llegar los españoles pacta-
ron con Pizarro y sus huestes contra los incas porque los consideraban un
enemigo común, por eso en su territorio nunca hubo encomiendas, ni trabajo obligatorio y gratuito. Felipe II les otorgó un escudo a sus caciques Jeróni-
mo de Guacrapaucar y Martín de Cusichaca que ahora es el emblema de la
ciudad de Huancayo, la más importante de la sierra central del Perú, con cerca de un millón de habitantes.
[2] Probablemente el nombre de una hacienda.

122

ayudado por la ceguera, niega al perro pastor la teta materñal, y le asigna la ovejuna[3]. El perro crece entonces identificado con el rebaño. Es así como nuestros amigos abrieron al fin los ojos y se encontraron con una ubre prieta, muchas patas, un universo de formas redondas y blancas. Un olor acre los envolvía. Y he allí que ellos vivían en ese mundo y que del pezón exiguo brotaba el chorro que aplacaba su hambre. Y entendieron que las ovejas pertenecían a su vida. Después, la perrilla hizo la experiencia de andar. Y topóse contra las patas y resbaló sobre el guano[4]. Un balido le hirió los sesos. Quiso imitarlo y no consiguió sino ladrar. Sin embargo, su pequeña voz estremeció a un corderillo y apartó a una oveja. Entonces sintió la diferencia. Mas, de todos modos, la ubre era buena y podía seguir mamando. La vida es primero, y las ovejas le daban la vida. Su hermano, a poco, entendió lo mismo.

Entre tanto, la apertura de ojos fue entusiastamente celebrada por la Vicenta, que en ese tiempo era la pastora, y por la Antuca. Llevaron los perros a la casa.

—¿Qué nombre les ponemos?

El Simón Robles dijo:

—A la perra hay que ponele Wanka.

Y el Timoteo opinó:

—El perrito, ques más escuro, que se llame Zambo.

Fue así como quedaron bautizados. El nombre del perro se entendía, pues era más gris que Wanka, ¿pero el de ésta? Sin embargo, nadie preguntó al Simón la razón de ese apelativo. Él mismo, tal vez, ignoraba. Wanka fue una aguerrida tribu[5] del tiempo incaico[6]. La palabra, acaso, le brotó del pe-

---

[3] Llamado *amadrinamiento* en algunas partes del área andina, este acto familiariza con el género especialmente a los perros ovejeros.

[4] Peruanismo proveniente del quechua: estiércol, especialmente de las aves marinas de las islas de las costas del litoral peruano. Por ampliación se aplica a las excreciencias de otros animales.

[5] Los wankas no fueron una «tribu». Alegría usa esta palabra registrada para designar a grupos étnicos especialmente de la región amazónica.

[6] Los wankas aparecieron en el periodo de los «Estados regionales (1000-1460), a un numeroso grupo étnico que tuvo su hábitat en los territorios de las actuales provincias de Jauja, Concepción y Huancayo», dice Waldemar Espinoza Soriano en la *Enciclopedia Departamental de Junín*, Huancayo, Ed. E. Chipoco, 1973, pág. 28

cho como brota una estrella de la sombra. «Wanka», dijo con el acento que habría podido emplear para decir: «He allí un bravo destino.» Y no hay que extrañarse de que fuera así, tratándose de un perro. El animal comparte la vida del cordillerano[7] de modo fraterno.

El caso es que Wanka y Zambo fueron creciendo encariñados con las ovejas y con los Robles. Sus ojos, desde luego, vieron pronto más claramente y más lejos. Los amos tenían la piel cetrina. El Simón y la Juana andaban algo encorvados. El Timoteo hinchaba el poncho con un ancho tórax abombado[8]. La Vicenta, erguida y ágil, era quien les enseñaba las tareas pastoriles. Pero intimaban con la Antuca, la pequeña y lozana Antuca. Los esperaba cuando volvían de las alturas y se iba a la choza que los guardianes ocupaban en un ángulo del redil. Jugaban a pelearse. Ella gruñía manoteando y ellos hacían como que le propinaban terribles tarascadas[9]. Era una feroz e incruenta lucha que las ovejas veían con aire asombrado.

También se familiarizaron con la región. La casa de sus amos se recostaba en la falda de un cerro, rodeada de plantíos. Más allá, en medio de lomas y laderas, asomaban otras casas también circundadas de chacras[10], que eran, según el tiempo, verdes o amarillas. Subiendo, estaba la rocosa y pajiza crestería donde pastaba el ganado. Y no muy lejos, hacia abajo, en el refugio muelle de una hoyada, descansaba un gran caserón de tejas rojas entre muchos altos árboles. Alguna vez siguieron a la Vicenta hasta allí. Vieron entonces gente blanca, grandes paredes y enormes perros de pelo chico, ladrido bronco y tremendas mandíbulas. La Vicenta habría te-

[7] Peruanismo: aplicado a los habitantes de las cordilleras, especialmente de los Andes.

[8] Peruanismo: se refiere a algo que tiene la forma más o menos cilíndrica de un bombo, redondo.

[9] De *tarascar*, morder o herir con los dientes.

[10] Peruanismo que procede de la lengua quechua para designar a un terreno destinado al cultivo de la tierra o al pastoreo con prescindencia de su lejanía o proximidad a los poblados. El último DRAE sólo reconoce el colombianismo *chacra* como alquería, que es una casa de labranza o granja retirada de un poblado.

nido que suspenderlos hasta su pecho para que esos monstruos, que se acercaron gruñendo, no los devoraran. En fin, vieron mucho. Toda la zona estaba surcada por quebradas cubiertas de arbustos y árboles verdinegros, que descendían de las alturas para irse, perdiéndose por lejanas lomas, quién sabe hacia dónde. Al frente, muy lejos, levantábanse unos inmensos cerros azules. Wanka y Zambo jamás pensaron ir por allí. Eran largos los caminos, altas las rocas y no se podía abandonar el ganado. De las peñas situadas ascendiendo el cerro, un poco más arriba de sus lares, rebotaban los ladridos lanzados por los enormes perros de la casa grande. Nuestros amigos pusieron mucha furia en los suyos, pero nunca pudieron salirles tan gruesos y terroríficos, y los cerros les devolvieron solamente agudos acentos.

Pese a todo, la vida era buena. Iban creciendo. Sus músculos se fortalecían con las caminatas y carreras tras el rebaño. Éste marchaba bien. Pronto estuvieron grandes. El alargado cuerpo, cubierto de plomizo y denso pelambre, se levantaba tres cuartas sobre el suelo. Era coposa la cola. Las delgadas y lacias orejas, siempre alerta, se erguían ante la menor novedad. El hocico agudo era capaz de oler un rastro de diez días. Los colmillos de reluciente blancura podían romper un madero.

¿Raza? No hablemos de ella. Tan mezclada como la del hombre peruano[11]. Esos perros esforzados que son huéspedes de la cordillera andina no se uniforman sino en la pequeña estatura, el abundante pelambre y la voz aguda. Suelen ser plomos, como negros, rojizos, bayos o pintados. Su catadura podría emparentarlos con el zorro, pero sin duda alguna se han cruzado con el viejo alco[12] familiar al incanato[13]. Esta especie de perro, a la que se juzga desaparecida, seguramente

---

[11] «Quien no tiene de *inga*, tiene de *mandinga*» dijo el tradicionista Ricardo Palma para designar a las razas que pueblan la patria de Ciro Alegría. *Inga* es un apellido quechua, que también puede ser inca y *mandinga* es un grupo étnico africano que durante la colonia y buena parte de la república fue esclavizado en el Perú.

[12] Quechuismo: perro. También *allco* y *alqqo*.

[13] Pequeños y lanudos, dicen de ellos Guamán Poma de Ayala y el Inca Garcilaso de la Vega.

late aún en el can de hoy, mestizo como su dueño, el hombre. Ancestros hispánicos y nativos se mezclaban en Wanka y Zambo, tal como en el Simón Robles y toda la gente atravesada de esos lados.

Y pronto la vida llamó desde sus entrañas. Wanka parió media docena de vástagos. La costumbre la relevó de cumplir con todos ellos sus deberes maternales. Cuatro le fueron arrebatados para ponerlos al pie de las ovejas recién paridas. Los otros, desde luego, se hartaron de su leche. Tenían todos el pelo sedeño y parecían ovillos de lana. Crecieron a su vez, y, en el tiempo debido, pudieron correr y ladrar y conducir el ganado. Pero como la demanda de perros ovejeros era mucha y el Simón, por otra parte, no podía alimentar una jauría, los fue vendiendo o cambiando por más ovejas.

Salvo una que otra, así pasó con todas las pariciones. Los que lactaban de Wanka no tenían el mismo apego que los otros por las ovejas, pero Simón preguntaba al comprador: «¿Lo quiere pa ovejero o pa otra cosa?» Y el aludido podía contestar: «Es pa cuidar la casa» o «pa rodear[14] yeguas y vacas». El repuntero[15] Manuel Ríos respondió de esta manera. Y el Simón le dio —como hacía en tales casos— uno de los perros que no era ovejero por sentimiento y podía dedicarse a otra faena. Tiempo después afirmaba el Manuel que Güendiente sabía manejar las vacas. De la jeta sacaba del monte a las matreras[16]. Cierta vez, cruzando el río Marañón[17], la que iba guiando una partida comenzó a volverse. Esto es fatal, pues en este caso es seguida por la tropa y, ganando tierra firme, se niegan a tirarse al agua de nuevo y hay que pasarlas en bal-

---

[14] Americanismo: reunir el ganado mayor en un sitio determinado, arreándolo desde los lugares distintos en donde pace (DRAE).

[15] Americanismo: cuidar, conducir y reunir a los animales, especialmente ganado vacuno y equino, cuando está disperso en el campo.

[16] Americanismo: especialmente en Argentina dícese del ganado cimarrón, fugado.

[17] Famoso río peruano que al unirse con el Ucayali da origen al río Amazonas. Constituye una importante hoya hidrográfica como subsidiario de decenas de ríos amazónicos. Nace en los deshielos de la montaña nevada de Raura a más de 5.000 metros sobre el nivel del mar. En la primera novela de Ciro Alegría, *La serpiente de oro*, el río Marañón aparece como dueño y señor de los hombres y de la vida, casi como un protagonista.

sa[18]. El Manuel, que en unión de otros repunteros veía el retorno desde una orilla, ordenó a su perro:

—Échale, Güendiente, pásala al otro lao...

El perro se arrojó al agua, pero nadie esperaba que hubiera entendido. Lo asombroso fue que llegó donde la madrina y la cogió de la jeta. Las aguas estaban crecidas y la corriente era fuerte, mas el perro extremó la tensión e hizo voltear[19] a la vaca hacia el otro lado. El Manuel alentaba al Güendiente dando gritos. En el centro del río se levantaban enormes tumbos[20], pero la vaca, imitada sumisamente por las otras, tuvo que nadar hacia la orilla opuesta. El perro la soltó sólo cuando las pezuñas tocaron tierra. Salió la madrina[21] y con ella la tropa. Al Manuel poco le faltó para llorar. Cuando contaba la hazaña no le creían. Entonces él citaba a los otros repunteros, que también la vieron, y terminaba:

—¿Qué sian creído ques Güendiente? ¡Guá![22].

Como él hubo muchos. Pero no siempre tuvieron fortuna: es dura la vida en la cordillera. Habría, tal vez, que contar historias dolorosas. Un caso triste fue el de Máuser. Su dueño, el hacendado[23] Gilberto Morán, estaba haciendo volar rocas en la apertura de un camino. Este señor, para echárselas de valiente, acostumbraba encender su cigarrillo en el fuego producido por la mecha del tiro de dinamita. Cuando todos corrían, él se quedaba agachado frente al hueco humeante. Fue así aquella vez. Sólo que cuando el mismo don Gilberto se retiró, Máuser, que no había visto antes nada igual, empeñóse en husmear lo que pasaba dentro del boquete. Los peones y su dueño, parapetados ya tras las piedras,

---

[18] Americanismo: plataforma flotante, fabricada con troncos unidos entre sí. También es el nombre de un árbol de madera muy resistente pero liviana con que se fabrican las balsas.

[19] Volverse, girar.

[20] Ondulación de una ola grande (DRAE). Viene de tumbar: «De la voz imitativa ¡tumb!, que expresa el ruido de un objeto que cae en esta forma» dice el *Diccionario Etimológico de la Lengua Castellana* de Joan Corominas. (En adelante, *Corominas.*)

[21] Guía del ganado.

[22] Peruanismo: interjección de sorpresa.

[23] Americanismo: dueño de ganado y de tierras de considerable extensión.

lo llamaron en vano. Máuser continuaba observando el humillo que brotaba de la roca. Y todo ocurrió en tiempo brevísimo, porque la muerte, en esas bravas tierras es casi siempre cuestión de segundos. Estalló la roca, con Máuser, en mil pedazos. El eco prolongó el estruendo. La piedra volada dejó en un hoyo su huella. Pocas horas duraron, sobre la tierra soleada, unas cuantas gotas de sangre.

También fue deplorable la suerte de Tinto. Guardaba la casa del Simón. Y un día llegó por allí, cabalgando su mula bruna[24] y seguido de Raffles, don Cipriano Ramírez, hacendado de Páucar, quien residía en la casa grande ya vista. Raffles era un perro amarillo de imponente estampa. Tinto, el muy osado se atrevió a gruñirle. Raffles lo tiró al suelo de una sola pechada, mostrándole los colmillos. El caído comprendió su error y se rindió levantando las patas y aovillándose[25]. Pero Raffles no conocía el perdón. De una dentellada le quebró el gañote.

Con los días, Tinto fue reemplazado en sus tareas por Shapra. El nombre vínole a éste de su prelambre retorcido y enmarañado, pues shapra quiere decir motoso. (En el lenguaje cholo[26], algunas palabras keswas[27] superviven injertadas en un castellano aliquebrado que sólo ahora comienza a ensayar su nuevo vuelo[28].) Shapra ladraba a más y mejor en torno del bohío[29], pero cuando llegaba Raffles, los dueños se encargaban de refrenar sus impulsos.

Pero quien vengó a Tinto fue Chutín. El hijo del hacendado, el niño Obdulio, antojóse de un perro de los del Simón

---

[24] Negra.

[25] Envolviéndose como un ovillo, encogerse, acurrucarse por miedo o dolor. *Aovillarse* es un regionalismo de la sierra norte del Perú que Ciro Alegría utiliza en sus tres novelas.

[26] «Lenguaje cholo», poco desarrollado, como el que utilizan algunos personajes de Alegría especialmente cuando el novelista intercala relatos orales y son los personajes quienes los cuentan.

[27] Quechua o *quichua*, son las palabras procedentes del *runa-simi* o hablar de las gentes, legua oficial del Imperio de los Incas.

[28] A qué vuelo se refiere.

[29] Americanismo procedente de una voz taína: *choza*. «Cabaña de América, hecha de madera y ramas, cañas o pajas y sin más respiradero que la puerta» (DRAE).

Robles. Al fin obtuvo un cachorro, al que pusieron Chuto, que quiere decir chusco[30], pues su pequeñez y su ausencia de blasones contrastaban con la arrogancia y la abundante gama heráldica de los perros de la casa-hacienda. El nombre trocóse después, buscando sonoridad y diminutivo cariñoso, en Chutín. Porque sucedió que de las esferas del capricho ascendió a las del afecto. Todos lo querían, cumpliéndose una vez más la sentencia de que «los últimos serán los primeros». Y había razón para eso. Chutín aventajó y dejó muy atrás a los otros perros en todas las faenas. Los finos daban terribles mordiscos, se enfurecían al ver sangre y mataban o magullaban sin necesidad al ganado. Chutín obteníalo todo, inclusive un buen arreo de vacas, de su ladrido pertinaz, sus prudentes tarascadas, su agilidad incansable y su buen humor. Además aprendió a cazar perdices. Con el niño Obdulio, joven de diez años, daba grandes batidas por los alrededores. Es tarea que demanda pericia. De pronto, del lado mismo de los cazadores, las perdices salen volando casi a ras de tierra y piando desaforadamente. La fama dice que dan tres vuelos: uno largo, el segundo más corto y el último más pequeño aún, y que en seguida no pueden sino correr. Pero lo cierto es que, frecuentemente, dan más vuelos. El perro ha de correr tras su presunta presa apenas ésta echa a volar a fin de ver dónde se asienta, para perseguirla y obligarla a remontarse de nuevo, y cansarla a fin de atraparla. No lo pueden hacer todos los perros. Han de ser muy veloces. Chutín lo hacía. Al principio creyó que la presa era para él, pero después aprendió que había que entregarla, verla desaparecer en el morral y luego, en su momento, recibir de la cocinera Marga una buena ración de patas[31].

También, Chutín no rehuía el embate de las fuerzas de la naturaleza. Cuando llovía o soplaba viento fuerte, los perros finos se ponían a tiritar de frío, acurrucados en un rincón. Él retozaba bajo la lluvia y ladraba alegremente. Amaba el ímpetu de la tempestad y la voz del viento.

El mismo don Cipriano lo quería y guardaba para él los

---

[30] Peruanismo: «Indio o mestizo de aspecto rústico y hablar tartajoso» (EIP).
[31] Es el pago que por lo general reciben los perros de los cazadores.

huesos de su plato. Y cuando los otros perros, celosos, trataban de zarandearlo, el hacendado empleaba el foete[32] que tenía colgado junto a la puerta del escritorio y le servía para tundir[33] a perros y peones. Éstos le tenían más miedo que los primeros pero, de todos modos, Chutín gozaba de una respetuosa consideración. Fue así como se permitió aventajar y preterir a toda la nobleza, vengando a Tinto, pues, entre los relegados, desde luego que se encontraba Raffles, el feroz criminal[34].

*

Y llegó el tiempo en que el ganado del Simón Robles aumentó y necesitaba mayor número de cuidadores, y también llegó el tiempo en que la Antuca debió hacerse cargo del rebaño, pues ya había crecido lo suficiente, aunque no tanto como para pasarse sin más ayuda que la Vicenta. Entonces, el Simón Robles dijo:

—De la parición que viene, separaremos otros dos perros pa nosotrus.

Y ellos fueron Güeso y Pellejo. El mismo Simón les puso nombre, pues amaba, además de tocar la flauta y la caja, poner nombres y contar historias. Designaba a sus animales y a las gentes de la vecindad con los más curiosos apelativos. A una china aficionada a los lances galantes le puso Pastora sin manada, y a un cholo de ronca voz y feble talante, Trueno en ayunas; a un magro caballo, Cortaviento, y a una gallina estéril, Poniaire[35]. Por darse el gusto de nombrarlos, se las echaba de moralista y forzudo, ensillaba con frecuencia a Cortaviento y se oponía a que su mujer matara la gallina. Al bautizar a los perros, dijo en el ruedo[36] de la merienda:

---

[32] Americanismo: *fuete*, látigo para montar.
[33] Castigar con golpes, palos o azotes.
[34] Con intención, Alegría da este tratamiento a un perro de hacienda.
[35] Sin duda, el gracejo y sapiencia popular de los narradores orales es magistral.
[36] En la hora de las comidas, después de las faenas del campo los comuneros suelen hacer un ruedo sentados generalmente sobre el suelo o en pequeños bancos y allí exponen todas sus experiencias e impresiones de las cosas

—Que se llamen así, pue hay una historia, yesta es quiuna viejita tenía dos perros: el uno se llamaba Güeso y el otro Pellejo. Y jué quiun día la vieja salió e su casa con los perros, yentón llegó un ladrón y se metió bajo e la cama. Golvió la señora po la noche y se puso a acostarse. El ladrón taba calladito ay, esperando quella se durmiera pa augala silencito sin que lo sintieran los perros y pescar las llaves diun cajón con plata[37]. Y velay que la vieja, al agacharse pa pescar la bacenica, le vio las patas ondel ladrón. Y como toda vieja es sabida, ésa tamién era. Yentón se puso a lamentarse, como quien no quiere la cosa: «Yastoy muy vieja; ay, yastoy muy vieja y muy flaca; güeso y pellejo no más estoy.» Y repetía cada vez más juerte, como almirada: «¡güeso y pellejo!, ¡güeso y pellejo!» Yeneso, pue, oyeron los perros y vinieron corriendo. Ella les hizo un señita y los perros se juera contrel ladrón haciéndolo leña[38]... Velay que pueso ta güeno questos se llamen tamién Güeso y Pellejo.

La historia fue celebrada y los nombres, desde luego, aceptados. Pero la vivaz Antuca hubo de apuntar:

—Pero ¿cómo pa que adivine la vieja lo quiba a pasar y les ponga así?

El Simón Robles replicó:

—Se los puso y después dio la casualidá que valieran esos nombres... Asiés en todo.

Y el Timoteo, arriesgando evidentemente el respeto lleno de mesura debido al padre, argumentó:

—Lo ques yo, digo que la vieja era muy diotra laya po que no trancaba su puerta. Dinó, no bieran podido dentrar los perros cuando llamaba. Y sies que los perros taban dentro y no vían ondel ladrón, eran unos perros po demás zonzos...

El encanto de la historia se había roto. Hasta en torno del fogón, donde la simplicidad es tan natural como masticar el trigo, la lógica se entromete para enrevesar y desencantar al

---

que les han sucedido durante el día o simplemente oír los relatos de los narradores orales.

[37] Dinero. Por las monedas antiguas que, por lo general, eran de ese metal.

[38] *Hacer leña* a alguien, es una expresión que significa destrozarle tanto física como moralmente.

hombre. Pero el Simón Robles respondió como lo hubiera hecho cualquier relatista de más cancha[39]:

—Cuento es cuento.

Y esto equivalía a decir que hay que aceptar las historias con todos los tumbos que, al recorrerlas, pudiera dar en ellas el buen sentido, más si la misma vida tiene a veces acentos de fábula.

Fue la Juana quien rompió el silencio producido a raíz de la sentencia:

—Toduces enredao y no se ve, como la punta el hilo en la madeja, pero ay ta... Sólo quia veces la medeja ta muy grande...

Y no hubo más cuestión.

Tres hermanos de Güeso y Pellejo escaparon al ingenio cholo del Simón Robles. Uno de ellos fue Mañu. De los otros dos no se supo más: los llevaron gentes que vivían muy lejos. A, Mañu le tocó pertenecer al Mateo, marido de una hija del Simón, llamada Martina. Su vida y pasión valen la pena ser contadas aparte.

Aprendiendo del Simón, y frecuentemente ayudados por él mismo, relataremos también otras muchas importantes historias[40]. Acaso sean puestas en duda, ya que la verdad es, en algunas ocasiones, tan paradojal[41] o tan triste, que el hombre busca razones para el ingreso de la incertidumbre. Y en esto se parece —hablando en genérico y salvando, en cada situación, las distancias precisas— a cierto curita de la provincia de Pataz[42]. Era un sacerdote humilde e ignaro[43], de la

---

[39] *Cancha* es un peruanismo procedente de un vocablo quechua que significa espacio abierto. *Tener cancha,* significa poseer experiencia.

[40] Recurso narrativo muy utilizado por Ciro Alegría para introducir dentro de un relato otro. Casi siempre contado por un narrador oral. Se trata de una estrategia para agrandar la historia o crear mayor suspense con temas que casi siempre tienen poco que ver con la historia principal.

[41] Paradójico.

[42] Provincia del departamento peruano de La Libertad. Su capital es Tayabamba, está a 3.250 metros sobre el nivel del mar en la margen izquierda del río Cajas, afluente del Marañón.

[43] Ignorante, según el *Diccionario de Uso del Español* de María Moliner. (En lo sucesivo, *Moliner.)*

cuerda de aquellos indios beatos a quienes el obispo Risco de Chachapoyas[44], después de enseñarles unos cuantos latinajos, tonsuró y echó por el mundo —en este caso el mundo era la sierra del norte del Perú— a desfacer entuertos de herejía.

Nuestro buen curita predicaba una vez el famoso Sermón de las Tres Horas en la iglesia del distrito de Siguas. Puso mucha emoción, gran patetismo, en relatar los padecimientos y la muerte de Nuestro Señor. El resultado fue que casi todos los aldeanos feligreses, en especial las viejas pías, se pusieron a gemir y llorar a moco tendido. Confundido el curita por el efecto de sus palabras y no sabiendo como remediar todo dolor, dijo al fin:

No lloren, hermanitos... Como hace tanto tiempo quién sabe sera cuento...[45].

---

[44] Chachapoyas: capital de la provincia del mismo nombre en el departamento de Amazonas en el norte del Perú. Centro agrícola y ganadero ubicado en la cordillera central.

[45] De «Nuestro buen curita...» hasta «quién sabe sera cuento...», es el texto censurado en *Novelas Completas* de Aguilar. Ahora aparece por primera vez en España.

III

Peripecia de Mañu

El Mateo Tampu, indio prieto[1], de recia musculatura y trotón andar, llegó un día a casa de su suegro. En pies y manos tenía aún la tierra de las chacras.

—Taita, quierun perrito.

El Simón Robles, sentado a la puerta de su bohío, estuvo un momento chasqueando la lengua al regalarse con la dulzura[2] de su coca[3] y luego respondió lo que era de esperarse:

—Empúñalo, pue.

El Mateo fue al redil y cogió un perrito de los que dormían en un montón de paja esperando la vuelta de sus madres adoptivas. Ya hemos dicho que entre ellos estaban Güeso y Pellejo. Eran muy pequeños aún para seguir a la manada.

Después, la Juana inquirió:

—¿Y la Martina?

—Ya güena.

---

[1] Americanismo: persona de piel muy morena, de rasgos muy definidos.

[2] Se dice que la coca está dulce cuando en la *catipa*, o arte de adivinar por medio de la maceración de la hoja, presagia buenos acontecimientos.

[3] Peruanismo, proveniente de un vocablo quechua. Es una planta (*Erythroxylon coca*) oriunda del Perú que crece en forma de arbusto entre los 1.500 y 1.900 metros sobre el nivel del mar. Es un poderoso alcaloide con características curativas y anestesiantes. Su masticación quita el hambre y se hizo generalizada a partir de la colonia entre los indígenas peruanos.

El cachorro se puso a mañosear[4] y gemir. Entonces el Mateo lo aprisionó en un lado de su alforja al coserla en torno al cuerpecillo cálido y palpitante, pero dejando la cabeza libre.

—Me voy, pue —dijo cuando concluyó su tarea, a la vez que se echaba al hombro su prisionero. Él miraba desde lo alto con ojos medrosos y sorprendidos.

—Quédate tuavía —invitó el Simón.

—Quédate, comerás alguito[5] —reiteró la Juana.

—No, si la yerba me gana[6] —dijo el Mateo.

Él era quién ganaba a la yerba. Tenía fama de trabajador. En sus limpias chacras prosperaban las siembras.

—Adiosito, pue —terminó.

Y, a trote rápido, cogió su camino.

El prisionero estaba realmente asombrado de la grandeza del mundo y miraba tratando de comprender. Antes había visto, además de la Antuca, Zambo y sus pequeños hermanos —y ya sabemos que Wanka les era negada—, solamente ovejas. Su horizonte fue la pared negruzca del redil hecha de chamiza[7] aprisionada entre largas varas que a su vez estaban sujetas a fuertes estacas. Ahora tenía ante sí toda la vastedad accidentada y multicolor de los campos. Teñíanse de morado[8] y azul las lejanías y parecía que ellas avanzaban a perderse en abismales barrancos. El pequeño hubiera querido gemir, pues le acongojaba aquella marcha hacia lo ignoto, mas su perplejidad era mayor ante las insospechadas revelaciones y callaba en medio de una recogida atención. Un río que bajaba de las alturas le golpeó los oídos con su estruendo y lue-

---

[4] Americanismo: actuar, proceder con maña, o sea con astucia, artificio, destreza o habilidad.

[5] Algo.

[6] *Dejarse ganar por la yerba*, es descuidar las labores en el cuidado de los terrenos de cultivo.

[7] Peruanismo: «ramas secas de sauce o molle (árbol oriundo del Perú), residuos del maíz o leña menudamente cortada, que los indígenas usan como combustible» (EIP). Morínigo dice que ya Concolorvo (autor de *Lazarillo de ciegos y caminantes*) la usó en su célebre novela escrita en la colonia.

[8] Tono peculiar que adoptan en la distancia la montañas interandinas del Perú.

go mostróle el tumulto azul y blanco de sus aguas claras. El hombre entró resueltamente en él y lo vadeó teniendo la corriente sobre la cintura. El perrillo, una vez en la otra orilla, sintió que el hombre era fuerte y tuvo confianza. Su inquietud se amenguó y hasta llegó a reclinar la cabeza sobre su atalaya, es decir, el hombro del Mateo. Cerró los ojos, y medio dormido, escuchaba el chasquido de las ojotas[9] en los guijarros del sendero. De pronto, un potente rumor les hizo levantar la cabeza. Enorme pájaro negro cruzaba por los aires.

—Guapi[10], cóndor[11], guapi... —gritó Mateo.

El perrito hubiera querido ladrar, pues ya lo hacía y le gustaba añadir su pequeña voz a la de los otros perros cuando gritaba el hombre. Pero ahora sentíase oprimido, con la barriga y el cuello ajustados y en una postura impropia, y muy a su pesar tuvo que seguir en silencio.

Por último, llegaron hasta lo que el vigía consideró una postrera eminencia. No encontraron abismales barrancos allí. Seguía la tierra desenvolviéndose por inconmensurables distancias hasta nuevos horizontes lejanos. ¡Ancho y largo era el mundo![12].

En cierto momento su conductor se detuvo y lo puso en el suelo, sentándose luego junto a él. Del otro lado de la alforja extrajo un envoltorio. Desató un mantel, levantó un mate[13] y en otro apareció un montón de papas olorosas,

---

[9] Peruanismo del quechua *uxuta*. Sandalia confeccionada de cuero que usan los campesinos y la gente pobre. Se compone de una plancha de cuero grueso, por suela, que se sujeta al pie con correas que se atan al tobillo (Morínigo). Se llaman también *llanque*, *llanqui*, *ojota* y *usuta*.

[10] Quechuismo: es una voz de carácter onomatopéyico para espantar a las aves de rapiña.

[11] Peruanismo procedente de la voz quechua *kúntur*. Considerada ave sagrada de los incas, capaz de llevar mensajes de los hombres a los dioses celestes. Es un ave rapaz diurna de la misma familia de los buitres, puede llegar a medir tres metros de envergadura y Alegría en esta novela la presenta, más bien, como un ave maligna.

[12] Esta frase tal vez es la simiente de una idea que Ciro Alegría iba a desarrollar, magistralmente, en su novela *El mundo es ancho y ajeno*.

[13] Americanismo, procedente de la voz quechua *mati*: calabacita. Es una calabaza que seca, vaciada, convenientemente abierta y cortada sirve para variados usos domésticos, como servir la comida, en este caso.

amarillas de ají[14]. Arrojó la bola de coca y se puso a comer a grandes bocados. Hizo participar de su merienda al compañero, limpiando en el mantel el ají de la papa y embutiéndola en el pequeño y húmedo hocico.

—¿Tas cansao? Come, perrito. Ya vamos a llegar ya... Come, come...

Se puso a bromear:

—Hoy es papa, pero ya tendrás tu buena carne, la rica chicha[15]... Te vas a regalar... Ya verás, perrito...

El aludido no le entendió, y era mejor. De no ser así, tal vez le hubiera creído, sufriendo luego una decepción. Porque lo que comió siempre —cuando comió—, durante el resto de su vida, fue maíz molido o también shinte[16], comida típica que es un aguado revoltijo de trigo, arvejas y habas, donde las papas juegan el papel de islas solitarias. Verdad que también pudo, cuando los hados eran muy propicios, roer un hueso. Mas era frugal como todos los de su raza y sus mismos dueños, conformándose alegremente con lo que había.

Llegaron al bohío con las sombras de la noche. El perrillo escuchó voces y balidos. Luego sintió que lo descosían y dejaban por fin al lado de algo blando y cuyo olor le era familiar. Estaba de nuevo en medio de un rebaño. Rendido, acurrucó su breve[17] cuerpo junto a la propicia suavidad del vellón y se durmió.

*

El Damián, un pequeño que iba todos los días al redil, era su mejor amigo.

---

[14] Americanismo de origen taíno: planta herbácea de la familia de las solanáceas, de diferentes formas y colores para condimentar las comidas por su sabor picante.

[15] Al parecer proviene de la voz cuna *chichab* que significa maíz. Es una bebida fermentada que se consumía en el Perú desde la antigüedad, elaborada con un preparado de maíz llamado *jora*. Pero también en el Imperio de los Incas se bebía chicha de *molle*, un árbol nativo que da unos frutos muy menudos con los que se prepara esta poción.

[16] Quechuismo: es lo que en España se llama potaje, especialmente al que se prepara con lentejas y patatas.

[17] Aun de manera figurada, Alegría hace un uso poco convencional de este adjetivo.

137

—Si parece su hermano —dijo un día la Martina.

—Mañu[18], mañu —repitió el Damián en su media lengua. Entonces le pusieron ese nombre.

Puede decirse que crecieron juntos. Y juntos, también, salieron un día a pastar el ganado, relevando de ese trajín a la Martina. Verdad que no se alejaban mucho de la casa.

Pasó el tiempo. El rebaño, al principio de contadas cabezas, fue aumentando. El Damián crecía vigorosamente. Mañu viose fuerte y hermoso. El vientre de la Martina dio otro hijo. El Mateo trazaba fecundos surcos. Todo prosperaba sobre la tierra.

*

Una tarde, el cielo lapizlázuli bajó a los ojos de la Martina en dos cuajarones azulencos. Es lo que podía pensarse, pero lo cierto es que la Martina había llorado mucho. Lloró hasta el momento en que se oyó llorar, y entonces dijo:

—Ya no lloraré más...

Y se quedó sentada a la puerta de su choza, hilando lenta y doloridamente, mientras sentía la suave respiración del hijo que dormía sobre sus espaldas[19] y el ronrón gatuno del huso, al que hacía girar con dedos laxos y cansados.

De repente creyó ver en el copo de lana la faz del Mateo Tampu, pero fijándose bien sólo distinguió los innumerables hilillos formando un montón blanco. Restregóse los ojos.

Se habían llevado al Mateo, tan diestro para guiar los bueyes pintojos[20] y hacer muelle la tierra. ¡Había roturado tantas chacras! La casa siempre estaba rodeada de ellas, con sus siembras logradas, cumplidas, en vivos colores de bayeta nueva, tal si fueran retazos de pollerones[21]: la quinua[22] mora-

[18] Hipocorístico campesino de Manuel, se utiliza también para las personas.

[19] Manera peculiar de cargar a los niños pequeños, sujetos encima de la espalda con una manta de tamaño mediano.

[20] Que tiene pintas o manchas (DRAE).

[21] Faldas exteriores gruesas y largas que las mujeres campesinas usan varias al mismo tiempo.

[22] Quinua.

da, el maíz verde, el trigo amarillo, las mabas[23] oscuras. Los papeles macollaban arriba, en las alturas más frías.

Todo seguiría bueno de estar él presente. ¡Virgen del Carmen, quién sabe ya no regresaría más!

Al fin llegó el Damián arreando las ovejas. El Mañu saltaba ladrando, pero no como todos los días. Presentía algo y también estaba triste.

El Damián tenía la boca lila de moras silvestres. Ella lo llamó y se quedó mirándole los ojos.

—¡Mi consuelo!

Le fajó pausadamente la cintura sieteañera, donde ya se pronunciaba el precoz abdomen indio, y luego le puso el poncho nuevo, el que le tejió para estrenarlo en la fiesta.

—¡Lindo, mamá! —dice[24] él ante la gritería de color[25].

Pero ella no advierte el júbilo del hijo. Se lo ha dado porque ya no irán a la fiesta. No está el Mateo, y la casa, los terrenos y el ganado necesitan más atención. Además, en la fiesta podrían sacarla a bailar y entonces la gente hablaría[26]..., y quién sabe retorne. Ha de volver. Unos han vuelto y otros no, pero el Mateo será de los que vuelven. Sí...

La Martina siente el corazón dilatado de esperanza. Sueña acaso mirando un horizonte que se esfuma. Pero las mismas sombras crecientes la sacan de su retraimiento y va hacia el fogón.

Palpita en medio de la noche el fuego crepitante y comienzan a arder otras luces lejanas. Se inicia la conversación de luces a través de la densa oscuridad puneña[27] tendida ceñidamente sobre las retorcidas faldas de los cerros.

La Martina y el Damián comen oyendo balar a las ovejas, y dan a Mañu lo que sobra, que es mucho ahora, pues la par-

---

[23] En la edición de Aguilar aparecen ambas.
[24] Nótese como Alegría cambia los tiempos verbales entre este párrafo y el anterior.
[25] Muy vistoso por su variedad de tonos.
[26] Sentido monógamo y fiel de las formas que guarda el honor campesino.
[27] Peruanismo, de *puna*, voz quechua, espacio geográfico superior a los 4.000 metros de altura sobre el nivel del mar.

tida calabaza[28] del Mateo se ha quedado vacía. La china siente aún más la ausencia del hombre en esos detalles: en el mate sin alimento; en la lampa que ella misma recogió, tirada junto a la puerta; en el lujoso y blanco sombrero colgado de la pared, que ya nadie se pondrá; en el arado que descansa bajo el alero y cuya mancera estará abandonada; en la barbacoa[29], que será muy tristemente grande para ella sola...

Piensa que es necesario explicarle al hijo lo que pasó, pero no sabe cómo hacerlo y se queda silenciosa. El silencio es tenso, pues el Damián la mira con ojos llenos de preguntas. Súbitamente ambos rompen a llorar. Es un llanto ronco y entrecortado, sombrío y mudo, pero que los liga, que los junta.

—Tu taita..., ¡tu taita lo llevaron[30]! —estalla al fin.

No ha podido decir otra cosa y se queda estática, negada a todo movimiento. Él entiende apenas y calla también. «¡Lo llevaron!» Apagan el fogón y entran en el bohío, subiendo entre la sombra a la barbacoa crujiente. Lloró un poco el pequeño. Balaron las ovejas. Luego cayó sobre la cordillera un silencio inconmensurable, lleno de una quietud angustiosa y una mudez tremante. Pero más hondo es el silencio humano. Ese pequeño silencio de una madre y un hijo que vale lo que otro igual de cuatrocientos años[31].

El Mañu, que ha rastreado infructuosamente al amo senda abajo, aúlla al fin. Echa a rodar su queja por el caminejo

---

[28] Alimento preshipánico que se desarrolló en México, en el mundo Maya y el Imperio de los Incas. «La calabaza, *cucurbita moschata*, y demás especies, *ayutli* en náhuatl, *kum* en maya, *sambu* en quechua...», dice Francisco Guerra, médico cántabro, profesor de la Universidad Autónoma de México y en la de California, en *Medicina Precolombina*, Madrid, Ediciones Cultura Hispánica del Instituto de Cooperación Iberoamericana, 1990, pág. 78.

[29] Americanismo: tarima modesta que sirve de soporte a una cama.

[30] Llevárselo, es una palabra que connota reclusión forzosa; ser llevado sin el consentimiento, compulsivamente, para realizar trabajos forzados en las minas, plantaciones o, como en este caso, al servicio militar obligatorio para indios y desposeídos.

[31] Alusión a la irrupción hispana en el mundo andino. Esta novela es de 1938.

que zigzaguea descendiendo hacia el río, los valles y más allá... ¿Hacia dónde?... ¡Hacia quién sabe dónde![32]

*

Lo que pasó es que al Mateo lo llevaron enrolado para el servicio militar[33]. Ni el Damián ni Mañu comprenden eso. La Martina misma no sabe cabalmente de lo que se trata.

Ese día los gendarmes le cayeron de sorpresa, mientras se encontraba aporcando[34] amorosamente el maizal lozano. Curvado sobre los surcos, lampa[35] en mano, no los vio sino cuando ya estaban muy cerca. De otro modo se habría escondido, porque para nada bueno se presentan por los campos: llevan presos a los hombres o requisan caballos, vacas, ovejas y hasta gallinas[36]. El Mateo, pues, no pudo hacer otra cosa que dejar la lampa a un lado y saludar con el sombrero en la mano.

—Ave María Purísima, güenas tardes...

Los gendarmes espolearon sus jamelgos[37], que avanzaron pisoteando el maizal. Llevaban enormes fusiles y estaban uniformados de azul a franjas verdes[38]. Sin más, le preguntaron casi a gritos:

---

[32] Con esta afirmación final, precedida de una pregunta en un mismo sentido incierto finaliza *El mundo es ancho y ajeno*. Es una constante de duda frente al destino de los hombres peruanos del Ande casi hasta nuestros días.

[33] Hacen falta estudios al respecto pero gran cantidad de los «enrolados» de las comunidades muy apartadas casi nunca volvía a sus pueblos de origen. Y los que retornaban «por haber servido a la patria y ser leídos y escribidos», dice Alegría en otro relato, pasaban en el acto ocupar algún cargo de autoridad.

[34] Cubrir con tierra el tallo de ciertas plantas para favorecer su crecimiento.

[35] Peruanismo, procedente de un vocablo quechua: *azada*.

[36] El antiguo gendarme peruano que enrolaba para el servicio militar tenía, además, fama de expoliador, abusivo y «requisaba todo tipo de animales en beneficio propio.»

[37] *Jamelgo* es un caballo muy flaco y es muy raro que los gendarmes acostumbrados al expolio en tierras de abundantes pastizales los tengan en esas condiciones. Posiblemente Alegría usa deliberadamente esta palabra con tono irónico. En líneas más abajo nótese que los «jamelgos» hacen cabriolas y arrasan las plantas pequeñas.

[38] La combinación desafortunada, hortera o huachafa en peruano, de los uniformes de estos soldados les ganó el sobrenombre de loros.

—¿Onde está tu libreta?

El Mateo no respondió. El que llevaba galones gruñó:

—Tu libreta e conscrición melitar[39]. Te estás haciendo el perro rengo...

El Mateo no entendió bien, pero recordaba que a otro indio de la ladera del frente lo llevaron hacía años por lo mismo. A él lo dejaron por ser muy joven, pero ahora la cosa iba evidentemente con su persona. Atinó a responder:

—Ay en la chocita, puestará...

Y echó a andar seguido de los cachacos[40], que gozaban espoleando a los caballos para que hicieran cabriolas sobre las tiernas plantas. El Mateo miraba de reojo el destrozo y escupía su rabia con una saliva espesa y verde de coca. Él pensó llegar a la loma y echar a correr para refugiarse en el montal[41] de la quebrada, pero sintió a sus espaldas que alistaban los máuseres haciendo traquetear el cerrojo, de modo que tuvo que seguir hacia el bohío y entrar.

Salió acompañado por la Martina. Él, torvo y silencioso. Ella, con las manos juntas, en alto, llorando e implorando:

—Nuay libreta, taititos, ¿dionde la va sacar? No lo lleven, taititos, ¿qué será e nosotrus? Taititos, por las santas llagas e Nuestro Señor, dejenló...

Uno de los gendarmes bajó del caballo y le dio una bofetada, tirándola al suelo, donde la Martina se quedó hecha un ovillo, gimiendo y lamentándose. Amarró seguidamente al Mateo por las muñecas, los brazos a la espalda. La soga era de cerda y el Mateo pujaba sintiendo la carne corroída. El de los galones acercó su caballo y le dio dos foetazos en la cara.

—Así, mi cabo —rió el otro mientras montaba—, pa que aprienda a cumplir con su deber este cholo animal...

Y luego ambos.

---

[39] Conscripción militar. *Conscripto* es un americanismo para designar al soldado que recibe instrucción militar obligatoria.

[40] Peruanismo: despectivo de soldado, también se utiliza para el policía.

[41] *Región boscosa*, define Ciro Alegría a la palabra *montal* en el pequeño glosario que incluye en la primera edición de la novela en Chile y que, en la reedición chilena que hizo Dora Varona en Santiago de Chile en 1993 se repite, después de haber desaparecido en las ediciones de Losada que circularon profusamente por el mundo a partir de 1968.

—Anda...

—Camina, so jijuna[42]...

La Martina se incorporó y alcanzó a ponerle su poncho, pues, como es natural, lampeaba[43] en mangas de camisa. El Mateo echó a caminar con paso cansino, pero tuvo que aligerarlo amenazado por los gendarmes, que le hacían zumbar el látigo de la rienda por las orejas. Se devoraban el camino. Hacia abajo, hacia abajo. Una loma y otra. La Martina subió a una eminencia para verlo desaparecer tras el último recodo. Él iba adelante, con su poncho morado y su grande sombrero de junco, seguido al trote por los caballejos en los que se aupaban los captores con los fusiles, que ya no tenían objeto inmediato, terciados sobre las espaldas encorvadas. La soga iba desde las muñecas hasta el arzón de la montura, colgando en una dolorosa curva humillante.

A la Martina se le quedó el cuadro en los ojos. Desde entonces veía siempre al Mateo yéndose, amarrado y sin poder volver, con su poncho morado, seguido de los gendarmes de uniformes azules. Los veía voltear el recodo y desaparecer. Morado-azul..., morado-azul..., hasta quedar en nada. Hasta perderse en la incertidumbre como en la misma noche.

*

Es así como el hogar quedó sin amparo. No tuvo ya marido, ni padre, ni amo, ni labrador. La Martina hacía sus tareas en medio de un dolido silencio; el Damián lloraba cada vez que le venía el recuerdo; el Mañu, contagiado de la tristeza de sus amos y apenado él mismo, aullaba hacia las lejanías, y las tierras se llenaban de mala yerba.

Llegó el tiempo de las cosechas y el Mateo no volvía.

—Tardan, pué —dijo el Simón, que fue con su mujer a

---

[42] *Jijuna* es un peruanismo de tono ofensivo, posiblemente procede del arcaísmo *jijo*: hijo, y *jijuna* sería hijo de una..., por que por lo general a este vocablo se le suele añadir las palabras *gran puta*. José Diez Canseco en su libro *Estampas mulatas* tiene un cuento con el título de la palabreja de marras. En el *Vocabulario* de la edición de Aguilar también figura esta palabra.

[43] Peruanismo, de lampear, acción de usar la lampa. Véase la nota 35 de este mismo capítulo.

ayudar en las cosechas—; cuando los llevan los cachacos, tardan... Yastoy viejo, dinó quizás me llevaran tamién.

Y la Juana consolaba a su hija.

—Si hay golver, si hay golver...

Pero la Martina sentía en su corazón que el Mateo estaba muy distante.

Para la trilla del trigo fueron otros campesinos de los alrededores, siguiendo la costumbre de la minga[44]. Luego los cuatro cosecharon lo demás, violentando el esfuerzo. Afanosamente desgranaron el maíz, apalearon las habas y espulgaron la quinua[45].

Estas faenas habían sido alegres en otros tiempos, pero ahora no tenían, especialmente para la Martina, ningún encanto. Hablaban poco, nada más que lo necesario. El Simón trató de contar historias, pero no insistió al sentirse sin auditorio. La Martina le escuchaba a medias, la Juana era un poco sorda, el Damián no entendía todas las cosas. Solo Mañu lo miraba con ojos muy atentos.

Los taitas[46] hablaban entre dientes por las noches, y esto hacía pensar a la Martina que trataban de algo irremediable. Se exaltaba.

—Taitas, ¿quiay? Diganmeló, taititos...

Entonces los viejos se hacían los dormidos. Un bravo viento se colaba por la quincha[47] del bohío llevando toda la desolación de la jalca[48]. Levantaba las mantas y gemía largamente. La Marina abrazaba al menor de sus hijos, al que encontraba aún más inerme y pobre en su desconocimiento de la desgracia.

Después de unos cuantos días se fueron los padres.

---

[44] Peruanismo de la voz quechua *mink'ay*, es el trabajo comunitario en el mundo andino que se realiza en ayuda de alguien, en espera de reciprocidad o porque es de beneficio público.

[45] Peruanismo: (*Chenopodium quinoa*) es un cereal oriundo del Perú muy rico en proteínas. Crece entre los 3.000 y 4.000 metros, en alturas donde ya no es posible cultivar el maíz.

[46] Padres.

[47] Peruanismo procedente de un vocablo quechua, es un armazón de barro y caña que se utiliza en la construcción de viviendas.

[48] Puna, véase la nota 27.

El Simón le dijo:

—Cuando lleguel tiempo, mandaré ondel Timoteyo pa que siembre...

La Martina los vio caminar a paso lento por el caminejo saltarín, ladera allá, hasta que llegaron a la última loma. Se detuvieron ahí, agitaron los sombreros volviéndose hacia ella, y luego se fueron hundiendo tras la línea del horizonte.

Hubiera querido correr y alcanzarlos y marcharse con ellos, pero en torno suyo estaban su casa y su ganado y todo lo que al Mateo le gustaría encontrar a su regreso, y se quedó, pisando fuerte la tierra, como enraizándose en ella[49]. Sintió que el Damián se le había prendido de la cintura... ¡Sus hijos! Y la casa, y el ganado, y la tierra. Era necesario quedarse. Esperarlo.

Esa tarde oscureció de una manera más triste. La sombra borró prontamente las siluetas de los distantes cerros en los cuales la Martina prendía su esperanza: por ellos iban los quebrados caminos que había de ascender el Mateo a su vuelta.

La noche sorbió y ganó para sí toda la vida. Aun teniendo a sus hijos, la Martina sintió, opresora, la soledad.

*

Todo lo acaecido nos explica el ascenso de Mañu.

En casa donde no hay hombre, el perro guarda[50]. Y Mañu tomó, por esto, una especial importancia. Él mismo se daba cuenta, aunque en forma imprecisa, de que ya no desempeñaba el mismo papel que antes. No era solamente el vigilante de la noche, el husmeador de sombras. Durante el día estaba dando vueltas en compañía del Damián y las ovejas, por allí cerca. La Martina amparaba en él su abandono. Llamábalo cuando veía gente a la distancia: el bohío estaba ubicado junto al camino real[51] y por él trajinaban hombres blancos.

---

[49] Después de todo la madre tierra, la *Pachamama*, es fuente de consuelo para los campesinos.

[50] Pocos aman, comprenden y a miman sus perros como los campesinos. Además de amigos son auténticos compañeros de trabajo.

[51] Principal.

Ella era todavía buena moza. Su cara lucía una frescura juvenil que el dolor no marchitaba aún. Las curvas de sus senos y sus caderas mal se escondían bajo una blusa holgada y la gruesa bayeta. Si el viento le alzaba el pollerón, dejaba ver sus piernas suaves y ocres, como hechas de morena arcilla pulimentada.

Mañu, sintiéndose guardador de la casa y sus moradores, cobró un gran orgullo. Gruñía y mostraba los afilados colmillos a la menor ocasión y tenía siempre la mirada y los oídos alertas. Erguido sobre una loma o un pedrón[52], era un incansable vigía de la zona. Pero, de todos modos, extrañaba también al Mateo y las noches, de cuando en cuando, escuchaban su aullido quejumbroso.

---

[52] Peruanismo. El DRAE designa a la palabra *pedrejón* como piedra grande o suelta.

IV
El puma de sombra

La noche estaba negra. En el redil ladraban los perros, pero no como siempre, con acento monótono y cansino; su voz tenía ahora un dejo de alarma, de rencor, de contenidos ímpetus. Es el ladrido propio de los perros cuando husmean, en el viento, el acre hedor de los pumas y los zorros.

—¡Guá!, sienten ondel puma dejuro —apuntó el Timoteo.

En los rediles vecinos también cundió la alarma. La noche se pobló de ladridos y gritos. Los amos, con su vocerío, alentaban a sus canes y atemorizaban a las presuntas fieras rondadoras:

—Echaléee..., échale, échale, échaleée...
—Puma, puma, pumaáá...
—Zorro, zorro, zorroóó...

Y era en verdad una noche favorable a la incursión de los dañinos[1]. No brillaba una estrella. Noche sin cielo ni espacio, negada a las miradas y a los pasos, atestada de sombra. En tiempos pasados y en una noche así, el puma asaltó el redil de los Robles. Trueno lo atacó y persiguió en su huida. Terminaron por trabarse en una lucha feroz, pues el perro retornó al cabo de mucho rato, jadeando y lleno de heridas. En vano la Juana aplicó a las brechas limón con sal y ron blan-

---

[1] Que dañan, especialmente cuando son animales.

147

co. Sangrando, sangrado hasta el amanecer, murió. Pero en la tarde de ese mismo día, los gallinazos[2] planeaban repetidamente sobre una loma y descendían tras ella. El Simón fue a inspeccionar y comprobó que Trueno también tenía los colmillos firmes: el puma estaba muerto.

Entonces fue cuando resolvió ir donde don Roberto Poma en pos de dos cachorros. Zambo, Wanka y sus vástagos, si bien realizaban las tareas del pastoreo como perros de buena ley, no contaban entre sus episodios ninguno cruento aún, aunque cuatro gargantas en un solo redil son mucho para que cualquier dañino se atreva a acercarse. Verdad que corretearon, sin duda, a zorros y pumas, pero ellos, prevenidos, arrancaron a buena distancia y pudieron refugiarse oportunamente en los espesos montales de las quebradas. Acaso sería descortés silenciar en este momento a Shapra. Él, guardián de la casa, atrapó y dio muerte a un canchaluco que iba en pos de las gallinas. Él muy cazurro canchaluco[3] acostumbraba enroscar su largo y desnudo rabo en el cuello de sus víctimas y arrastrarlas a todo correr. Así hizo el difunto con una de las gallinas que dormían en la jaula de varas adosada a la pared trasera del bohío. Pero sus compañeras armaron un gran alboroto, y como ella misma pesaba mucho y gritaba como mejor se lo permitía su apretado pescuezo, el canchaluco no pudo avanzar gran cosa, Shapra cogió la pista rápidamente. Para peor, o mejor, al querer saltar una acequia, el peso le restó impulso y el raptor cayó con su víctima al agua. Shapra les dio alcance allí. La lucha no fue muy épica. De dos tarascadas le rompió el cuello. A mayor abundamiento, los otros perros llegaron reclamando su parte en la contienda y pronto hicieron cendales[4] al desafortunado cazador.

Ahora los perros ladraban coléricamente, ganosos de acción. Acaso sus mismos deseos de pelea les hacían sentir pu-

---

[2] Americanismo: (*Coragpys atratus faetens*) ave rapaz y carroñera de color negro. En México se la conoce como *zopilote*.

[3] «Didelfo de cola prensil» lo define Alegría en su *Vocabulario* de la primera edición de esta novela. Americanismo: *zarigüeya*, es un mamífero marsupial de los didélfidos de hábitos cazadores nocturnos.

[4] De *cendal*: tela de lino muy delgada y transparente.

mas y zorros donde no había sino hojas agitadas por el viento. De pronto, saltaron la pared del redil y corrieron disparados a través de los campos. Desde el bohío se escuchaba muy lejano su ladrido.

—Vamos onde la majada[5] —dijo el Simón Robles—. El zorro es muy sabido. Siestá alguno poray, dejuro quial sentir que los peros andan por otro lao él viene...

Efectivamente, ladino es el zorro. En este caso llevaría un cordero. Como no tiene mucha fuerza, mata ovejas sólo cuando las encuentra perdidas por el campo. De lo contrario, rapta únicamente corderos y gallinas, pues su menor peso le permite huir velozmente.

El Simón Robles y sus familiares entraron en el redil y tomaron asiento sobre la paja de los perros. Es original e impresionante el aspecto que ofrece una manada en la noche. Borrada por la oscuridad, sólo se le ven los ojos. Fulgen, amarillos e inmóviles, en medio de las sombras. Se diría que arden centenares de extrañas luces quietas. O, más bien, que están allí las restantes ascuas de un raro incendio amarillo. Tragada por la oscuridad la blancura de los vellones, los ojos pierden su carácter animal y esplenden en la noche como gemas fantásticas. Los Robles estaban acostumbrados a ver eso, y, sin comentarlo, se pusieron a gritar para que su presencia en el redil se notara:

—Zorro, zorro, zorrooóo...

Cada vez más lejos, por aquí y por allá, ladraban los perros. Sucede así cuando no tienen pista segura o no logran precisar nada. El Simón lo hizo notar, y luego dijo:

—La noche miente y asusta ondel animal y tamién ondel cristiano. La sombra pare pumas y zorros que nuay, pare miedos[6]...

La oscuridad apenas permitía que los otros sospecharan la silueta del Simón. Pero el aroma de la coca que masticaba y el golpe, sobre un nudo del pulgar, del checo[7] guardador de

---

[5] Americanismo: manada o hato de ganado lanar.
[6] La filosofía de los relatistas orales es, en el fondo, la filosofía simple pero sabia del pueblo.
[7] Quechuismo: *mate* muy pequeño de calabaza en el que se guarda la cal con quinua quemada que sirve para «endulzar» el sabor de la coca.

la cal con que endulzaba la bola, indicaban netamente su presencia y hasta actitudes. El Timoteo, cuya adolescencia usaba ya la hoja dulciamarga[8], no chacchaba[9] de noche.

—Asiés, asiés —continuó, y callóse de pronto, sin duda porque en ese momento introducía el alambre cubierto de cal a la boca para que la hoja, abultada en uno de los carrillos, se macerara. El alambre está adherido a la tapa del checo. En la operación de pasarlo sobre la coca húmeda se moja, y en esta condición vuelve al checo, que al ser agitado golpeándolo sobre un nudillo lo cubre con la cal que guarda, dejándolo otra vez listo para llevar su carga a la bola. Cholos e indios, en los descansos de las tareas, se sientan en fila y coquean[10] masticando la hoja lentamente. El golpecito del checo, sordo y repetido, forma una especie de música. Dicen que, de día, la coca acrecienta las fuerzas para el trabajo. De noche, por lo menos al Simón, le aumentaba las ganas de hablar. A otros, en cambio, los concentra y torna silenciosos. Es que él era un charlador de fibra. Pero esto no quiere decir, desde luego, que fuera un charlatán. Al contrario; era capaz de hondos y meditativos silencios. Pero cuando de su pecho brotaba el habla, la voz le fluía con espontaneidad de agua, y cada palabra ocupaba el lugar adecuado y tenía el acento justo.

En ese rato, sin duda, iba a contar una de sus historias. No se sabía cuándo podía estimárselas reales o fantásticas. Él les daba a todas un igual tono de veracidad y sacaba las conclusiones del caso. Y ahora, por ejemplo, sus auditores no sabrían decir si así afirmaba el Libro Santo[11] o si era que el Simón añadía acontecimientos de su cosecha[12].

Y, aprovechando el encuentro, veamos de cuerpo entero al Simón —que se presenta mucho y no debemos pasarlo a

---

[8] En la mentalidad supersticiosa y animista el sabor de la coca determina el futuro, bueno si es dulce, malo si amargo.

[9] Peruanismo, procedente de una voz quechua, masticar la coca hasta poner a punto de maceración en los carrillos.

[10] Acción de masticar la coca, sin prisas, en un acto casi de ritualidad.

[11] La *Biblia*.

[12] El narrador oral no sólo repite cuanto ha oído sino que también es un fabulador neto de historias.

la ligera—; aunque por el momento se halle escondido en la sombra[13]. Era un cholo cetrino, cuya faz de rasgos indios estaba pulida por el torrente hispánico[14] que se mezclaba en su ancestro. Así, no eran tan prominentes los pómulos ni la boca, y tenía la nariz más bien larga y no quebrada. Ya estaba viejo, y la perilla y el bigote raleaban un gris entrecano. Los párpados rugosos y bolsudos[15] no disimulaban la movediza y brillante picardía de los ojos pardos. La indumentaria de nuestro amigo era la regional: sombrero de junco, poncho largo, camisa, pantalón oscuro sujeto con una faja de colores, ojotas. La espalda se le encorvaba un poco, pero nadie lo juzgaría acabado. Su cuerpo estaba lleno de notorios músculos que rezumaban energía, y sus manos eran las grandotas de quien labra la tierra ancha y sujeta la rienda dura.

Por todo lo que ya le hemos apuntado: su flauta, su caja, sus perros, sus historias, tenía fama el Simón. También tenía hijos. Fuera de los que conocemos, una mujer y dos hombres estaban lejos: la una enmaridada[16] como la Martina, los otros en trajines de arriería. La Juana, desde luego, había respondido a su afán vital. La vejez no lograba exprimirle aún sus amplias y redondas caderas, sus pechos henchidos ni su vientre combo. Y como de tal palo tal astilla —y en este caso eran dos los fuertes maderos—, los hijos caminaban por el mundo fuertes y morenos, mano a mano con la vida.

Pero volvamos a aquella noche y aquella hora. El Simón tornó a golpear el checo sobre el nudillo y habló:

—Y asiés la historia e la sombra o más bien la diun puma yotras cosas e sombra. Oiganmé... Jué que nustro padre Adán taba en el Paraíso, llevando, comues sabido, la regalada vida. Toda jruta bía ay: ya seya mangos, chirimoyas, naranjas, paltas o guayabas[17] y cuanta jruta se ve puel mundo.

---

[13] *Y... en la sombra*, típica intromisión del autor-narrador que pareciera manejar un guión cinematográfico y en este momento hasta una cámara que se apresta a revelar a un personaje.

[14] Simón Robles, a no dudarlo, es un mestizo.

[15] Peruanismo, aglobado.

[16] Casada.

[17] Tres de los cinco frutos que menciona Alegría en esta frase son de origen americano: *palta* o *aguacate*, del náhuatl *ahuacatl*; las *chirimoyas*, al pare-

Toda laya e animales tamién bía y tos se llevaban bien dentrellos y tamién con nustro padre. Y velay quel no necesitaba más questirar la mano pa tener lo que quería. Pero la condición e to cristiano es descontentarse. Y ay ta que nustro padre Adán le reclamó ondel Señor. Nues cierto que le pidiera mujer primero[18]. Primero le pidió que quitara la noche. «Señor —le dijo—, quita la sombra; no hagas noche; que todo seya solamente día.» Y el Señor le dijo: «¿Pa qué?» Y nustro padre le dijo: «Po que tengo miedo: No veyo ni puedo caminar y tengo miedo»[19]. Y entón le contestó el Señor: «La noche pa dormir sia hecho.» Y nustro padre Adán dijo: «Siestoy quieto, me parece quiun animal miatacará aprovechando lescuridá.» «¡Ah! —dijuel Señor—, eso miace ver que tienes malos pensamientos. Niun animal sia hecho pa que ataque ondel otro.» «Asiés, Señor, pero tengo miedo en la sombra: haz sólo día, que todito brille como la luz», le rogó nustro padre. Y entón contestuel Señor: «Lo hecho ta hecho», po quel Señor no deshace lo que ya hizo. Y dispués le dijo a nustro padre: «Mira», señalando pa un lao. Y nustro padre vido un puma grandenque, más grande que toítos, que se puso a venirse bramando[20] con una voz muy feya. Y parecía que tenía que comelo onde nustro padre. Abría la bocota al tiempo que caminaba. Y nustro padre taba asustao viendo cómo venía contra dél el puma. Yeneso ya llegaba y ya lo pescaba, pero velay que se va deshaciendo, que pasa po su encima sin dañalo nada y dispués se pierde en el aire. Era, pue, un puma e sombra. Yel Señor le dijo: «Ya ves, era pura sombra. Asiés la

cer procedente de una voz quiche y las *guayabas* de origen taíno. El *mango* procede de un híbrido de la India pero su gran desarrollo se ha dado en América del Sur.

[18] Este excepcional relato ha sido espigado de la literatura oral peruana. Adán aparece también en la oralidad tradicional de la costa. Gregorio Martínez en su novela *Canto de sirena* dice al empezar un capítulo contado por un relatista popular: «Dizque Adán era un gramputa porque...»

[19] Uno de los grandes íncubos de los cuentos de aparecidos, fantasmas, almas en pena, etc., tiene su espacio favorito en la noche, pero, aunque parezca mentira es de procedencia occidental. Véase *El diablo en el mundo andino* de Isabel Córdova, Lima, Ed. Prisa,1987.

[20] Aun cuando el bramido es más propio de los ciervos en celo, resulta perfectamente aplicable a otro tipo de animales salvajes.

noche. No tengas miedo. El miedo hace cosas e sombra.»
Y se jué sin hacele caso a nustro padre. Pero como nustro padre tamién no sabía hacer caso, aunque endebidamente, siguió asustándose po la noche y dispués le pegó su maña
onde los animales[21]. Yes así cómo se ve diablos, duendes y
ánimas en pena y tamién pumas y zorros y toda laya e feyaldades dentre la noche. Y las más e las veces son meramente
sombra, comuel puma que lenseñó a nustro padre el Señor.
Pero no acaba entuavía la historia. Jué que nustro padre
Adán, po no saber hacer caso, siempre tenía miedo, como ya
les hey dicho, y le pidió compañía ondel Señor. Pero entón
le dijo, pa que le diera: «Señor, a toítos les dites compañera,
menos onde mí.» Yel Señor, comuera cierto que toítos tenían, menos él, tuvo que dale. Yasí jué como la mujer lo perdió, po que vino conel miedo y la noche[22]...

Los perros retornaron, fatigados por el trajín, a tenderse en
la paja.

El Simón Robles terminó:

—Aura parece que tamién jué puma e sombra...

Dicho esto, se fueron a dormir.

---

[21] Nótese que según el relato oral fue el hombre el que enseñó a los animales la «maña» de tener miedo a la oscuridad y a la noche.

[22] «Y así fue como... y la noche...», es evidente el machismo de Alegría,
cuando afirma que la mujer perdió, desgració, al hombre, porque vino con el
miedo y la noche.

V

V

Güeso cambia de dueño

Una noche dijo la Vicenta a su hermana:

—Antuca, mañana tiacompaño poque quiero sacar ratanya[1].

Es una pequeña planta de las alturas, cuya contorsionada raíz, una vez machacada y hervida con la bayeta, tiñe a ésta de morado. Se usa mucho, y por eso en las regiones donde existe abunda ese color en los ponchos y pollerones.

El Simón añadió:

—Traigan tamién pracra[2]. Ya voy a dar sal ondel ganadito...

La aludida es también una pequeña planta de las alturas, pero que crece en lo más elevado de ellas, allí donde ya ni la paja quiere vivir. Surge de la escasa tierra que existe en las grietas de las peñas, extendiendo y pegando sobre las rocas unas hojas anchas y carnosas. El cordillerano las utiliza para dárselas al ganado, molidas, junto con la sal. Tienen fama de hacerlo engordar y procrear.

---

[1] Peruanismo de la voz quechua *ratania* que significa *mata rastrera* (*Krameria triendra),* crece en la costa y la sierra interandina hasta alturas superiores a los 3.000 metros, su raíz además de ser tintorea, como lo señala Alegría, tiene propiedades curativas.

[2] Peruanismo de la voz *pacra-pacra* (*Laccopetalum giganteum*) «... se encuentra cerca de los glaciares de la cordillera de Pelagatos y en algunos lugares del dep. (departamento) de Cajamarca entre 4.000 y 4.600 m. de alt., a temperaturas que pueden ser inferiores a los 20° bajo 0. Crece en los intersticios de las rocas calcáreas, o adherida a ellas» (EIP).

Y fue así como aquella mañana vio a las dos hermanas siguiendo al rebaño.

Iban contentas. Todo invitaba al júbilo. Por aquí y por allá. Las chacras plenas de sembríos nacientes. Resplandecía el sol recién salido y su luz tibia chisporroteaba en el rocío madrugador, titilando sobre una yerba que brotaba impetuosamente de la tierra húmeda.

Los perros ladraban y saltaban gozosamente. Wanka la paridora, madre de muchas generaciones, corría en torno de la Vicenta, su antigua ama, alejándose de pronto en excursiones sin motivo, para tornar y saltar. Eso era lo que se llama esforzarse por puro deporte. Los otros, contagiados de la alegre excitación de Wanka, no correteaban menos. Y el pobre Güeso, ajeno al percance que le ocurriría[3], entreteníase en hacer dar vueltas y más vueltas, a fuerza de ladrarlas, a las ovejas que se apartaban de la tropa. La Antuca hubo de intervenir:

—¡Güeso, tias güelto loco!

Con lo cual el reprendido recobró a medias la compostura.

Llegadas al lugar donde los cerros se parten para dar ingreso a la meseta puneña[4], las hermanas se volvieron para mirar hacia abajo. Daba gusto el colorido lozano de los campos de siembra. Los bohíos grises humeaban en medio de las multicolores chacras. Un frondoso bosque de eucaliptos rodeaba la casa-hacienda de Páucar. Las quebradas cortaban el paisaje con sus verdinegras líneas de monte, descendiendo a la encañada llena de valles formada por el río Yana[5]. Hombres y mujeres de trajes coloreados transitaban por los senderos amarillos. Alguien ensillaba su caballo a la puerta de una casa. Camino de la altura, ascendían lentamente otros blancos rebaños.

Continuaron su camino comentando que las siembras prometían mucho y que el año sería bueno. Al pasar por

---

[3] *ajeno al percance que le ocurrirá*, este inciso parece estar destinado a lectores muy jóvenes.

[4] Altiplanicie andina. Conocida también con el peruanismo *altipampa*.

[5] *Negro*, en lengua quechua.

unas lomas de tierra roja se escucharon breves e insistentes silbidos.

—¿Nuan cazao los perros niuna vizcacha[6]? —preguntó la Vicenta.

—No, los hacen zonzos[7]. Ellos questán po un lado y las vizcachas que salen puel otro a silbar. Los perros se quedan ladrando junto al hueco y nuay más.

—Así jué siempre —terminó la Vicenta.

Y la cantora Antuca entonó, a propósito, el conocido waino:

> Si vizcacha juera,
> tu nido rondara
> y a la pasadita... fissst,
> yo te silbara

Imitó el silbido de la vizcacha de manera muy cómica, y por eso, y también porque deseaban reír, estallaron ambas en una cantarina carcajada.

Las faldas de la meseta se fueron ampliando. Retardaron la marcha, y los perros, ladra que te ladra, esparcieron el rebaño entre los pajonales. Arriba, el cielo estaba azul y blanco. Frente a él, los negros picachos se erguían como puños amenazantes.

—Güeno, voy po la ratanya y la pacra. E tardecito güelvo...

La Antuca se quedó con el ganado viendo que su hermana se perdía entre las rocas al ascender una de las últimas cresterías.

*

Nubes plomizas comenzaron a amontonarse en el cielo y un bravo viento soplaba arremolinando los pajonales. Los perros, a la voz de la Antuca, se pusieron a reunir el rebaño.

---

[6] Peruanismo, viene de un vocablo quechua. La *vizcacha* (*Lagidium peruvianum*) es un roedor parecido a la libre, de cola larga, muy solicitado por la bondad de su carne y su piel.

[7] Tontos, bobalicones, simples. También se escribe *sonsos*.

Ya llegaría la Vicenta. Hacía poco rato que la vio descendiendo cargada de un gran atado[8]. Por lo demás, sólo a ella había encontrado su mirada, por mucho que, durante todo el día, escrutara las lejanías. El Pancho no llegó. Sin duda condujo su manada por otro lado.

Pero he allí que, de pronto, rompiendo con sus siluetas negras la uniformidad amarillenta de los pajonales, dos jinetes aparecieron a lo lejos. Avanzaban al galope. Pronto estuvieron cerca. Sus ponchos flotaban al viento y tenían el sombrero de junco a la pedrada. Portaban, a la cabezada de la montura, carabinas. Uno de ellos, el que iba adelante, desenrolló la soga que tenía ensartada[9] en su cuerpo, cruzándole el pecho.

Al llegar junto al rebaño, el de la soga se la tiró diestramente al pobre Güeso, que fue al primero que encontraron. Éste no tuvo tiempo de brincar hacia adelante para evitar que el aro del lazo se ajustara sobre su cuerpo. Cuando se dio cuenta, ya estaba cogido del cuello. El laceador[10] había preparado un aro pequeño, y apenas le rodeó el pescuezo, dio un rápido tirón. La soga de flexible cuero bien engrasada cerróse corriendo fácilmente dentro de la reluciente argolla del acero. La Antuca fue a ver lo que sucedía. Y la Vicenta, en cambio, al notar en su descenso la presencia de los dos hombres, escondióse tras unos pedrones. Ya estaba muy cerca y distinguía la escena claramente. Wanka y los otros perros se acercaron ladrando a los intrusos. Un perro amarillo, de lacio pelo, surgió tras ellos. Comenzó a gruñir a los ladrones, y, a ojos vistas, se gestaba una batalla campal. El pobre Güeso, entre tanto, jadeaba templando inútilmente la soga. El hombre la sujetaba con mano firme, sonriendo.

—Sote[11], Güenamigo —riñó el otro jinete al perro amari-

---

[8] Carga que se suele llevar sobre la espalda en una manta liviana que se ata sobre el pecho.

[9] (Sic) posiblemente quiso decir *enrollada*.

[10] Peruanismo, de *lacear:* sujetar animales, algunas veces a la carrera, con un lazo.

[11] Posiblemente: alto, en el sentido de detenerse. El *sote* es un insecto muy pequeño, como una pulga.

llo, y éste, con el rabo entre las piernas, se fue a tender a buena distancia.

La Antuca llegó en esos momentos:

—Suelte, suelte a mi perro —clamó.

El laceador replicó tranquilamente:

—¿Qué tias imaginao que yo echo lazo[12] e balde?

—Suelteló, sinues diusté —argumentaba la Antuca, que tenía el rostro pálido y la mirada brillante.

La Vicenta, en tanto, no perdía detalle, asomando los ojos apenas. Sí; ése era el Julián Celedón, y el otro, su hermano Blas. Hacía años, en la fiesta de Saucopampa[13], bailó mucho con el Julián. Era como hoy: un cholo alto, cetrino[14], de nariz aquilina[15] y grandes ojos pardos. Su ralo bigote caía desordenadamente sobre los labios gruesos. No había envejecido. Ahora se mantenía serenamente erguido sobre su caballo negro. Tenía dureza y energía en la mirada. Y la Vicenta recordó que, aquella vez del baile, quiso al Julián y no se le rindió[16] sólo porque su taita le tenía encima el ojo. Ya gozaba de mala fama el cholo. Y sintió como que aquel viejo y enterrado deseo renacía. Lamentó casi haberse escondido. Habría querido que la descubrieran, y el Julián, después de una breve lucha, la poseyera[17] en medio de la salvaje aspereza del pajonal. Pero ellos no la veían. Tampoco la Vicenta se decidía a salir.

—Suelteló, por diosito, suelteló —imploraba la Antuca.

Los perros, a sus gritos, gruñían a los jinetes y mantenían una actitud agresiva. Wanka tenía el pelambre del cuello erizado. Una palabra de la Antuca y hubieran saltado sobre ellos. El Julián, que miraba con un aire de compasiva indulgencia, se hizo cargo de tal posibilidad y dijo a su hermano:

—Mételes un tiro onde esos perros...

---

[12] *Lacear*. Ver nota 10.
[13] Voz quechua, lugar abierto donde florece el *saúco* (*Sambucus peruviana*), planta medicinal nativa. Es el nombre de un caserío peruano.
[14] De piel color amarillo verdosa.
[15] Forma poética de aguileño, referente al rostro o a la nariz.
[16] Posesión amorosa.
[17] La naturalidad del amor es sencilla, simple, voluntaria e impresionante.

El Blas preparó su carabina, pero la Antuca se apresuró a hacerlos alejarse y callar.

—¿Sabes quién soy yo? —preguntó el Julián.

—No, no sé —respondió con voz compungida la Antuca.

—Julián Celedón —dijo éste con aplomo y orgullo.

La Antuca se quedó helada. Claro que había oído hablar de los Celedonios. Tenían fama de bandoleros[18]. El cholo estuvo un momento gozando del efecto producido por sus palabras y luego preguntó:

—¿Estos perros son e la cría el Simón Robles?

—Sí.

—¡Ah!, es lo que quería...

Y miró hacia adelante como para continuar la marcha. Pero recordó algo.

—¿Cómo se llama?

La Antuca vacilaba. ¿Así es que pensaban lleváselo de veras? El pobre Güeso estaba allí, con la lengua afuera, jalando la soga.

—Di cómo se llama, china zonza... Yagradece que no tiago nada po queres muy chiquita tuavía...

La Antuca tembló:

—Güeso se llama.

—¡Güeso! —replicó el Julián mirando al perro—. ¡Güeso!, ques gracioso el nombre.

Y espoleó su caballo. Güeso se negaba a caminar, por lo que el Julián lo arrastró durante un buen trecho.

—Dale látigo —le ordenó al Blas.

Éste, que hasta ese momento avanzaba con la carabina dirigida a los otros perros, acercó su caballo y golpeó a Güeso con el látigo de la rienda. El perro se hizo hacia un lado para tenderse de nuevo. Llamaron a Güenamigo, que se acercó a Güeso con aire de camarada, pero éste gruñó fulminándolo con su mirada turbia y enrojecida que centelló súbitamente[19]. En-

---

[18] Pareciera un prestigio social aquél de tener «fama de bandolero». Uno de los personajes de gran calado de Alegría es sin duda el Fiero Vásquez de *El mundo es ancho y ajeno*, culminación de El Corrido de *La serpiente de oro* y los Celedonios de esta novela.

[19] La naturalización que hace Alegría de los perros está muy ligada a las fobias y a las filias de éstos.

tonces el Julián recetó más látigo para que el cautivo se parara y, como no lo hacía, siguó arrastrándolo. Así, entre latigazos y arrastrones[20], continuaron hasta que la Antuca los vio perderse tras una loma. Ella, que hasta ese momento estuvo paralizada por el miedo, se puso a llorar a gritos. Los perros aullaban mirando el lugar por el cual desaparecieron.

Bajó la Vicenta y, al ver el dolor de su hermana y los perros, sintió que su anterior emoción se le iba... ¡Y tantas veces había tenido a Güeso en la falda cuando estaba pequeño! ¡Pobrecito! Luego trató de consolar a la Antuca:

—No llores, no llores ya... De lotra parición separaremos un perrito para vos...

La Antuca seguía gimoteando.

—No llores, Antuquita, no llores. Separaremos un perrito y le pondremos, como vos quieres, Clavel...

Pero ella también tenía pena y por sus mejillas resbalaban gruesas lágrimas.

---

[20] Peruanismo: manera brutal de arrastar algo.

VI

Perro de bandolero

Güeso escuchaba el aullido de sus compañeros y también creyó percibir el llanto de la Antuca. Sí: lloraba ella, lamentándose. Su batiente corazón de cautivo hinchóse de nostalgia y rebeldía. Se negó cada vez con mayor brío a caminar. El arrastre le hacía doler las costillas y lo enlodaba, pero seguía rehusando manejar las piernas. Por último consiguió atrancarse en unas piedras. El Julián lanzó un juramento y barbotó:

—¡Tiarrancara la cabeza diun tirón!

Detuvo su caballo y se volvió hacia su hermano, que lo seguía a corto trecho:

—¿Qué te parece? Tiene mal genio el tal Güeso...

A lo que el Blas repuso:

—Tal vez quiera por las güenas...

El Julián bajó del caballo y se acercó a Güeso, que lo miraba con odio y rencor. Güenamigo se estacionó a prudente distancia. El hombre acuclillóse junto a Güeso, cuya respiración difícil requería atención. La soga le ajustaba el cuello redondeándole un surco en el pelambre. Cuando estiró la mano hacia la cuerda, Güeso mostró los colmillos, por lo que cambió de sistema y le pisó el pescuezo para inmovilizarlo. Luego le aflojó el lazo y comenzó a darle cariñosas palmadas en la cabeza y el lomo.

—Güeso[1], Güesito, aura vas a andar. No te maltrates así, Güesito, vas a estar bien...

---

[1] La edición de Aguilar no lleva el guión largo al empezar esta frase.

Güeso continuó tendido entre las piedras, pero lanzó un gemido.

—¿Ves? —dijo el Blas—. Déjalo aura. Ya vas a ver cómo camina...

El Julián cabalgó y luego dio un débil tirón de la soga.

—Güeso, Güesito, camina hom...

—¿Hom? —bromeó el Blas—. Hasta cristiano lostás haciendo ondel perro[2].

Rieron ambos.

—Pero mira, no camina —dijo Julián, jalando[3] con más bríos—. Abájate y dale látigo hasta quiande...

Güeso estaba desolado. Ya no escuchaba los aullidos ni el llanto. Descontando las voces de sus raptores, había caído sobre la puna el silencio de la soledad. Pero no pensó en andar. Que lo arrastraran hasta la asfixia o la liberación. Porque tenían que aburrirse de él y soltarlo. Así pensaba. Como se ve, no conocía al hombre, acostumbrado como estaba a las dóciles ovejas, las manos blandas de la Vicenta y la Antuca y los cuantos palos con que el Timoteo, de cuando en cuando, imponía compostura ante la batea de la merienda. Ahora conocería al hombre, animal terco y duro, de quien no era posible esperar nada sin previa obediencia.

Efectivamente, se bajó el Blas y desamarró un látigo de arrear ganado que colgaba del arzón trasero de su silla.

—Anda, ¡camina! —dijo, acercándose a Güeso y agitando el látigo.

El perro continuó tirado entre las piedras. Atrancado[4] allí, no lo sacarían ni a buenas ni a malas. Deseaba tan sólo que le soltaran el lazo. Por lo demás, la vista del látigo no le impresionó mayormente. Es que lo ignoraba. Los riendazos que había sufrido hasta este rato no le habían dado una idea del ardiente dolor del chicotazo[5].

—Güeno, entón suénale —dijo el Julián.

---

[2] El hombre andino es muy dado a «humanizar» y a conversar con los animales que le son muy próximos y útiles.

[3] Peruanismo: tirando.

[4] Peruanismo: poner una tranca.

[5] Americanismo: golpe dado con un chicote (DRAE).

El Blas alzó el látigo, que tenía mango de palo, y lo dejó caer sobre Güeso. Zumbó y estalló, aunque con un ruido opaco debido al abundante pelambre. La culebra de cuero se ciñó a su cuerpo en un surco ardoroso y candente, punzándole al mismo tiempo con una vibración que le llegó hasta el cerebro como si fueran mil espinas. Repitióse el golpe una y otra vez, en tanto que el Julián jalaba de la soga. Güeso se agitó un poco y el Blas fue en su ayuda sacándolo de entre las piedras. Lo dejaron reposar un rato y luego el de la cuerda comenzó a templar otra vez. Güeso intentó resistir nuevamente: no se paró.

—Dale, dale más —ordenó el Julián. Y el Blas preguntó:

—¿Lo marco?

—Márcalo...

El látigo se levantó describiendo un círculo, luego planeó sobre el cuerpo acezante de Güeso y, recogiéndose súbitamente para doblar la punta, estalló en una de las ancas. Tras un breve chasquido la carne se abrió, roja, como una flor. Güeso profirió un taladrante aullido.

—¿En lotra tamién? —preguntó el Blas.

—No, no seya que le caiga gusano[6]. Dale así no má...

Y el látigo se levantó y cayó sobre el cuerpo tembloroso, zumbando y estallando rítmicamente. Güeso sintió que sus carnes le ardían. Se puso de pie para huir, mas sólo consiguió hacerse a un lado, pues la soga lo retuvo. En su ofuscación no se había acordado de ella. Pero ya no trató de tenderse nuevamente. El Julián jaló y el otro le ordenó, agitando la oscura y flexible culebra:

—¡Camina!

Y Güeso, rendido, entregado a una dolorosa y sangrante renuncia, con la respiración corta, el cuerpo ardoroso y la cabeza en llamas, comenzó a caminar. Un hilo de sangre tibia le resbalaba por una pierna.

Descubrió que era terco e implacable el hombre.

*

---

[6] Se infecte.

Caminaron hasta muy entrada la noche. De pronto, desde una loma, una luz palpitante se distinguió a lo lejos. El Julián detuvo su caballo y perforó las sombras con un largo silbido. Otro igual sonó a poco.

—Ay ta —dijo, echando a caminar de nuevo.

Un hombre cubierto por un negro poncho salió a recibirlos, acompañado de un perro que ladró sin mucha convicción. Luego desensillaron a la puerta del bohío envuelto en sombra. También había allí una mujer que se puso a atizar el fogón, y un pequeño que dormía entre un revoltijo de mantas. Güeso fue amarrado a uno de los horcones[7] que sostenían el techo pajizo y los hombres se marcharon con los caballos para retornar poco después y sentarse a un extremo del corredor. Mal alumbrados por la luz rojiza del fogón, se pusieron a conversar de una venta de ganado y después contaron monedas tintineantes.

La mujer sirvió cushal[8] de habas y trigo y cancha[9] en grandes mates. Los cuerpos ateridos por el frío puneño sorbían con fruición la humeante sopa caliente. El Julián apartó una porción de comida en su mate y se la llevó al preso, que recibió, además, unas cuantas roncas palabras y duras y cariñosas palmadas. Güeso comió acuciado por el hambre, pero con el pecho lleno todavía de odio. Muy en sus adentros, había resuelto odiar. Más bien dicho, el odio le había llenado el pecho, cárdeno y cálido, como la sangre de una herida.

La mujer apagó el fogón y los hombres, después de charlar un rato mientras masticaban la coca, se tendieron a dormir. Güenamigo y el otro perro se acurrucaron a los pies de sus dueños. Güeso, solitario junto al horcón, reclinó la cabeza entre las patas, presa de una gran congoja al recordar el redil y toda su anterior existencia. Wanka y los demás compañeros estarían durmiendo ya sobre la paja tibia, entre los vellones suaves, o quizá ladrando a las bestias dañinas. A su

---

[7] Americanismo: madero vertical que en las casas rústicas sirve, a modo de columna, para sostener vigas o aleros de tejado.

[8] «En el departamento de Cajamarca, es una especie de sopa que se prepara a base de trigo tostado y triturado. Es característica en la mesa del pobre» (EIP).

[9] Peruanismo, procede de una voz quechua: granos de maíz tostados.

lado sonaría el lento rumiar de las ovejas y, al día siguiente, la vida tornaría a amanecer como siempre, plácida y luminosa. Pero, para él, ya nada de eso habría tal vez. El hombre era duro y la cuerda sólida. Aunque no, quizá mordiéndola tenazmente, royéndola, destrozándola. Y, lentamente, estiró hacia ella el hocico. Claro que se la podía morder. Sus colmillos se introducían eficazmente. Aún tenía un grato sabor a cuerdo y a grasa. Cedió una hebra al fin, y lleno de esperanza continuó royendo, royendo, con el cuerpo azotado por el viento y los ojos ahítos[10] de sombra. Pero él estaba seguro de que, pese a la oscuridad, no se perdería. Que sabría llegar a su sitio, a su redil, a su manada. Roía silenciosamente, pero no tanto como para no producir un pequeño rumor. Uno de los hombres se revolvió en su lecho. ¿Y si despertara y lo descubriera? Pero el hombre no se movió más y Güeso siguió royendo, empecinadamente. Otra de las hebras cedió. Quedaba tan sólo una de las tres que se retorcían formando el lazo. Güeso lo sentía ya muy delgado en su boca cuando he allí que, de súbito, uno de los hombres gritó:

—Ey, quel perro masca el lazo...

Los otros hombres despertaron y Güeso se mantuvo inmóvil, pero uno de ellos se levantó y tanteó la soga.

—De veras que yastá po rompela...

Lanzaron juramentos y el dueño de casa dijo:

—Sacaré una soga e cerda...

Buscó entre las cosas amontonadas en un rincón y al poco rato Güeso quedó atrincado al horcón mediante una gruesa soga de cerda, no sin que el Julián dejara de propinarle dos tremendos ramalazos con la misma cuerda que el prisionero había mordido.

Güeso se sintió realmente perdido. Esa soga de cerda hería la boca y no cedía a los mordiscos. No, no podría irse ahora. Quizá nunca. Además de terco e implacable, era avisado el hombre. La manada ya estaba definitivamente lejos. Una congoja lacerante le cruzó la vida y sintió deseos de articular su dolor en la nota larga y lúgubre de su aullido. Pero

---

[10] En sentido figurado: hartos, cansados.

estaba rendido, muy rendido para poder siquiera quejarse. Y se abandonó al sueño, un intranquilo sueño de cautivo, lleno de dolores y desgracias[11].

*

Partieron apenas clareó el día.

—Adiosito, Martín.

—Adiosito, ña Pascuala —dijeron ellos.

¿Hacia dónde se dirigían? Güeso jamás había ido por allí. Ya desde la tarde anterior avanzó mucho tiempo por senderos desconocidos, pero ahora la sensación de extrañeza se le hacía más nítida, tal vez porque ya no tenía el cuerpo encandilado[12] por los azotes. Le dolía aún, mas su pobre cabeza ya era capaz de tomar debida cuenta de lo que encontraba a su paso. Como siempre, pajonales silbantes, grandes peñascos y cumbres agudas constituían el espectáculo que se ofrecía a sus ojos. Pero, por mucho que se pareciera ese lado de la cordillera al otro en que solía pastorear, el recién conocido tenía siempre la hostilidad de las regiones que no son familiares, la tristeza que fluye de todo lo que no es querencia. Para peor, la soga, aunque distinta por la sustitución efectuada durante la noche, continuaba como ayer ceñida a su cuello y sostenida en el otro extremo por la mano del Julián.

A mediodía, los hombres desmontaron para almorzar. Sentáronse en el suelo y extrajeron de un alforja un mantel que envolvía un gran trozo de carne asada. Un cuchillo brillante lo convirtió en tajadas y algunas fueron para Güeso y Güenamigo. Éste, de ordinario, hacía notar poco su presencia, caminando por el rastro del Blas silenciosamente.

Y luego continuó el trote, persistente y regular, incansable. Algunas veces cruzaron entre puntas[13] de vacas o yeguas y manadas de ovejas, pero generalmente sólo veían pajonales desolados. Güeso sintió de pronto que comenzaba a fatigar-

---

[11] *Y se abandonó... desgracias.* Es notable el recuerdo personal de las carcelerías que sufrió el novelista, sólo quien las pasó lo sabe bien.

[12] Peruanismo: asustado (Morínigo).

[13] Pequeño grupo de ganado que se separa de un hato.

se. Que el cansancio era algo que parecía subirle de la tierra, del resbaloso sendero, oscura canaleta cavada por el trajín en la hirsuta greña del pajonal. Jadeaba más aceleradamente y soltó hacia fuera la lengua babeante. Pero el caminejo se precipitó súbitamente por una encañada y comenzó a zigzaguear entre arbustos de coposa fronda. Más y más, a medida que descendían, aumentaba la vegetación. Al frente[14] se veían rojas y altas peñas. Luego vino el rumor potente de un río, y, cuando caían las primeras brumas nocturnas, estaban junto al río mismo. Hacía calor y Güeso sentíase atormentado por su abundoso pelo. Los caballos pasaron el río nadando y los hombres y los perros en una balsa que estuvo tendida a la orilla, bajo unos árboles. Al otro lado, después de caminar un trecho, encontraron un bohío. A uno de sus horcones fue amarrado Güeso. Parecía que vivir en la torturante cautividad de la soga era su destino. Y entonces, pese a su fatiga, sí aulló larga y dolidamente.

—¿Po qué gritas? —le dijo el Julián.

Sacó de la choza una gran cecina[15] y se la arrojó.

Habían llegado a Cañar.

*

Cañar no tenía nada de nido de cóndores, sino de madriguera de pumas. Era un valle profundo lleno de monte[16] tupido —en partes vivo y verdeante hasta la lujuria, en partes muerto y gris hasta la disgregación—, en el fondo de una encañada de peñascos viscosos.

A un lado corría el Marañón. Un cerro lejano desleía sus neveras creando un riachuelo que bajaba al valle, saltando entre inaccesibles peñascos, a regar una pequeña huerta y perderse luego en el río. Junto a la huerta se alzaba un feble[17] bohío de hojas y cañas.

---

[14] En forma de locución adverbial: delante.
[15] Americanismo: tira de carne de vacuno, delgada, seca y sin sal.
[16] Bosque.
[17] Cualidad aplicada a las personas flacas y delgadas y a las monedas de escaso valor. Alegría se las adjudica a una choza.

A veces, hubiera podido verse a dos hombres en esa choza o en esa huerta. En la choza, sentados y laxos, coqueando. En la huerta, cultivándola o cosechando lo que producían las contadas plantas: yucas[18], plátanos, coca, ají. Pero nunca los veía nadie. Por Cañar no pasaba un alma.

El Marañón, alborotado y voraz, defendía a Cañar o, mejor, a los Celedonios. Con todo, se hubiera podido pasar el río, pero ¿por qué ir? Veríase un valle muy pequeño, perdido en un recodo del río, agazapado y escondido entre peñas. Éstas, muy abruptas y erguidas, no permitían salida hacia el otro lado, por mucho que la quebrada se prolongara hacia lo alto formando una hondonada llena de monte. De pronto, cortándola, surgían las peñas fragosas. Quien llegaba a Cañar caía en un hoyo roqueño sin más salida que la muy peligrosa ofrecida por el río bramador. No era, pues, sitio propicio para la actividad de un cristiano de paz y aspiraciones agrarias, más cuando junto al Marañón se extienden, hacia arriba y abajo, valles anchos de fácil acceso. Pero el Julián y el Blas Celedón sabían por qué se fueron a meter allí. Luego, con el correr de los días, las gentes también lo supieron y, por último, las autoridades.

Una fama cruel zumbada en torno a ese cañón sombrío hasta el cual llegaban huellas de sangre. La fabla popular pluralizó el apellido y la voz Celedonios retumbó en la comarca como una descarga de wínchesters.

*

Güeso no fue libertado el día siguiente ni otros muchos.

—¿Crees que se güelva? —preguntó el Julián.

Y el Blas:

—Capacito[19]: los perros se güelven nomá. Yeste, mas que nunca haiga nadao, es capaz e pasar cuatro ríos juntos... Son muy fregaos[20].

---

[18] Peruanismo: es una planta de tubérculo comestible (*Manihot esculenta*) cuyo nombre procede del quechuismo *rumu*. Crece en los climas tropicales y subtropicales, especialmente en las zonas de la selva peruana.

[19] Capaz.

[20] Peruanismo, de fregar: mortificar, molestar.

Así es que el Julián revisó más bien la firmeza del nudo de la cuerda. Además, llevó a Güeso al río y, sin sacarle la soga, lo hizo bañarse en compañía de Güenamigo. El cautivo se sintió muy aliviado del agobiante calor que, como ya hemos dicho, le proporcionaba su abundante pelo y aumentaba la falta de costumbre. En su calidad de jalquino, nunca supo hasta ahora de la calidez perenne de los valles. Atado al horcón y viendo, como se dice, volar las moscas, no tardó en advertir que unas grandes y azules revoloteaban sobre su herida. El Julián también lo notó:

—¿Ves? —le dijo a su hermano—. Yastá puacá la mosca, y si nuay cuidao le cairá gusano.

Y por eso vertió en la carne abierta un líquido quemante y negro.

Güeso sentía que ese hombre terco, implacable y avisado, sabía también ser camarada. Se pasaba muchos ratos con él, palmeándole el lomo. Le llevaba el alimento en una gran lapa[21] para que lo compartiera con Güenamigo, que de veras lo era. Éste comía por un lado parsimoniosamente y, pese a su libertad, no gruñía ni hostilizaba en forma alguna a Güeso. El Julián decía:

—Que seyan hermanos. Dos contra la desgracia son cuatro...

Y él también, sin duda, buscaba un hermano, pues el Blas duraría, ¿cuántas jornadas, cuántos días aún? Quién sabe. Las leyes del cuatreraje[22] están escritas en el cuchillo y en la carabina, y ambos rompen la vida.

El Julián se quedaba mirando a Güeso, fija, profundamente:

—Güeso, Güesito...

El dolor de los ramalazos pasó. Güeso engordaba con la abundante ración de cecinas y yucas. Güenamigo intimó con él e iba a acompañarlo y cambiar olisqueos amistosos. Sus ojos se familiarizaron con el montal verdegrís y la mancha roja de los peñascos. En sus oídos los rumores del río y las hojas ya

---

[21] Peruanismo: «Calabaza partida por la mitad, que se utiliza como fuente de mesa o palangana» (Morínigo).

[22] Americanismo, de *cuatrero*: ladrón de ganado vacuno.

eran familiares y arrullaban, como ocurre al acostumbrarse, su sueño. Y el hombre, el mal hombre de ayer, tenía un calor de corazón en las manos, en los ojos y en las palabras.

—Güeso, Güesito...

Y una tarde Güeso entendió. Movió la cola. Y lamió las manos del hombre, gimiendo, inquieto y conmovido. El Julián se apresuró a libertarlo y Güeso corrió y saltó en torno a su enemigo de otrora, dando cortos ladridos. Para ambos, ¡qué alegría!

—Mira, Blas, mira... —gritaba el Julián.

Güeso saltaba sobre su dueño —ya era su dueño—, y éste lo recibía a palmadas y diciéndole cariñosas injurias, que hombres de cierta ley hieren y acarician con las mismas palabras: sólo varía el acento[23].

Cuando hombre y perro se cansaron de celebrarse, Güeso y Güenamigo corretearon explorando el pequeño valle. Poco es lo que el recién llegado pudo ver. La huerta, los dos caballos en un reducido pastizal, cactos[24], monte entrecruzado por un lado y otro, peñas y el río, siempre el río flanqueando la escasa tierra. Pero Güeso tomó el agua clara de la quebrada. Y asignémosle entonces carta de ciudadanía[25] en Cañar, suponiendo que ésa sea el agua que en tal localidad arraiga al forastero. Porque ha de saberse que en todos los lugares de la sierra del norte del Perú —y en ella es donde ocurre nuestra historia— hay un agua de mágicas virtudes. En Cajabamba[26], por ejemplo, es el agua de Tacshana[27], un riachue-

---

[23] Además de los hombres de cierta ley, que alude Alegría, el lenguaje peruano en general tan dado a los diminutivos que son, más bien, apreciativos, en el plano coloquial está muy pendiente de las inflexiones de voz, de las intenciones del hablante y hasta de la semántica gestual.

[24] Americanismo, de *cacto* o *cactu*: de la familia de cactáceas con «tallo globoso provisto de costillas y grandes surcos meridianos y flores amarillas» (DRAE).

[25] Alegría en este pasaje es fiel a la sentencia de que la gente es de donde bebe su agua. Güeso consigue carta de cuidadanía por beber el agua clara de la quebrada de Cañar.

[26] Peruanismo, procedente de un vocablo quechua *llanura fría*, provincia peruana del departamento de Cajamarca a 2.600 metros sobre el nivel del mar asentada en un río del mismo nombre.

[27] Quechuismo de *tacsana*, nombre de una planta con propiedades deterosorias para el lavado.

170

lo. En Huamachuco[28], el agua de Los Pajaritos, una vertiente. Y así por el estilo. Foráneo que la bebe, no vuelve a su país. El agua le da nueva querencia[29].

*

Güeso, desde luego, no arreó ya ovejas. Hubo de entenderse con vacas. Unas eran ariscas, otras mansas, pero todas remoloneaban para tomar el camino y se volvían frecuentemente contra el labrador. Además, no entendían el lenguaje a que Güeso estaba acostumbrado. Al ladrarlas por las orejas, embestían. Pero Güenamigo fue un maestro eficaz y Güeso hizo el descubrimiento de la jeta y las corvas. El aprendiz recibió muchas coces y cornadas, pero rápidamente se perfeccionó en el difícil arte de mordisquear las corvas y sostener la jeta eludiendo las contundentes respuestas de las agredidas. Pero, generalmente, con ladrar a cierta distancia obtenía la marcha del animal, lo que, como ya hemos apuntado, no pasaba cuando lo hacía de muy cerca. Entonces la vaca, exasperada, se detenía y estaba midiendo y embistiendo al perro mucho rato. El Julián o el Blas intervenían en ese momento repartiendo latigazos y regañando a Güeso por retardar la marcha. Pero Güeso acabó por darse cuenta cabal de todas las necesidades y la tropa avanzaba rápidamente. Siempre tenían prisa.

Y era duro el arreo. Salían de Cañar en la noche rumbo a los potreros. Por lo general llegaban al sitio propuesto al amanecer, pero muchas veces después de una marcha de dos días. Al apartar[30] el ganado operaban en la madrugada o en la no-

---

[28] Peruanismo, de la voz quechua que significa «casco nuevo», distrito de la provincia de Sánchez Carrión del departamento de La Libertad, a 3.100 metros de altura sobre el nivel del mar.

[29] Para mayor información sobre el sentido mágico del agua entre los habitantes del mundo ándino, véase *El culto del agua en el Antiguo Perú*, de Rebeca Carrión Cachot.

[30] *Apartar*, llama Alegría al robo de ganado, sin disimular su admiración por los bandoleros como también lo hizo en su día Enrique López Albújar al hablar de ellos en su obra *Caballeros del delito*. En *Los perros hambrientos* el papel de los Celedonios es notable y para algunos críticos, como Arturo del Hoyo, el mejor capítulo sobre los perros es el de Güeso, cuando se con-

che, a la luz de la luna, para eludir la vigilancia de los guardianes y espías que los hacendados tenían repartidos en lugares adecuados.

Desentropar las vacas es tarea engorrosa. Las que forman la punta de arreo huyen una y otra vez a reunirse con las dejadas. A veces, desde luego, era posible llevarse a todas, pero lo corriente consistía en apartar diez o doce. Una gran manada resulta forzosamente lenta y los Celedonios era rapidez lo que primero necesitaban. Por eso, formada la tropa, se andaba día y noche hasta llegar a lugares donde otros la tomaban. Por caminos extraviados, entre las sombras, bajo grandes tormentas de lluvia y viento, había que arrear, arrear siempre.

Güeso sufrió al principio, pero después se acostumbró a aquella vida. Su corazón caminaba tras la vacada inquieta, golpeado por la lluvia, acariciado por la luz estelar, acuchillado por el ventarrón, vendado por la sombra... Y era también plácido tenderse junto al Julián, sentir su calor y su segura fuerza y velar con el oído alerta. Pocos eran los amigos de su dueño. Güeso conoció, además del Martín, en cuya casa pernoctó cuando fue raptado, al Santos Baca, al Venancio Campos y tres o cuatro más, repartidos en las alturas. Algunos de ellos eran repunteros de las haciendas, que hacían la vista gorda, daban avisos oportunos y, en ocasiones, cuando era necesario, sacaban a relucir la carabina escondida entre las cobijas de la barbacoa y se unían a los Celedonios. También conoció a la Elisa, bella chinita del pueblo de Sarún, que vivía en una casa blanquirroja rodeada de pencas[31] azules, situada en el comienzo de la calle principal. Allí llegaba el Julián algunas veces, por la noche. La Elisa lo recibía al pie del cerco. Charlaban a media voz y el Julián tomaba, entre las sombras, su ración de ternura[32]. Güeso vigilaba el camino

---

vierte en perro de bandoleros. A los seres marginales Alegría les regala un impresionante arquetipo en El Fiero Vásquez de *El mundo es ancho y ajeno* y el único libro de cuentos autorizado por el escritor se titula *Duelo de caballeros*, sobre una célebre reyerta de dos delincuentes citadinos, relato basado en un hecho real.

[31] Americanismo: llamada *maguey*, *pita* o *nopal*, según el país, planta de grandes hojas carnosas y espinosas terminadas en punta y espina.

[32] En las novelas de Ciro Alegría es mínima y muy refinada.

172

con la soga del caballo entre los dientes. Éste cabeceaba fatigado por la espera, pues el jinete sólo volvía al amanecer.

Cierta vez, Güeso avistó su manada a lo lejos. Ahí estaban la Antuca, los perros, las ovejas, todo lo que en otro tiempo constituyó su vida y luego, durante muchas horas, le causara una inmensa nostalgia. Detúvose, indeciso, mirando el lento trajín del rebaño. ¿Iría hacia él? ¿Seguiría al Julián? Éste se paró a cierta distancia observando al perro. Después llamó:

—Güeso, Güeso...

El aludido volvió la cabeza hacia el dueño. Ahí estaban sus ojos duros y tiernos. Y la vida múltiple y azarosa hecha de audacia, rapidez, noche, peligro y muerte.

—Güeso, Güeso...

Y lentamente, entregándose al incitante reclamo de la violencia, tomó el rumbo del Julián. De este modo decidió su destino[33].

Y, así, Güeso fue un buen camarada y un guardián fiel. No sólo en el trajín del arreo sirvió a su dueño. Le salvo en muchas ocasiones la vida.

Una vez esperaban en unas alturas, con la tropa de vacas arrinconada contra unos pedrones, a dos hombres que debían llegar a tomarla. Era una oscura noche, pero no tanto como para que las sombras ocultaran las manchas blancas de las vacas, las siluetas de los pedrones y el gibado perfil de los Andes. Silbaba el viento y un frío penetrante se colaba a través de los ponchos. El Julián y el Blas, alejados como estaban uno de otro para impedir el desbande de la tropa, apenas lograban verse. Sentados entre el pajonal, con los wínchesters en las manos, sólo se ponían de pie cuando alguna vaca intentaba evadirse. Los perros, a su lado, miraban la lejanía, y los caballos, con la rienda floja, ramoneaban la dura paja. De pronto, Güeso se alarmó. Gruñendo, gruñendo, irguió las orejas. Pero nada se podía distinguir. El Julián, en verdad, también estaba inquieto. Su instintivo corazón de hombre que vivía en el riesgo, al filo de la muerte, presentía los peli-

---

[33] Este bello y singular epílogo de Alegría en el que el libre albedrío de un perro ante el recuerdo de viejas querencias y la tópica fidelidad perruna define ne otro destino.

gros. Por lo demás, recordaba. Estuvo recordando su vida. Poco daba la tierra aquella, ciertamente, y el patrón exigía mucho trabajo. Y ese momento, neto, rojo, lleno de furia y lumbre de cuchillo. He allí que el patrón dijo: «Cholo ladrón», y descargó el foete, y él, el Julián, sacó entonces el puñal y lo clavó. Blandamente se hundió hasta el mango y el patrón cayó chorreando sangre. Él, lo juraría por la Virgen, no era ladrón todavía[34]. Algunas veces se batió a cuchillo y corrió sangre ajena por su brazo, pero ladrón no era. Después, con la persecución, tuvo que coger lo necesario para vivir. El Blas llegó un día a la casa del Martín, donde él estaba. «¿Sabes?, mescapé e los soldaos. Llegaron po la casa buscándote y me pescaron. "—Di, so cholo perro, ondestá él." Y yo quiba a decir si no sabía. Me dieron e juetazos. "—Di, so bestia." Y más juéte. Llegó la noche, y comuestaban borrachos y bien dormidos, pue se tomaron to la chicha que mi mama hizo pa la fiesta, pude juirme. Y testao buscando hasta quel Venancio me dio razón y me vine. Contigo taré. Si me güelvo, me meterán preso. Deciyan que yo tamién robaba ganao.» Así se le reunió el Blas. Tiempo después, resolvieron ir a Cañar. Lo bueno era la Elisa. Siempre en la vida del pobre hay un retazo de dicha que tiene nombre de mujer. El Julián pensaba en la Elisa sintiendo que su anhelo se le hacía un nudo en el cuello. ¡No poderla ver siempre!

Güeso corrió de pronto hacia lo lejos, ladrando. Güenamigo fue tras él. Todo pasó en el tiempo justo, pues en un instante más habrían caído. Los presuntos captores, descubiertos, abrieron el fuego. La llama de un disparo fulguró. Los Celedonios saltaron sobre los caballos en tanto que la noche retumbaba y esplendía a sus espaldas. Un balazo hirió a una vaca, que lamentóse con un mugido trémulo y ronco. El resto del ganado, lleno de pánico, partió al galope en todas direcciones. Los Celedonios metieron sus bestias por terreno quebrado a fin de dificultar la persecución y al mismo tiempo respondieron con unos cuantos disparos. Los perros ya estaban con ellos de nuevo. Soltaron las riendas y metieron

---

[34] Casi siempre, los bandoleros de Ciro Alegría se vuelven malos por una flagrante injusticia contra ellos.

espuelas. Redoblaron los cascos, muchas horas, en el tambor de la sombra. Un amanecer radiante se abrió ante el galopar y se detuvieron entonces. No aparecía nadie por los alrededores.

—Ha sio el Culebrón[35]...

—Dejuro él ha sío...

—¡Jijuna!, algún día...

Güenamigo tenía la espalda quemada por un tiro rasante.

Y digamos ya que la contienda entre los Celedonios y el Culebrón, un alférez de gendarmes, estaba entablada hacía tiempo y en toda la línea[36].

En otra ocasión fue hasta el mismo Cañar. Llegó una noche. El ladrido de Güeso y Güenamigo despertó a los Celedonios, que se metieron en la quebrada. El alférez esperó la luz del día para orientarse mejor, pero viendo el mortal, no se atrevió a entrar. Él y los suyos habrían sido presa fácil de los cholos emboscados. Para terminar de abatirlos, dos hombres hicieron fuego desde las peñas de la otra banda[37]. Uno de ellos era el Venancio Campos, que vivía en la altura y en situación de   oír, por la prolongación del eco, los disparos que se hicieron en Cañar. Los Celedonios, que ya habían pactado con él, soltaban algunos mientras se fugaban. El Culebrón tuvo que volverse como vino, amparado por las sombras nocturnas. No se crea que el Venancio y su segundo fueron engañados. Lo dejaron marcharse, pues no tenían más interés que salvar a sus amigos. Pero el Julián se vengó de la fuga a la quebrada muy pronto. Y fue entrando en la capital de la provincia de día, claro y con sol, y bebiendo una copa de pisco[38] en la tienda de don Mamerto, ubicada frente al edificio de la Subprefectura[39], donde también funcionaba la Gendarmería. El Julián salió de la tienda dejando turulato[40]

---

[35] «Hombre muy astuto y solapado», dice el DRAE.

[36] Área de influencia o al cuidado de algo o alguien.

[37] Lado de algunas cosas, por lo general de gran tamaño. También se llama así a la ribera de un río.

[38] Peruanismo: aguardiente de uva.

[39] Al ser una Subprefectura la que funciona en Cañar es un indicativo de que ésta es una capital de provincia.

[40] Alelado, estupefacto (DRAE).

y sin habla al pobre don Mamerto, montó tranquilamente, disparó cuatro balazos a la Gendarmería y luego partió. Cuando el Culebrón y sus cachacos salieron reventando tiros con sus máuseres, ya el Julián estaba lejos y era en todo caso un blanco difícil. El tiroteo no consiguió otra cosa que aumentar el éxito de la correría. No quería el pueblo al alférez y, desdeñando las atenuantes de sorpresa y falta de caballos listos para una persecución, encontró muy oportuno reírse de él y calificarlo de redomado imbécil. Por eso, en especial, el Culebrón se la juró a los Celedonios y no perdía oportunidad de perseguirlos. Se puso de acuerdo con los hacendados y llenó de espías los caminos y potreros[41]. No dieron mucho resultado. La noche, el miedo, la muerte y las monedas contantes y sonantes son buenos cómplices.

Y no hay para qué decir que en la excursión a la capital de la provincia, Güeso estuvo con el Julián. Tras él corrió sintiendo el estallar de los disparos y el silbar de las balas. Ya no les temía, aunque la primera vez sufrió un gran espanto ante las detonaciones. Fue cuando el Julián se encontró de manos a boca con un empleado de la hacienda Llata, que tenía fama de bravo. Ambos, al reconocerse, se tiraron al suelo. Abrieron el fuego y Güeso huyó amedrentado por los estampidos. A poco rato, se hizo el silencio y escuchó la voz del Julián que lo llamaba. Mohíno, con el rabo entre las piernas, se le acercó. Su dueño condujo ante el otro hombre. Estaba rígido, ensangrentado, yerto. Al Julián le sangraba el antebrazo, por lo que rompió la camisa del caído y con el retazo se le vendó. Luego cogió la carabina que aún empuñaba el vencido, cabalgó y a trote corto, con el brazo doblado sobre el pecho, prosiguió su camino. Güeso sentía aún las detonaciones y en sus ojos la sangre del muerto le dolía como una herida. Pero pronto se acostumbró. Escuchó innumerables tiros y vio caer a muchos hombres para no levantarse más. El Julián Celedón tenía buena puntería. Pero los deudos de los difuntos se tornaban terribles enemigos.

Últimamente, alguien descubrió las visitas a la Elisa. Y fue,

---

[41] Americanismo: finca rústica, cercada y con árboles, destinada principalmente a la cría y sostenimiento de toda especie de ganado.

como siempre, una noche en que hombre, caballo y perro llegaron a la casa rodeada de pencas. Ella no lo recibió al pie del cerco, sino que le dijo:

—Nuestá aquí mi mama. Sia ido pa un vetorio. Dentra...

Se hundieron en la tibieza de la barbacoa llena de mantas y pieles de carnero. Se amaron. De pronto la voz de la mujer sonó entre las sombras:

—¿No has sentido?

—No.

—Tengo hijo...

Las rudas manos palparon el vientre tibio y combo, suave. Sí: estaba abultado, diríase que palpitaba. Y esas toscas manos que empuñaban la mortífera wínchester y el lacerante látigo de arreo se detuvieron tiernas, blandas, llanas de una quieta beatitud, sobre las entrañas fecundas. Y la noche no pudo ver la bella y noble faz de ese hombre. No había robado ni matado a nadie. Ningún mal pesaba sobre su vida. Tenía una tranquila placidez de niño. A su lado estaba la linda china embarazada y había desaparecido la carabina... Pero he aquí que, súbitamente, ésta recobró su vigencia. Fue tomada con las manos hechas zarpas y tenazas, fue abrazada en lugar de la mujer, fue querida. Y era que Güeso ladraba afuera rabiosamente. Golpearon y empujaron la puerta. El Julián alcanzó a salir por una pequeña que daba a la cocina y se hundió en la noche, no sin que le zumbara un tiro por la cabeza. Poco estuvo solo: Güeso le dio alcance. El hombre, llevando la carabina entre las manos, caminó por la hondonada hasta ganar altura. A su lado, jadeando, marchaba el perro. Habían perdido el caballo, pero ellos se hallaban libres aún y eso era suficiente.

El Julián, al amanecer, se detuvo junto a un camino. Estaban con él su perro y su carabina, todo lo que tenía en la vida. Le negaban, ya se había visto, a la Elisa y al hijo. ¡Ah, tenía su coca también, la que quita las penas! Sacó el talego[42] del bolsillo del pantalón y se puso a chascar[43].

[42] Peruanismo: saco manual y pequeño en el que se lleva consigo hojas de coca para el consumo personal.
[43] En la edición de Aguilar aparece *chascar*.

—Güeso, Güesito, si nues por vos, rodeyan la casa y me pescan...

Corrieron las horas y al fin apareció un jinete a lo lejos. Hombre y animal se escondieron tras unas piedras. El jinete avanzaba completamente desprevenido. Cuando estuvo más cerca, se le oyó silbar. Su caballo era un moro azul[44] de graciosa estampa.

—Ey, amigo, abájese —gritó el Julián, saltando a medio camino y apuntando la carabina.

El caballo se paró bruscamente. Su dueño estaba pálido e indeciso, más por perplejidad que por resistencia.

—Abájese, ¿nua oído? —insistió el Julián.

El hombre bajó temblando. El Julián cabalgó y dijo al desposeído, tirándole la alforja que estaba sobre el basto trasero:

—Tome sualforjita; yo nuempuño destas cosas... Lo quesel poncho, sí me lo llevo. ¿No ve que mián dejao sin el mío?

Y partió al galope.

Así, con esta facilidad, se hizo de un nuevo caballo, que quien deja a un lado la ley común es al mismo tiempo dueño y esclavo del mundo[45].

Los Celedonios comprendieron por ese lance que estaban muy vigilados y resolvieron ir siempre juntos.

—Dos contra la desgracia son cuatro.

Pero ellos, en verdad, siguiendo la progresión, eran ocho, porque comenzaban siendo cuatro con los perros. Así, bregando contra la desgracia, de cara a la racha de la mala, la carabina bajo el brazo, ojos y oídos siempre alertas, el Julián y Güeso, el Blas y Güenamigo, durarían, ¿cuántas jornadas, cuántos días aún?

---

[44] De ascendencia árabe, de pelo negro y una estrella o mancha blanca en la frente, tan oscuro que parece azul.

[45] *Así... esclavo del mundo*, neta filosofía de la oralidad.

178

VII
El consejo del rey Salomón

Las predicciones formuladas por las chinas Robles, en el día memorable del rapto de Güeso, no se cumplieron. El año fue malo. Y ya se sabe que en este lenguaje agrario que nos es propio[1], año malo quiere decir año sin buenas cosechas. Hay que ajustarse la barriga entonces, y de ahí el dicho, cuando alguien se harta: «Saca el vientre de mal año.»

En el de nuestra historia, las lluvias escasearon pronto y las mieses de la mayoría de las chacras no lograron su plenitud. No sería aire lo que faltara en los costales de recolección ni mera paja en la redondez amarilla de las parvas. Los campesinos[2] miraban el cielo, pleno de una inclemencia azul, y pensaban en la semilla para el año próximo y en la espera hasta la cosecha. La ración, por eso, fue reducida.

Tampoco se cumplió la promesa que la Vicenta hiciera a la Antuca sobre el perro que se llamaría Clavel. El Simón dijo:

—Nuay qué dales e comer, y los otros cristianos no los quedrán tamién pueso...

Y la misma noche en que parió Wanka cogió a los perrillos y los arrojó a la poza más honda de la cercana quebrada.

---

[1] Alegría enfatiza, y está orgulloso de revelar que es un mestizo agrario quien relata.

[2] A lo largo de esta novela, el escritor no habla de comuneros, utiliza más bien el término de campesinos.

179

La madre estuvo aullando mucho rato frente a la impasible profundidad de las aguas[3].

Es así, pues, cómo por la sequía la vida se entenebreció. La pérdida de Güeso hizo sufrir, cómo no, a hombres y perros, pero esa ráfaga de luces y sombras llamada tiempo trajo pronto otras penas mayores. Hablando en plata, ser hombre o perro es, después de todo, un bello asunto; pero cuando hay comida. ¿Qué se hacen los Robles y todos los campesinos a media ración? Pues blasfemar, ajustarse la faja de colores y dar vueltas como tontos en torno de las chacras mustias. No había caso. Acostumbrados al seguro don de la lluvia, no pensaron en ubicar las sementeras en terrenos accesibles al agua de riego[4]. Pero, además, las quebradas tenían el caudal reducido y corrían muy hondas.

—¿Y las chacras e la Martina? —le preguntó una tarde el Simón al Timoteo.

—Sián perdío tamién —repuso éste—. Sián perdío y, pa peyor, ha llegao la cuñada que siá peliao con su marido. Ayta y no quiere dirse pa su casa...

La charla, a pesar de todo, decayó. Estaban comiendo y vieron que muy pronto se terminaba el trigo de sus mates. Hacía muchos días que llegó el fin de las gallinas. Tras los lejanos cerros se hundía el sol y un cielo de fuego daba colores de ascua a los campos donde las siembras languidecían. Tanto la Juana como las hijas, pese a que la noticia se prestaba al comentario y a mayores aclaraciones, guardaron silencio.

—Masca, Timoteyo, no tes ay como pollo engerido[5] —le dijo luego el Simón, presentándole su talego de coca.

Ambos armaron grandes bolas. La sombra había llegado ya, pero en las brasas del fogón perduraban los colores de la tarde.

---

[3] La ancestral sabiduría de los campesinos ha establecido un doloroso control social con sus animales y, aunque parezca trágico este pasaje, es una dura consecuencia de lo que la realidad demanda.

[4] Se trata de campesinos pobres que tampoco tienen posibilidades de elegir terrenos para realizar sus cultivos.

[5] De *ingerir*: deglutir, posiblemente Simón quiere denotar el pasmo que provoca el atragantamiento.

Y el Simón retomó el hilo de la charla, sea por dar curso a sus aficiones de narrador, sea por romper ese silencio triste, producto de una situación de la que no era responsable, pero que le molestaba de todos modos, acostumbrado como estaba a tener en su casa los vientres y las trojes llenos.

—Asiés que peliada conel marido, ¿no? Zonzo, bien zonzo ques él —dijo.

Esperó a que alguien le preguntara por la razón de la tontería del aludido y prosiguió:

—En tiempos pasaos, bía un cristiano[6] que tenía mujer quera viuda. Y velay que la viuda mucho lo molestaba ondel pobre. Por cualesquier cosita, sacaba ondel dijunto y se ponía a llorar: «—Uyuyuy, uyuyuy, vos eres malo y mi dijuntito era muy güeno, uyuyuy, uyuyuy.» El pobre se mataba po complacela y siempre era más güeno el dijunto. Yeso nuera to lo que pasaba. Luego que lloraba, quería dirse: «—Me voy, ya me voy.» El cristiano se hacía melcocha[7] rogándola, hasta quial fin se quedaba. Yasí era siempre. El pobre ya no podía vivir. Hasta quiun día se liocurrió dir a pedile consejo ondel rey Salomón. Yeste rey Salomón era pue sabio, pero bien sabienque. Era capaz e ver a lo lejos y nuabía saber que le faltara. Y llegao questuvo ondel rey, el cristiano le contó parte po parte lo que le pasaba. Y el rey le dijo: «—Eres demasiado zonzo.» Y el cristiano le preguntó: «—¿Po qué, Su Majestá?» (Poque ondel rey hay que decile «Su Majestá».) Y el rey le dio esta esplicación yeste consejo: «—Poque vos no sabes lo que cualesquier arriero sabe[8]. Anda onde tal camino y te sientas a esperar ondel camino se parte en dos. Va a venir un cristiano en su burro. Oye lo que dice: eso haces.» Dicho y hecho, el mandao se jué hastese sitio y taba sentao en una pirca, cuando vio quiuno venía montao en su burro. Y llegao questuvo al sitio ondel camino se partía en dos, el jinete

[6] Alegría en su *Vocabulario* de la primera edición, define a *cristiano* como: «persona, idioma castellano».

[7] Americanismo: cualquier pasta blanda de consistencia correosa (Morínigo).

[8] Es proverbial la sabiduría del arriero. Véase *Lazarillo de ciegos y caminantes*.

quería dir po un camino yel burro puel otro. Tenía que abajarse y jalalo pal lao que quería, pero cuando montaba, velay quel burro se daba güelta y siba puel otro. Entón el cristiano se abajó y cortún palo...

—Ajá —intervino la Juana—. Ya tey escuchao lo que pasa. No lenseñes cosas malas ondel Timoteyo...

—Calla, vos lambida[9] —contestó el narrador—; no te metas en cosas e los hombres[10].

Y continuó:

—Montó con el palo agarrao, y ondel burro quiso dirse po camino que nuera, juá le sonó po las orejas y tuavía liaplicó dos más, juí, juá... Yel burro salió andando pa onde era, yel jinete dijo entón: «Al burro ya la mujer, palo con ellos»[11]. Entón el cristiano, oyendo y viendo, comprendió tamién, cortó su palo y se jué onde su casa. La mujer comenzó con su cantaleta. «—Uyuyuy, uyuyuy, ¿onde tiás ido? Solita me dejas. Mi dijuntito nuera así. Él era muy güeno (yera así, yera asá, to las cosas güenas tenía), uyuyuy, uyuyuy.» Cuando se cansó e la tonada esa, salió con lotra: «—Me voy a dir, ya me voy.» Entón el cristiano se le jué encima: «—Conque te vas a dir, ¿no?» Y juí, juá, juí, juá... Yenvalentonao questaba, le dijo ya po su cuenta: «Andate, si quieres.» Y juí, juá, juí, juá..., con el palo. Entón la mujer rogaba: «Ya no, ya no, pero no me pegues.» Yel cristiano le dio tuavía su yapa[12]. Juí, juá, juí, juá; y la dejó botada[13] poray. Ni más. La mujer ni golvió a llorar sin causa nia decir quel dijuntito era más güeno nia quererse dir[14]... Bien dicen quel rey Salomón era muy sabio...

---

[9] Peruanismo: se dice de la mujer poco respetuosa del hombre y viceversa (Morínigo).

[10] Es muy evidente el machismo entre los hombres de la sierra norte del Perú que pinta Alegría.

[11] ¿De qué lugar procede este refrán? En el Imperio Inca no había jumentos. Los árabes dicen que cuando un hombre llega a su casa debe pegar a su mujer, porque aunque él no sepa la causa ella sí.

[12] Americanismo de origen quechua: añadir algo gratuitamente, de propina.

[13] Tirado, abandonado.

[14] En la edición de Aguilar aparece *di*.

Rieron las cholitas, el Timoteo aprobó y la Juana enfurru-
ñóse solamente porque estaba en su papel haciéndolo. Había retornado el buen humor. Para que tuviera consistencia
más realista, el Simón ordenó:

—Timoteyo, mañana matarás una oveja...

VIII

Una chacra de maíz

¿Y los perros a media ración? Ellos, en verdad, no podían contar ni escuchar historias. Si tenían ovejas que cuidar, no tenían ovejas que carnear[1]. Terminada su exigua merienda, de la cual muy de cuando en cuando surgían algunos huesos, aullaban prolongadamente y se lanzaban por los campos en inútiles trajines.

Pero para algunos, los más sabidos[2], no eran tan inútiles. La casa-hacienda de Páucar, ubicada como ya se ha dicho en una hoyada, tenía en torno suyo algunos verdes alfalfares y, entre otras sementeras, una gran chacra de maíz. Para regar la alfalfa, una represa almacenaba el agua de la quebrada, que aquella vez fue utilizada también para salvar las demás siembras y desde luego el maizal.

Desdeñando la limpidez agostadora[3] de los cielos, los plantíos del hacendado se alzaban ufanos del agua que bañaba sus raíces y mostraban una lozanía que, en medio del atraso general, adquiría un aire provocador. El maizal, sobre todo, alto, firme y rumoroso como un bosque, abría al sol sus penachos amarillentos y sus hojas de un verde jocundo. En las

---

[1] Americanismo: matar y descuartizar un animal para aprovechar su carne.
[2] Enterados.
[3] Viene de la palabra castellana agosto que es el mes canicular y veraniego por excelencia. Agostar es secar o abrasar las plantas por el excesivo calor.

cañas, de dos en dos, se henchía la gravidez femenina de las mazorcas[4].

En pos de ellas iban los perros. Y cierta noche en que Wanka y Shapra deambulaban fuera del redil, vieron pasar, con talante de llevar rumbo fijo, a Manolia y Rayo. Los conocían bien. Shapra, sobre todo. El, Zambo y Pellejo, tiranos de la región[5], cesaban las hostilidades cuando Manolia —que pertenecía, tanto como Rayo, a un campesino de la vecindad— despedía un olor que emocionaba y hacía hervir la sangre. Entonces hacían las paces y Manolia era dócil. De lo contrario, los tiranos mordían y correteaban a cuanto perro se cruzara en su camino, excepción hecha de Raffles y toda la población aleve de la casa grande. Ahora, Shapra los vio pasar con ánimo pacífico también, pues aquéllos no eran tiempos de pelea. Pero Wanka, que más sabía por vieja que por perra[6], no dejó de advertir que Manolia y Rayo tenían, además de rumbo fijo, aspecto de bien comidos. Ambas cosas eran en extremo sospechosas. Había que ir tras ellos. Y pisando sus huellas llegaron igualmente a la chacra de maíz. Shapra seguía muy ceñidamente a Manolia, pero no porque sus intenciones fueran galantes. Avanzaron con sigilo entre el maizal. Las hojas rumoreaban sobre sus cabezas. Manolia se detuvo de repente y, de una pechada, derribó un tallo. Con garras y dientes rasgó la penca y después mordió vorazmente. Shapra se decidió a hacer lo mismo y su maniobra tuvo pleno éxito. Igual le pasó a Wanka que, más allá, recibió lección de Rayo. Era tierna, dulce y lechosa la pulpa recién granada del choclo[7]. Se hartaron.

Al día siguiente, Zambo y Pellejo, a quienes no pasó inadvertida la satisfecha llanura de sus camaradas, formaron también en la tropa. Discretamente, esperaron el paso de Mano-

---

[4] Fruto en espiga densa, con granos muy juntos, de ciertas plantas gramíneas, como el maíz, dice el *Diccionario* de la Academia.

[5] El perro, fiel amigo y compañero del hombre, tiene, según el dueño que gaste, niveles y categorías, mucho más en una novela donde asume papeles protagónicos, como ésta.

[6] Variante alegrista del adagio que tiene al viejo y al diablo por protagonistas.

[7] Americanismo, de la voz quechua *choccllo*: mazorca tierna de maíz.

lia y Rayo para seguirlos, pues la hazaña era evidentemente de éstos y Wanka y los suyos no abandonaban aún sus temores de aprendices. Por lo demás, la noche anterior cercano y bronco, mientras roían los choclos, sonaba el ladrido de los criminales de la casa grande.

A la chacra, muy bien guardada por un tupido cerco de zarzas y pencas, se ingresaba por una tranquera de aguja. Se llama así a la que consta de dos maderos paralelos, plantados en tierra, que sostienen largueros de madera en los huecos que ambos tienen praticados[8] a igual altura. El hombre obtiene paso para sí y los animales grandes haciendo correr los largueros. Los perros, desde luego, pasaban tranquilamente bajo la última vara. No tenían sino que agacharse un poco.

Mas, esa noche, la nariz de Wanka se inquietó al sentir por las inmediaciones de la tranquera un fresco olor a hombre. Era el olor de don Rómulo Méndez, empleado de la hacienda. Ella lo conocía bien. Los otros perros también lo notaron. Manolia, que hasta ese momento había caminado muy ufana a la cabeza de la tropa, se detuvo ante la tranca. Además, ésta no tenía el aspecto de todos los días. Después del pasador de abajo, disimulada entre la yerba, había una soga y, a un lado, junto a uno de los sostenes, se erguía un gran palo un tanto inclinado hacia la soga y que soportaba una enorme piedra amarrada con un cordel. Los ojos de los perros, acostumbrados a la noche, lo veían todo muy bien. He allí una extraña y sospechosa creación del hombre. ¡Y ese olor reciente a don Rómulo Méndez! Wanka recordaba a un tipo alto, anguloso y de bigotes negros.

Estuvieron por un momento indecisos. Luego, Rayo se atrevió. Agachóse bajo el pasador y, al salir al otro lado, movió la soga. El palo se desplomó violentamente y aplastó con todo su peso y el de la piedra al pobre Rayo. Éste profirió un agudo alarido y sus compañeros huyeron llenos de pánico. Pero después cayó un gran silencio, y lentamente, pisando con toda la blandura que exigía su recelo, volvieron. Ahí estaba, aplastado e inmóvil, el infeliz Rayo. Era, pues, el obje-

---

[8] Hechos, realizados con anticipación.

to de aquella humana invención. ¿Entrarían? La indecisión se apoderó nuevamente de ellos. Y corrió el tiempo ante una alerta inquietud. Escrutaban la noche afinando el ojo y el oído y nada extraño notaron. El palo caído, desde luego que no se levantaría solo. Y eso era todo. Entre tanto, allí dentro, se levantaba el vigoroso maizal lleno de dulces y jugosas mazorcas.

Shapra, el muy osado, pasó y se introdujo resueltamente en el sembrío. Los otros, alentados, lo imitaron. Y lo peor que tiene un maizal es que no permite escuchar el ruido del movimiento de otro si uno mismo se mueve. El rumor de las hojas es tan áspero y potente que impide oír otro igual, pero más lejano. Así, no se dieron cuenta de la presencia del hombre sino cuando ya estuvo muy cerca. Sonó una detonación y se vio una llama. La voz de Shapra hirió la noche. No había tiempo que perder. ¡Hacia la puerta! Cerca de ella, otro hombre también apuntaba un tubo llameante y detonante. ¿Era Manolia la que gritaba ahora? Los hombres no dejaron de disparar, y los perros siguieron corriendo. Sólo se detuvieron al llegar al redil y pisar su lecho de paja. Entonces volvieron a ladrar, a un tiempo, medrosa y coléricamente. Los grandes perros de la casa-hacienda, alarmados, también dejaron oír su gruesa voz.

La paz se extendió al fin a través de los campos y bajo las sombras, pero en el redil de los Robles se esperó con inquietud el amanecer. La luz no trajo a Shapra. Lo mostró, sí, abajo, negro e hirsuto, tendido junto al cerco del maizal. A su lado estaban la pobre Manolia, luciendo por última vez sus pintas blancas y chocolates, y Rayo, revuelto el pelambre amarillento. Los gallinazos se les acercaban ya.

Los sobrevivientes no volvieron más por la chacra de maíz. La vida continuó seca y parca[9].

Deplorando ausencias definitivas y estomacales angustias, el aullido de los perros era más triste todavía.

---

[9] *Con parquedad*: moderación económica y prudente en el uso de las cosas (DRAE).

IX

Las papayas

Una mañana, el subprefecto de la provincia, don Fernán Frías y Cortés y otras yerbas[1], estaba de agrio humor. De Lima, en las cartas de sus padrinos[2], le habían llegado la tarde anterior muy malos vientos. Toda la noche pasó agitado por esa ráfaga de adversas nuevas, y la mañana lo encontró aún con los ojos insomnes y la cabellera desgreñada.

Temprano, se dirigió a su despacho. No respondía al saludo de los indios que encontraba al paso y le presentaban su genuflexo y sumiso «taita». Él barbotaba secamente: «¡Bah!», y seguía su camino, sin verlos. Les habría dado un puntapié de no encontrarse tan preocupado. Porque don Fernán pertenecía a esa serie de engreídos e inútiles que, entre otras buenas y eficaces gentes, pare Lima por cientos, y que ella, la ciudad capital, la que gobierna, envía a las provincias para librarse de una inepcia que no se cansa de reclamar acomodo[3]. Desde luego que su destino no puede ser otro que la fácil burocracia de las subprefecturas y la recaudación de impuestos, y estando allí, tratan de «allegar dineros» por todos los me-

---

[1] El rancio abolengo de las autoridades de provincias venidas de Lima era moneda corriente.

[2] Sin duda, Alegría es un excelente pintor del rango de las autoridades que han gobernado el Perú, con ligeras variantes sucedía esto en casi todo el territorio.

[3] El parasitismo de la clase gobernante capitalina ha sido denunciado por los cultores del indigenismo y del neoindigenismo.

dios para después retornar a Lima, despilfarrarlos en trajes y burdeles y trajinar otra vez en busca de colocación. De esto resulta que los provincianos, además de creer que todos los limeños son unos mequetrefes de melosa facundia y pulido ademán para disimular las uñas largas, viven, teniendo también otras razones para ello, en perenne plan de rechazo a la capital[4].

Ahora comprenderemos fácilmente la causa del mal humor de don Fernán: sucedía que sus adversarios hacían eficaces gestiones con una gran «vara»[5], y el codiciado puesto de subprefecto corría riesgo. Necesitaba hacer, entonces, algo notorio para demostrar la bondad de sus propios servicios.

¿Qué hacer? Ya había enviado a Lima a todos los mestizos «subversivos»[6] que encontró a la mano, muchos de los cuales, antes de ser empapelados en regla[7], cometieron el grave delito de escribir el nombre del candidato opositor en las paredes. También despachó muchas actas de adhesión —firmadas por todo el pueblo, so pena de cárcel a quien no lo hacía— al «régimen salvador de la república que encabeza usted, genial señor presidente», etcétera[8].

Advertiremos, de paso, que no hay para qué preocuparse de atar cabos y buscar, entre los dos o tres presidentes con talento que ha tenido el Perú, quién pudo ser objeto de tal loa. A la corta lista de genios que ofrece la humanidad habría que agregar la muy larga de los presidentes peruanos[9]. A todos

[4] Aunque se diga lo contrario, el racismo entre limeños y provincianos ha sido una constante en la vida nacional. Ahora cuando Lima se ha convertido en la capital provinciana más grande del Perú es posible que los códigos de conducta varíen; aun así, los sociólogos dicen que un hijo de provincianos emigrados, nacido en Lima, es mucho más racista y discriminador con sus paisanos que llegan del interior.
[5] Lo que en España se llama *enchufe*, la posibilidad de acceder por la amistad, el parentesco y el compadrazgo. Tener vara tal vez se refiera a que en la antigüedad el alcalde usaba una vara de mando para gobernar.
[6] Considerados así a quienes disentían de un régimen político.
[7] *Empapelado en regla*, es decir, con un atestado policial y sobre todo judicial sobrecargado e infamante como para hundir social, política y moralmente, a un hombre.
[8] Usada en este caso como preposición: bajo o debajo de.
[9] Perseguido, encarcelado y deportado por motivos políticos, el desengaño que Ciro Alegría siente por los hombres que han gobernado el Perú es evidente.

los ha clasificado así, por servilismo o compulsión, un pueblo presto a denigrarlos al día siguiente de su caída. Unos se lo dejaron decir, sonriendo ladina y sardónicamente, pero alentando la adulación y los compromisos que crea, como Leguía[10], y otros se lo creyeron, haciendo por esto ridículos o dramáticos papeles.

Pero ¿qué hacer? En esto pensaba don Fernán, mientras una clara mañana de la serranía hacía relucir un sol tibio en el empedrado de irregulares callejas a cuya vera se aglomeraban casas de paredes amarillas y techos rojos. En la plaza, la iglesia alzaba la petulancia de sus torres, donde resonaban rajadas campanas, y el local de la Subprefectura se envanecía de sus dos pisos, su fachada blanca y un balcón de baranda[11] corrida.

¿Qué hacer? El señor subprefecto se hallaba ya en su despacho —en doble altura de autoridad y segundo piso—, sentado ante una mesa atiborrada de papeles. A través de la ventana, de oxidados barrotes, miraba la plaza cubierta de yerba y el senderillo ocre que la cruzaba. Al frente, don Mamerto ya había abierto su tienda y lucía, parado[12] a la puerta, su vientre abultado, mientras se entretenía viendo que unos cuantos marranos flácidos y macilentos[13] gruñían y hozaban aquí y allá Las siluetas negras de dos beatas enmantadas[14] atravesaron la plaza para ser tragadas por la desdentada boca del templo y luego todo volvió a quedar de igual manera. Sólo el obeso don Mamerto y los cerdos cansinos. «¡Miseria de puebluchos!», gruñó el subprefecto. Y, para pasar el mal rato, se zampó dos copas de buen aguardiente costeño. Pero no era cosa de perder el puesto. Los domingos iban cholos e indios a llenar el pueblo y las demandas abundaban. Entre deman-

---

[10] Augusto B. Leguía (Lambayeque, 1863-Callao, 1932), economista y dos veces presidente peruano, acudió a empréstitos leoninos para financiar obras públicas y gobernó con mano muy dura contra sus enemigos políticos, convencido de que Lima era el Perú. Fue derrocado por un golpe militar y murió en barco frente al primer puerto del país.

[11] Barandillas o barandal en español peninsular (DRAE).

[12] Americanismo: de pie, o puesto en pie.

[13] Flacos.

[14] Arrubajadas o cubiertas las cabezas con sus mantones.

da y demanda, y multa y multa, amén del «sueldito», don Fernán tenía ya un buen montón de soles[15] que deseaba aumentar antes del retorno a Lima[16]. ¡De lo contrario, no valía la pena sacrificarse! Además, cuando a los cuarenta años todavía no se ha logrado, como se dice, dar en bola, es necesario asegurar el porvenir.

¿Qué hacer? El espíritu cazurro de don Fernán jadeaba dentro de la pregunta como un animal enjaulado, cuando he allí que la figura magra y alargada del alférez Chumpi, el apodado Culebrón, se dibujó en una esquina yendo hacia la Subprefectura. A los ojos de don Fernán asomó entonces el relámpago de una idea feliz, y sus labios se agrandaron sonriendo bajo el negro bigote recortado.

—¿Órdenes, señor? —dijo, después de saludar, como de costumbre, el alférez Chumpi, a la vez que llenaba de umbral a dintel la puerta del despacho.

La respuesta del subprefecto, para asombro del alférez, no fue la de costumbre también: «No hay novedad... Pase a tomarse una copita.»

—Mi alférez —dijo don Fernán—, creo que ya no es cuestión de estar viendo volar las moscas...

—¡Señor!

—Sí —la voz del subprefecto tenía un tono solemne—. Vamos a acabar con el bandolerismo, amigo... Pase usted, he de hablarle...

El alférez entró con gran resonancia de botas claveteadas[17].

El subprefecto se paró:

—Simplemente, mi alférez, vaya usted a Cañar y tráigame a los Celedonios, vivos o muertos. ¿Me oye? Vivos o muertos...

Chumpi endureció aún más su angulosa cara trigueña[18]. Pasado un breve instante, tembló su lacio bigote, mientras decía, con voz ronca:

---

[15] De sol, unidad de la moneda peruana.
[16] Llamada Ciudad de los Reyes y fundada como capital del virreinato peruano por Francisco Pizarro, el 18 de enero de 1535. Lima ha soportado a lo largo de la historia, todo el peso de ser la ciudad que decidía el destino de toda una nación. Desde su fundación ha centralizado el poder y la cultura.
[17] Adornada con clavos de plata u otros metales.
[18] De color del trigo, más bien tirando a muy morena.

—Los traeré, señor...

El subprefecto descendió entonces de su autoritaria y digna altitud. Se puso mano a mano con Chumpi. Le palmeó los firmes lomos. Éste, aprovechando la cordialidad, sugirió:

—Pero habrá que pedir refuerzo a la Prefectura. Unos cuatro gendarmes más...

Don Fernán se sorprendió.

—No, mi amigo. ¡Cómo! Si la Prefectura necesita perseguir a los revoltosos. El Gobierno todo está preocupado de eso... No mandarían nada... Pero, aquí entre nos, yo sé quiénes andan en el lío... Amigos míos. Y, si triunfan, ya haremos firmar una actita de adhesión... Sí, mi alférez, no saldré tan fácilmente... Aquí tendrá usted, para rato, a este su amigo que sabrá servirle...

Y agregó:

—Pero, amigo Chumpi, en cuanto a los Celedonios, usted es el hombre de la situación[19]... Yo informaré de manera adecuada para su ascenso...

El momento se puso un tanto difícil. Chumpi desconfiaba de los ofrecimientos de ascensos y ni siquiera dio las gracias. Al contrario, frunció boca y nariz en una mueca desdeñosa. Don Fernán se sintió de pronto inerme. ¿Chumpi iría, como otras veces, y fracasaría? La blanca faz del subprefecto, a la que la altura[20] había dado color, empalideció un tanto. Con todo, continuó mirando fijamente los ojos grises del mestizo Chumpi, alto, fornido, que había cruzado los brazos. Una de las manazas, que ajustaba un bíceps mostrando un grueso anillo de acero —eficaz amuleto[21]—, hubiera sido suficiente para aplastarlo de un solo golpe. Pero los ojos de Chumpi dejaron de mirar los suyos y se posaron en los papeles de la mesa. Don Fernán sonrió. Más confiado, recu-

---

[19] *Hombre de la situación*, es el que está preparado para hacerse cargo de algo y sobre el que recaen las responsabilidades del fracaso o los aciertos del éxito.

[20] Elevación con respecto al nivel del mar, muy acusada a partir de los 3.000 metros.

[21] La superstición popular dice que el acero es antídoto de brujerías, maleficios y otras malas artes.

rrió a su astucia de limeño ducho[22] en volver y revolver todos los temas del halago.

—Mi alférez, lo veo algo desconfiado... Pero tenga la seguridad de que la captura o la muerte de los Celedonios no quedará así como así... Hablarán los periódicos... Una batalla campal..., ¿ah?[23]... Le doy mi palabra... Y antes que todo está el honor, está el deber...

Chumpi pensó un momento. Incapaz de contradecir, de siquiera pesar todas esas palabras, dijo simplemente:

—A mí me pagan pa pescar bandoleros... Los traeré...

Don Fernán tuvo la sensación de que salía el sol después de una de esas tormentas serranas que le molestaban tanto. Volviendo los ojos hacia la botella y cogiendo a Chumpi por la espalda para acercarlo a la mesa, ofreció, gentilmente:

—A ver, tomemos una copita[24] para componer el cuerpo... Hace friecito[25], ¿ah?...

No una, sino varias copas se metieron entre pecho y espalda el subprefecto y el alférez. El primero creyó conveniente bromear y meter punto[26]:

—Sí, mi alférez, porque por ahí andan diciendo: «Culebrón no hace nada... Los Celedonios se pasean por sus narices... Ese Culebrón muere de alférez, pues no le ha dado para más la naturaleza... Y Culebrón por aquí, y Culebrón por allá... Todo el pueblo lo tiene en causa...» ¡Todo el pueblo!... Bueno, yo pienso que el tal Culebrón de un solo coletazo va a barrer con los Celedonios, y si a mano viene, con los habladores...

Se pusieron a reír a carcajadas, fraternalmente.

—Ya verá, don Fernán, que a todos los habladores los traigo pacá cualesquier día y no los suelto hasta que le paguen la multa...

—Es lo que merecen, mi alférez; pero a los Celedonios, primero, ¿ah? Vivos o muertos...

---

[22] Diestro, experimentado. En este caso muy entrenado en la emulación.
[23] Americanismo: se usa para la interrogación, en lugar del ¿eh? peninsular.
[24] Por lo general es grande y bien servida.
[25] Intenso, fuerte, helador.
[26] En el *Vocabulario* de la primera edición de esta novela Alegría define *meter punto* como estimular.

193

—Ya, ya; vivos o muertos... Voy a preparar la juerza y entre dos días salgo a buscalos... hasta el mero[27] Cañar llego, pero esta vez no escapan...

Siguieron bebiendo. Una botella no fue suficiente, y mandaron por otras. El alférez Chumpi bajó las escaleras cogiéndose del pasamanos. Se bamboleaba, deteniéndose a cada dos o tres escalones para reír estruendosamente. «Conque Culebrón por aquí, ¿no?... Conque Culebrón por allá, ¿no?... ¡Ja, ja, ja, ja, ja, ja!...»

La risa del alférez tenía un acento de ferocidad y rencor. Rodó por las escaleras y se fue rebotando por la irregular calleja. «Ja, ja, ja..., ja, ja, jajaja...» Sobre el empedrado, la luz del sol refulgía limpia y alegremente. Pero la risa lo ensombreció todo. Ya era conocida en el pueblo. Al oírla, una vieja salió a la puerta de su casa, husmeó un segundo y luego la cerró violentamente. Por el cauce curvo y lleno de sol de la callejuela, la risa prolongó el estremecimiento hasta muy lejos... «Ja, ja, ja...»[28].

*

En la mañana del tercer día, la capital de la provincia vio partir una cabalgata encabezada por el alférez Chumpi, jinete en un alazán brioso y braceador. Los hacendados de la comarca habían prestado facilidades y todos los caballos eran buenos. Sobre ellos —uniformes azules a franjas verdes— se curvaban gendarmes de cara cetrina, en cuya frente negreaban lacias crenchas bajo vetustos quepis de viseras magulladas. Los brillantes cañones de los máuseres terciados a la espalda apuntaban al sol naciente.

—Culebrón se va a ampollar[29] en ese alazán tan fino...

—Sí; los hacendaos han coperao pa acabar con los Celedonios...

—¡Bah! ¡A ésos no les pescan ni con anzuelo!...

---

[27] Americanismo: mismo, refiriéndose al arribo de un lugar.

[28] Una risa (o un llanto) que ensombrece a todo un pueblo. Recurso que aprovechará después el realismo mágico en novelistas como Rulfo, García Márquez y Scorza.

[29] Potro demasiado fino y *braceador* como dice Alegría con absoluta propiedad para halagar a un caballo.

Así comentaban los poblanos viendo pasar a la comisión, bullanguera por sus herrados potros de trote franco.

—¿Saben? —bisbisaba[30] un zapatero a través de sus dientes podridos—. Anoche el Culebrón taba en la botica haciendo compras...

—Árnica pa los golpes...

—Valeriana pa los nervios, hom...

Y estallaban las risas.

Sólo el Culebrón sabía lo que compró. Por algo se metió a hablar con el boticario en la trastienda, y luego le fue entregado un paquete que se apresuró a ocultar bajo su raída capa verdosa. Ahora, desdeñoso y altivo, seguro de su calidad de jinete, templaba las riendas para que el alazán enarcara el cuello a la vez que lo aguijoneaba con un ligero toque de espuelas. Su potro, por delante, caracoleaba y echaba espuma, llenando la calle. Detrás, los gendarmes, poco acostumbrados a animales de clase, o bien tiraban las riendas tan bruscamente que los caballos se plantaban en seco, o hundían las espuelas en forma que les hacían dar un brusco salto. Los poblanos se reían.

—Manejen bien, guanacos[31]... —regañaba Chumpi, de momento en momento, volviendo la cara hacia sus subordinados.

Pero se consolaba con su propia destreza.

Su alazán —típico caballo peruano de ascendencia árabe[32]— avanzaba manoteando gallardamente, ora de frente, ora de costado, dócil a la rienda, a la espuela y al apretón de pantorrillas.

Saliendo del pueblo soltaron las riendas y los caballos tomaron el trote regular. El camino de la puna les mostró pronto sus zigzagues. A un lado y otro y de rato en rato, algún perro ladraba a la cabalgata desde la puerta de un redil o de un bohío.

---

[30] De manera familiar también se utiliza *bisbisear*.

[31] Dicho aquí con carácter insultativo: tonto, inútil. *Guanaco*, viene de la voz quechua *wanaku*, mamífero rumiante de los Andes peruanos, muy parecido a la llama.

[32] Llamado también *caballo de paso peruano*.

—Piquen[33], piquen—gritaba Chumpi.

Y, dando el ejemplo, hundía las espuelas y el alazán se tragaba el camino. Los guardias, procurando no quedarse muy a la zaga, agitaban las riendas, y si alguno levantaba el látigo, el brioso caballo echaba a correr fuera del camino, alborotado y receloso.

No veían siquiera los alrededores. Otras veces, cuando andaban en busca de conscriptos para el servicio militar, la cuestión era entretenida y fácil. Sobre jamelgos requisados a los indios, paso a paso, iban echando el ojo a los mozos veinteañeros en tanto que se solazaban con la contemplación de la campiña y las faenas rurales. A veces se detenían junto a las casas donde ondeaba una banderola roja, anuncio de chicha, a meterse un buen poto[34]. Mas ahora no. Ahora había que seguir a Chumpi al trote. Arriba, arriba. El camino, como una cinta, se enredaba en los pedrones, se sostenía tras los árboles, subía, subía, hasta que tomó una encañada que conducía a la altura.

Cuando estuvieron en las crestas de la cordillera, Chumpi reunió a su gente. El cordón de la cabalgata se hizo un círculo a su alrededor. Entre un jadear de caballos sudorosos y una muda atención de caras duras, habló:

—Al primer tipo que vean, «¡Alto!»..., y si no se para, tiro con él, ¿ah? Quiten el seguro a los rifles y ojo pa todos laos, que por estas punas suelen andar...

Los máuseres descendieron de las espaldas y, después de un rápido crepitar de muelles y cerrojos, se estacionaron en la cabezada de las monturas.

Los ojos de los gendarmes y el largo anteojo del alférez escrutaron la puna inmensa. Sólo peñas agudas y paja amarilla cubriendo las laderas casi verticales por donde trajinaban despaciosamente vaquillas huesudas.

Avanzaban en silencio. No oían más que los largos alaridos de los pájaros puneños, algún raro mugido —multiplicado por el eco— y el golpe de los cascos en un caminejo ne-

---

[33] Peruanismo de *picar*: irse rápidamente.
[34] Peruanismo: vasija pequeña para beber, por lo general hecha con un mate de calabaza seca.

196

gro que se desenvolvía ciñendo las lomas. Los recodos tras los cuales éste se perdía eran una amenaza de emboscada, pero los doblaron vez tras vez sin encontrar un ser humano. Chumpi iba siempre por delante, pensando y repensando la batida. Ya había fracasado en muchas ocasiones, pero en ésta..., en ésta... Sonreía sombríamente en tanto que el fuerte viento jalquino desplegaba su capa. Tras él, los gendarmes se pusieron sus multicolores ponchos indios. Iban tristes. Esos Celedonios tenían buena puntería y cualquiera de ellos se quedaría por allí a pudrirse y ni siquiera en buena sepultura. ¡Qué se iba a hacer; el alférez Chumpi marchaba adelante!

La puna sólo les mostró su silenciosa vastedad entrecruzada de picachos. En la tarde llegaron al lugar donde el camino comenzaba a hacer curvas bajando al Marañón. Y había que cruzar el río para llegar a Cañar. ¡Esos Celedonios no caerían nunca!

Chumpi ordenó a su gente:

—A ver, me juntan cuantas reses puedan... Luego, luego[35] —insistió, viendo que los guardias tomaban la cosa con indecisión.

Cuando el crepúsculo fulguraba en el cielo, ya había una punta de unas veinte vacas después de haber correteado por las peligrosas pendientes y desfiladeros.

—Hay que arrialas, hay que arrialas pa que bajen al río...

Los guardias fueron tras ellas, cumpliendo las órdenes del alférez, sólo hasta el momento en que pudieran ser vistos por los Celedonios, pues la noche iba a ser clara. A la vuelta, la luna se levantó planteando las nubes.

—Ya, mi alférez...

—¿Seguían nomá las vacas po la bajada?

—Sí, mi alférez; les tiramos piedras y se jueron corriendo...

—Bien, bien —aprobó Chumpi, frotándose las manos.

Al pie de un pedrón se acurrucaron a esperar que pasaran las horas. Los caballos iban de un lado a otro, hasta donde alcanzaban las sogas que los tenían sujetos a picos rocosos o a bien macolladas matas de paja.

---

[35] Regionalismo: rápido, en el acto.

—Bien —dijo Chumpi—; hay que pasar el río prendidos de los pescuezos de los potros... Cuidao con soltarse...

Luego sacó de su alforja, una tras otra, muchas botellas de aguardiente. La luna avanzaba lentamente bañando la cordillera con su luz serena.

Pero esa luz argentada y sedante no conseguía amortiguar la tensión del momento. Unas cuantas horas más y acaso la muerte llegaría para muchos. Los negros picachos parecían una procesión de amortajados fantasmas que se hubiera detenido de pronto a entonar un salmo funeral que llevaba y traía el viento.

*

—Guá, hom, ¿a qué ladran los perros?...

—Dia e veras que yastán ladrando mucho...

Así hablaron el Julián y el Blas Celedón mientras los dos perros ladraban enfilando los hocicos hacia la banda del frente. Estaban en Cañar, en el corredor de su bohío, sentados ante el fogón junto al cual devoraron cecinas y yucas asadas. El cholo Crisanto Julca había llegado con la noticia de una punta de reses que se podía arrear[36] desde la hacienda Sanchu hasta la feria de un pueblo lejano o vender por cualquier precio a los negociantes de ganado que bajan a la costa. También la podían llevar a Chonat, poblacho cuyos habitantes viven de la lucrativa industria consistente en hacer cecinas de ganado robado, que adquieren muy barato. Así, con su abigeato hecho lonjas y rebanadas, viajan a las ciudades de la costa, donde lo venden ganando un doscientos por ciento. El procedimiento, además, les permite eludir con gran soltura la vigilancia de las autoridades.

—Ganao botao[37] —había asegurado el Crisanto.

Y ellos:

—Diremos, pue...

—Diremos a juntalo, no se vaiga a perder[38]....

---

[36] Podían ser robadas.

[37] Tirado, echado a su suerte, sin dueño.

[38] En la novela de Alegría el humor casi no existe, a lo más una fina ironía como ésta.

198

Pero en ese rato ya no hablaban de la jornada, en la que resolvieron empeñarse desde el día siguiente. Toda la tarde habían limpiado y engrasado las wínchesters. Era cosa incluida. Mascaban coca y fumaban los cigarros que ellos mismos hacían de las contadas plantas de tabaco que sembraban en la pequeña huerta fronteriza al bohío, oyendo que el cholo Crisanto desenredaba recuerdos en un relato ameno. Éste se interrumpió para decir:

—Ladran po las vacas... Cuando vine devisé muchas pa este lao..., dejuro han bajao...

La noche era clara y a nadie se le iba a ocurrir caer de sorpresa en tales condiciones, mucho menos al condenado del Culebrón, que era una mezcla de zorro y víbora. Aunque los canes siguieron ladrando, el Crisanto continuó su historia:

—Sí, muy fregao es el andar solo, pero cuando empecé a pescar cualesquier res sin dueño, yo no sabía deso... Una vez juí a dar onde la mesma puna e Yaucarbamba, onde hay una punta que le llaman «las perras», porque son bravas y persiguen a los cristianos como perros e verdá que jueran... Güeno: yo que voy a laciar, yuna quese pone escarba que te escarba y dispués se arranca contra mí... Y velay que le alcanza una cierta cornada a mi potrito yél corcovea y me tumba... Menos malo que la fregada siguó contrel potro y yo tuve lugar a treparme onde una piedra alta... Y quién les dice que la maldita res se viene a parar frente e la piedra y yo no podía apearme. Ay tuvo dos días y no se movía... El resto e la vacada comía pa un lao, como segura e que yo no salía... Yo ya tenía hambre y la vaca ay plantada y mi caballito lo mesmo, poray, arrastrando la rienda y haciendo po comer...

Los perros salieron corriendo hacia la playa. Ladraban, ladraban. Era cuestión de ir a dar una vuelta para ver qué cosa había.

—Anda vos, Crisanto... Algo pasa, hom...

—Les haré el gusto, homs...

El Crisanto se levantó, perdiéndose luego entre los árboles. Llegó junto al río y clavó sus ojos en la orilla del frente. Escrutaba piedra por piedra, árbol por árbol. Se distinguía bastante bien. Unas cuantas vacas habían bajado a la playa y otras estaban por la cuesta descendiendo también... Dos o tres, paradas a la orilla, bebían lentamente. Cuando el Crisanto regresaba, un toro bramó llenando el cañón con su voz potente.

—¿No les dije? —apuntó mientras llegaba—; si son las vacas... Poray tan juntual río y dinó otras bajando.

Los cholos se yaparon[39] coca y urgieron al narrador para que continuara.

—Güeno, ya les digo que la vaca no pensaba dirse y yo, con hambre... Pero el hambre le desarrolla la idea ondel cristiano... Velay que suelto mi poncho por un lao plano e la piedra y la vaca que viene a cornialo, y yo que le zampo mi cuchillo po la mera nuca... Se quedó tirada y temblando, y yo me juí, silencito, a buscar mi potro. Monté, ¡patas pa qué las quiero! A la güelta encontré ganao manso, pero no quise pescalo. Tenía un hambrenque y quería nomá llegar onde alquien que mialcanzara una cecina...

Después de relatar cada uno alguna peripecia de su existencia dada al azar, entraron en el bohío y se acostaron. Al otro día irían a la cordillera y se arrearían toda esa punta «botada» que anunció el Crisanto. La noche era calurosa, de manera que ni se taparon. Junto a ellos vigilaban los perros. Más allá, pero al alcance de la mano, brillaban las wínchesters a la luz de la luna, que se colaba por los carrizos de la quincha. El Marañón los arrullaba con su murmullo profundo...

Los cholos se durmieron.

*

Un violento y rabioso ladrido despertó al Julián Celedón. Los perros corrían hacia la playa y retornaban como huyendo de alguien, para iniciar de nuevo el ataque y volver otra vez. Asestándoles un puñetazo en el pecho despertó a los otros.

—Parensé, homs, quialgo pasa...

Los Celedonios empuñaron sus armas. El Crisanto sacó un grande y mohoso revólver. Amanecía. En mediastintas rosas se podía ver el camino del frente. Nadie bajaba. Ya debían

---

[39] Americanismo: añadieron, aumentaron.

estar en la banda de Cañar, entonces. Los canes llegaban a dar vueltas en torno a los dueños, para después salir a carrera tendida, ladra y ladra.

—Vámonos puarriba po la quebrada —aconsejó el Blas Celedón, recordando la vez en que fugaron por allí y los gendarmes no se atrevieron a perseguirlos entre el monte.

Y tomaron esa dirección, armas en la mano, agazapándose bajo el follaje. Pero en ese lado, de pronto, sonó el golpe seco de un máuser, y una bala pasó zumbando lúgubremente junto a ellos. Y otra, y otra... Eran los guardias. Por allí avanzaban tres, separados hasta cortar toda posibilidad de acceso a la quebrada. Los uniformes azuleaban[40] en medio de la mancha gris de un chamizal.

—Mételes bala, hom...

Las wínchesters dejaron oír su voz. Los máuseres[41] contestaron y siguieron avanzando. No serían solamente tres, aunque no sonaban tiros por otro lado. Los cholos se parapetaron tras unos gualangos[42] levantando la mira. Los soldados desaparecieron por un momento. Ahí estaban, tras unas piedras, tendidos en tierra. Las balas niqueladas de los máuseres estallaban en los tallos, llevándose pedazos. Lejos, en las peñas, disparaba un ejército. El eco hacía del pequeño tiroteo una batalla.

—Metámonos puel monte, salimos pal lao abajo y nos tiramos puel río pal otro lao —gruñó el Crisanto, que no había disparado todavía, conociendo el poco alcance del revólver.

Y los cholos se disponían a correr hacia ese lado, cuando una descarga cerrada les hizo comprender que por allí también había gendarmes. El Culebrón, amparado por la ineficacia de las wínchesters a más de cuatrocientos metros, destacaba insolentemente su figura en un claro del monte.

---

[40] La vista privilegiada de Alegría utiliza los términos azulearon, blanquearon, para resaltar los colores y contagiar con ellos el ambiente.

[41] Como se sabe, los wínchester son por lo general escopetas de alcance limitado, mientras que los máuser son fusiles de repetición de mayor potencia.

[42] Americanismo, de la voz quechua *guaranga*, mil: es un árbol leguminoso tintóreo de la familia de las acacias, de tallo muy duro, retorcido y nudoso.

—¡Jijuna! —bramó el Julián Celedón, disparándole. Y luego el Blas juró[43] también aventando su furia, hecha plomo, por el cañón caldeado.

Les llovió una descarga que ululó en medio de un estallar de tallos rotos. El Culebrón, rifle en mano, miraba inquisitivamente a los cholos, que evidenciaban estar dispuestos a batirse en forma. ¡Que se acercaran no más!

—¡Celedonios, tiren las armas y retírense! —gritó Chumpi.

Los cholos rugieron como fieras acorraladas:

—Entren[44], perros, vengan...

Les llegaron balas de todos lados. El propio Culebrón encaró su fusil y lo vació rápidamente. Metió otra cacerina, lo mismo que los gendarmes. Los veían claramente a la luz del sol, que había salido ya. El montal no lograba disimular la rotunda pincelada azul de los uniformes.

—Adentro —gritó el Culebrón a su gente—. ¡Apunten bien!

Los guardias avanzaban corriendo a parapetarse tras los árboles. Uno de ellos cayó. Los cholos tomaron posiciones en la acequia que corría tras el bohío. Los perros, espantados, se pegaban a los dueños, restregándose contra sus hombros. Zumbaba la muerte. Güenamigo fue alcanzado, y cayó largo a largo, echando sangre por la boca. El Blas sorbió[45] el vaho cálido de esa bullente sangre, sintiendo que le quemaba en el pecho.

—Hom, ¿hay balas?

—Cosa e cincuenta nomá...

—Entón, vámonos pa la cueva...

La cueva quedaba a bastante altura, al pie de unas rocas. Había que subir por un caminejo que se retorcía en una ladera no muy cubierta. Por allí, por lo menos momentáneamente, estarían seguros. Hacia arriba, sobre ella, se escalonaban rocas inaccesibles, y hacia abajo, el único sendero les garantizaba la

---

43 Perjuró o blasfemó.
44 Empiecen, avancen, aproxímense.
45 Sorber es beber aspirando; Alegría le da más bien la significación únicamente de aspirar, en este caso, el mal trago de ver muerto a un amigo.

salvación, aunque fuera temporal, con ayuda de las wínchesters. Los cholos se miraron y, súbitamente, a una señal, salieron disparados hacia la cueva. El Culebrón gritó a su gente:

—Adentro; bala, muchachos...

Los gendarmes corrieron por detrás, deteniéndose sólo para disparar sus armas. Los fugitivos ya llegaban al sendero, ya tomaban la cuesta. Pero el Crisanto cayó. Los Celedonios siguieron corriendo entre un concierto de balas, que zumbaban, chasqueaban, estallando en las rocas y levantando nubes de polvo en las zonas terrosas. Entrando en la negra cavidad roquera se dejaron caer. Güeso ya estaba allí y ladraba desde un rincón.

—Que suban, pue...

—Que suban...

Las wínchesters apuntaban a la entrada. En la parte alta de la cueva, las balas de los soldados reventaban contra la roca, esparciendo pedruscos y esquirlas silbantes. El fuego cesó, y el Blas, por la oquedad sombrosa de uno de los extremos, asomó apenas el ojo aquilino[46]. Abajo, en el llano, los guardias se habían detenido a unos cien pasos del Crisanto, los fusiles encarados.

—¡Tira el revólver!

El Celedón bramó cuando el pobre Crisanto arrojó el revólver a un lado. Dos gendarmes se acercaron, protegidos por los fusiles de los restantes. Ya empuña uno el revólver. Ya van hacia el caído.

—Mátenlo —suena la voz del alférez a sus espaldas.

El Crisanto se contorsiona como un gusano y luego grita, pidiendo clemencia, pero suenan dos tiros y se queda inmóvil. El Blas Celedón dispara, pero no hace blanco, y una descarga cerrada le obliga a retirarse. Los hermanos juraron, por Cristo y las ánimas benditas, no dejarse matar así. En tanto, Chumpi tomaba sus disposiciones. Colocó tres gendarmes entre las rocas de la bajada y con los tres restantes se ocupó de los muertos.

—Apenas asomen, bala con ellos —dijo al alejarse.

---

[46] Forzando un poco la figura, posiblemente, ojo de águila, o vista con mirada de águila.

Al guardia lo enterraron al pie de un árbol. El Crisanto fue conducido al río —ino había que darse el trabajo de cavar sepultura por un cholo así!— y librado a las aguas. El cadáver se sumergió al caer, pero flotó después y la corriente lo arrastró topeteándolo contra las piedras de la orilla junto a las cuales lo detenía unos instantes, de cuando en cuando, para seguir arrastrándolo de nuevo. Vararía en cualquier playa ancha y los gallinazos se amontonarían sobre él, despanzurrándolo y sacándole los ojos de primera intención. Finalmente, sólo quedarían huesos blancos, regados por un lado y otro[47].

El alférez explicó a su gente:

—Este cholo no merece otra cosa... ¿Saben? Una vez, por el distrito de Chonat, laceó un buey y lo llevaba como si nada. Era de una viejecita que se fue detrás, rogándole: «No se llevusté mi güey, luniquito que tengo... Yo soy pobre... Mis hijos han muerto...» El cangrejo[48] no se condolía y le contestaba: «Vieja, güelve a tu casa... Yo sé lo que te digo.» Y la señora que seguía por detrás, ruega y ruega. En una de ésas, el canalla del Crisanto saca el revólver y, ipum!, la tiende, muerta de un balazo en el pecho...

Volviendo, se tropezaron con el cadáver de Güenamigo.

—Bótalo al agua —dijo el alférez a uno de sus hombres—; terminará por oler mal.

*

El asedio se empeñó, terco y ceñido. Los guardias se turnaban, cuidando la cuesta, y el único sendero que libraba a los Celedonios de caer pronto era también el que, con el correr de los días, los perdía. Los gendarmes a quienes tocaba estar libres merodeaban por la huerta acabando con los plátanos y las yucas. Recogieron la coca también, y sólo libraron unas cuantas papayas[49], pues el alférez ordenó:

---

[47] Rasgo naturalista, algo extraño en la narrativa de Alegría, que aún en los momentos más duros apela mayormente a la descripción realista.

[48] Dice la conseja popular que el cangrejo camina para atrás porque sabe demasiado. *Cangrejo* es, en el lenguaje peruano, el avisado, el pícaro.

[49] Americanismo, palabra de origen caribe: fruto del papayo, generalmente de forma oblonga, propio de los países cálidos, con tronco fibroso y de

—Déjenme las papayas; sé por qué lo digo...

Cuatro papayos se levantaban frente al bohío irguiendo la gracia de sus tallos esbeltos. Junto a las copas, los frutos comenzaban a sazonarse. A los pocos días, muchos estuvieron ya amarillos.

—Bajen las maduras —ordenó Chumpi.

Y los gendarmes, a quienes comenzaban a escasear las provisiones que llevaron y las que había en la choza, que devoraron también, se abalanzaron sobre las papayas frescas y jugosas. Solamente quedaron las que no servían aún. Pero si los guardias pasaban privaciones, los Celedonios las sufrían en todo su rigor. Sin beber ni comer, los cholos languidecían día a día. Pero ajustaban las wínchesters con la fuerza que restaba a sus manos. En las noches, ellos también se turnaban, vigilando la entrada de la cueva, pues Güeso ladraba oyendo cualquier rumor y no se lograba saber si era porque caminaban en el llano o trepaban la cuesta. ¿Y qué sería del Venancio Campos? Sin duda, estaba lejos, fuera de su casa. Mientras tanto, los días y las noches se les alargaban sin medida, hasta hacerles perder casi la noción del tiempo. Los talegos de coca estaban ya vacíos. Pero ¡qué tremenda y sangrienta y honda fraternidad aunaba en estos momentos su existencia! Los dos hombres y el perro formaban una entidad anudada por cruentos lazos. La voz de la muerte los estrechaba en una sola angustia y un solo afán de defenderse para sobrevivir.

El Julián recordaba a la Elisa con la fuerza y la alegría murientes de su propia carne. Él tenía solamente hambre —toda laya de hambres—, y ella era una fruta distante. Lejana para siempre, acabada, ahora sí, para su dicha. Pariría carne huérfana, dolor para aumentar el del mundo. ¡Tan güena la china! Había vigorosa placidez de remanso en sus caderas y su viente. Ternura colmada como la leche en sus pechos rebosantes. Una bondad de cereal en toda su vida. ¡Ah, los días![50]

Y los días corrieron, entre hambre y vigilancia, hasta completar ocho. Chumpi ya no lograba entretener a sus hombres

---

poca consistencia, coronado por grandes hojas palmeadas. Tiene un *látex* abundante y corrosivo, que mezclado con agua sirve para ablandar las carnes.

[50] *¡Tan güena la china... los días!*, es, sin duda, un breve monólogo interior.

con el relato de los robos y asesinatos de los Celedonios. Se cansaron igualmente de buscar en el bohío y en el campo, bajo algunas piedras y árboles sospechosos, la plata que debía de estar escondida en algún sitio. Uno de los guardias se atrevió a protestar:

—Pero ¡estamos de hambre! Los cholos han de haber muerto en la cueva, y, en todo caso, ya starán pa morir: ellos no toman ni agua... Subir sería el asunto[51]...

Era de noche. No había luna ya. Chumpi le dijo, colérico:

—Bien. Sube y les metes bala aunque ya estén muertos. ¿Me oyes?

El gendarme lo pensó un poco y terminó por coger su fusil. Cuando pasó junto a los que hacían guardia, allí donde el caminejo salía a rocas accesibles a los diparos, le dijeron si acaso quería suicidarse. Él no se amilanó, siguiendo hacia arriba con un reptar de serpiente. Ladraba débilmente el perro. Después de un rato sonó un tiro y algo blando y pesado rodó por la pendiente. Buscando entre las sombras dieron, al fin, con un montón de carne sanguinolenta.

Chumpi bramó y aseguró que el asedio continuaría hasta vencer por hambre a los Celedonios.

—Y para eso —dijo a uno de los suyos—, te vas mañana a traer provisiones, harto que comer, ¿ah?

*

Hay momentos en que la vida se llena de una terrible felicidad[52]. Y fue durante el amanecer del noveno día, cuando el sol brilló en las peñas de la banda fronteriza. El Blas, tirado sobre su carabina y en espera, vio a dos hombres agazapados entre esas peñas.

—¿Ves? —dijo al Julián.

Y éste miró y no pudo decir nada. Se asomó un poco y, para no perder el tiro, disparó sobre el bohío. Los hombres

---

[51] Americanismo: dificultad, manera de hacerlo.

[52] *terrible felicidad*, la imagen antitética tiene alguna frecuencia entre los hombres de los Andes, que algunas veces lloran de felicidad.

de las peñas entendieron, pues se los vio moverse y apuntar. Dispararon. ¡Eran el Venancio Campos y su segundo![53].

—El Venancio —pudo decir el Blas.

Y su hermano también pudo decir:

—El Venancio.

¡La vida!

Después se pusieron de acuerdo en que si el Venancio y su segundo bajaban, se podría pelear. Eran seis contra cuatro y mucha desigualdad de armamentos, pero se podría. ¿Y las balas? Las economizarían. Habría que acercarse durante la noche. Dispararon cuatro tiros para incitar a sus amigos, pero estos guardaron una discreta actitud. El cañón de uno de sus fusiles asomaba tras una gran piedra. Por lo visto, el Venancio juzgaba la pelea desigual y no se resolvía a atacar sino en último extremo.

Entre tanto, los gendarmes no habían contestado el fuego. Chumpi comprendió que la situación tomaba otro aspecto, y quiso mostrarse tan taimado como los nuevos atacantes. En todo caso, ya no podía mandar por provisiones. Para poder pasar, y esto con pocas probabilidades, tendrían que ir dos o más, y entonces la resistencia que los restantes podrían ofrecer no garantizaba plenamente el éxito. ¡Y no era cuestión de salir derrotado otra vez! Pero por otro lado, estaba el hambre. El asunto, en este sentido, era insoluble. No le quedaría otra cosa, en último término, que poner en práctica el plan que había madurado para una situación como la presente, pero cuya eficacia no podía asegurarse por entero.

Esperaron la noche para reunirse al pie de un árbol.

—Hay que resistir —dijo Chumpi, ensayando convencer a sus hombres para hacer un último esfuerzo.

—¿De hambre? ¡Qué vamos a resistir el hambre!

—No podemos pasar; al otro lado hay hombres —insistió Chumpi.

—Mi alférez, si ven que nos vamos, no nos harán nada. Acuérdese de lotra vez. No se van a arriesgar inútilmente dos contra seis.

---

[53] Lugarteniente.

Ello era cierto, por una y otra razón. Los cholos peruanos que practican el bandolerismo, salvo escasas excepciones, no se enfrentan a la fuerza pública sino cuando lo creen necesario. El Venancio Campos era de éstos.

Y es así cómo la partida quedó resuelta para el día siguiente, aunque Chumpi vería lo conveniente a última hora, y así lo hizo constar con toda su maltrecha autoridad. Por lo pronto, sobre los hombros de dos gendarmes se encaramó hasta alcanzar las papayas. Mientras las manipulaba, sonreía recordando las palabras del boticario:

—Con esta jeringuilla y este líquido... Las inyecta usted...

Al otro día, una humareda densa subió al cielo llamando la atención de los Celedonios. Pálidos, jadeantes, estaban arrinconados en el fondo de la cueva, cuando vieron que se ennegrecía el aire. ¿Era la debilidad? No, humo. ¡Humo! ¿Por qué? El Blas Celedón reptó hasta distinguir el valle.

—Tan quemando la choza y se van a dir... Ya han pasao sus bestias. Nustros caballos tamién los llevan...

El Julián se asomó igualmente. Al incendiarse, del techo de hoja de plátano salía un humo negro. Pero ya se iban. Habían tomado la balsa y estaban en medio del río.

—Hay seis... Falta uno, que, dejuro, ta escondido puaca...

—¿Yel que le distel tiro anoche?

—De veras, pero nuay el cuerpo...

—Luan enterrao, dejuro. Con el del primer día, dos..., dos contra dos.

Al otro lado, los gendarmes ensillaron y tomaron la cuesta. Como al descuido, dejaron la balsa ondulando a la orilla, sujeta a un pedrón con la soga de amarre.

—Po qué será que no lan largao —suspiró el Blas, sintiendo que las fuerzas se le acababan...

Pero era verdad que se iban. Subieron la cuesta lentamente, parándose de cuando en cuando. No se distinguía al Venancio. Éste, viendo a la fuerza en retirada, se había marchado a las alturas y tenía intenciones de bajar después.

Los cholos miraron obstinadamente hasta que, transformada en una pequeña mancha movediza, la cabalgata azul se perdió arriba, muy alto, donde el camino tomaba la puna. Entonces fue que comenzaron a bajar de su madriguera, arrastrándose, serpeando, cogiéndose de los picos y las grietas. Ya en la falda, pudieron andar con pasos débiles. Llegando a la acequia, se tendieron a beber junto con Güeso, panza al suelo. Hundían las manos en el agua anhelada y se mojaban las sienes. Y bebieron, bebieron metiendo las caras, ahogándose, glogloteando[54] ruidosamente.

—Se jueron, hom...

Y volvieron a beber hasta que se les hincharon los vientres. Y ya más serenos, advirtieron el bohío hecho cenizas y juraron venganza, mirando al cielo desde el cual la Virgen Santísima y San Julián y San Blas, sus santos patrones, todo lo veían y no dejarían sin castigo las perradas del Culebrón. Pero no tan alto, sino ahí no más, en las copas de los papayos, verdeaban los frutos.

—Papayas, hom—musitó el Blas.

—Papayas, hom...

Se pusieron en pie, pero luego notaron, acaso porque podían caminar mejor, que estaban muy verdes. Después de recorrer infructuosamente la huerta, donde no había siquiera coca, retornaron. Ni una yuca y menos un plátano habían dejado los malditos.

—Una yastá pintando, mira...

El Julián se tumbó de espaldas y estuvo apuntando mucho rato. Sonó el disparo y el pedúnculo roto dejó caer el fruto. Mitad por mitad, con las manos hechas garfios, lo partieron. Amargaba la pulpa, pero se podía comer ya.

—Nuestá tan amarga...

—Sí, pue... ¿tumbamos otra?

Y otro tiro y otra papaya. Las demás sí estaban verdes, en realidad. La tarde caía y se tendieron bajo unos árboles. Después, en la noche, se irían a dormir a la quebrada, por si caso, y al otro día buscarían chirimoyas allí mismo. Vivirían. Alguna vez encontrarían al Culebrón y sus desgraciados gendarmes para arreglar cuentas. ¡Ese zonzo del Venancio, que no quiso armar pelea!

De pronto, Güeso, se puso a aullar, y ellos pensaron que

---

[54] Onomatopeya, posiblemente inventada por Alegría.

tenía hambre y se acusaron de no haberle dado un pedazo de papaya. Ya comería chirimoyas también. Pero al poco rato el Blas sintió que un temblor extraño le sacudía el cuerpo.

—Me duele la barriga y la cabeza...

—Tas débil, hom...

Pero el Julián Celedón, que nunca supo de una vibración en el pulso, vio que sus manos se agitaban raramente. Y las piernas. Y luego todo el cuerpo.

—¡Veneno!... Veneno, hom...

Güeso siguió aullando. El Blas ni siquiera contestó. El Julián sintió que algo le destrozaba las entrañas y rugió su rabia como un puma. Ya no supo del tiempo. Supo sólo que iba a morir. De bruces, las manos en las sienes, blasfemaba con la boca llena de espuma. ¿Cuánto tiempo estuvo allí, tendido, con su drama silencioso y tremante? Güeso ladró. Alguien venía. ¿Acaso el Culebrón? Sí, él mismo avanzaba por allí con los suyos, rifle en mano. Y sus manos, las recias manos del Julián Celedón, que no podían sujetar la carabina, y sus ojos, sus claros ojos, que se le oscurecían perdiendo la línea de mira. Movió al Blas tomándolo por los brazos:

—Ey, ya vienen, ya vienen...

El Blas estaba rígido y frío. Se volvió el Julián en un último esfuerzo. Quiso disparar, pero todo se le iba haciendo de noche. Alcanzó a distinguir que una sombra cruzó velozmente hacia los gendarmes. Sonó un tiro. Después otra sombra avanzó hacia él, agrandándose, agrandándose. Algo duro tocó su frente. Y tuvo la impresión, brevísima, pero neta, de que se abría ante él un silencio sin término.

*

El balazo le había roto el cráneo. El Julián, en su agonía, no alcanzó a darse cuenta de que aquella sombra que avanzó hacia los gendarmes era Güeso. El perro fiel saltó sobre Chumpi, que lo recibió con un disparo. Ahí estaba todavía a medio morir, sobreviviendo tercamente a la extinción. El alférez se quedó mirando su hermosa tarea. Decía muy ufano:

—Y después dirán que el alférez Chumpi no tiene cabeza... Jajajá..., ja..., ja... Esto es lo que se llama cazar pumas... Ja..., ja...

Por último, ordenó:

—Hay que llevar a estos cholos al pueblo. Les tomaremos fotografías[55]... Levántenlos...

Cuando pasaban conduciendo los cadáveres, vio que Güeso se movía. De un balazo le rompió la cabeza y apagó la lumbre de unos ojos que aún miraban llenos de tristeza el cuerpo cimbrado[56] del Julián, al que los guardias llevaban sostenido de brazos y piernas.

—Perro de mierda —dijo Chumpi, recordando las batidas que inutilizó su ladrido.

Y éste es el epitafio que premió la esforzada vida del fiel Güeso, perro de bandolero.

---

[55] Inveterada costumbre americana de fotografiarse junto a los marginales abatidos, que sirven de ascenso para los cazadores, pero que con el tiempo se convierten en una prueba documental.

[56] Doblado por la mitad. *Cimbrado* es un paso de baile que se hace doblando rápidamente el cuerpo por la cintura.

X

La nueva siembra

La siembra, el cultivo y la cosecha renuevan para los campesinos, cada año, la satisfacción de vivir. Son la razón de su existencia. Y a fuer de hombres rudos y sencillos, las huellas de sus pasos no se producen de otro modo que alineándose en surcos innumerables. ¿Qué más? Eso es todo. La vida consigue ser buena si es fecunda.

Cae la tarde cuando se siembra la última chacra de hacienda. El mismo don Cipriano Ramírez ha esparcido el trigo sobre la tierra olorosa, parejamente, con el seguro y diestro pulso que corresponde a un veterano en tales lides. Han sido felices días ésos en los cuales, después de haberse perdido casi todas las cosechas del año pasado, se ha visto llover de nuevo, se ha arado de nuevo, se ha sembrado de nuevo. Patrones y peones se han confundido en un jubiloso abrazo con la tierra.

Cuando el sol se hunde, la tarea en la chacra del hacendado está cumplida. Cincuenta gañanes nativos desuncen sus cincuenta yuntas. Mugen sosegadamente los bueyes encaminándose hacia los potreros. Se escucha el débil son de la campana de la iglesia del lejano distrito de Saucopampa. Pero los hombres han orado ya sobre la tierra, entre las melgas[1], en la noble tarea de la siembra.

---

[1] Americanismo: parcelas de tierra, más o menos simétricas, preparadas para la siembra.

Don Cipriano y el mayordomo de Páucar, don Rómulo Méndez, son los últimos en abandonar la tierra arada.

Don Cipriano, alto él, blanco, es un poco obeso. Su cara, llena y abotagada. Viste un traje de dril amarillo y calza recias botas. Clavado hasta las cejas, lleva un sombrero de palma a la pedrada[2]. Don Rómulo, cetrino y delgado, tiene el poncho terciado[3] al hombro y cubre su cabeza con un magullado sombrero de junco. Sus canillas arqueadas deforman el pantalón oscuro. Ambos van mirando la tierra, donde se hunden hasta los tobillos, como si estuvieran contando los innúmeros surcos. Don Cipriano lleva las manos metidas en los bolsillos del chaleco. De rato en rato sonríe. A su lado, pero un poco atrás, como conviene al respeto, marcha don Rómulo, retorciendo su bigote. Sonríe también.

Es bella la tierra, y más si está arada. Muelle y tierna, propicia, sabe a fecundidad y despide una vaharada sexual.

Los peones esperan al patrón, por orden de éste, alineados a la vera de la chacra. La noche creciente ahoga ya la policromía de los ponchos. Con el suelo en la mano, doblan hacia adelante las cabezas hirsutas atisbando a don Cipriano. A un lado, la voz de éste resuena, potente, con un dedo de autoridad y reconvención:

—Siembren, siembren. Que no quede ni una chacra de colono[4] sin sembrar. Ya ven que fue malo el año que pasó: se juntó muy poco. Si éste es así, sabrá Dios lo que pasará con sus hijos. Y gasten con cuidado lo que les quede. No se confíen mucho. Es lo que quería hacerles recordar. El que necesite algo, que pida. Pueden irse...

La irregular fila se rompe formando una mancha en torno

---

[2] Peruanismo: manera de colocarse el sombrero, dándole una leve inclinación para dar mayor vistosidad a quien lo lleva. En la cuarta acepción de esta palabra en el DRAE se anota: «Adorno de cinta, que antiguamente usaban los soldados para llevar plegada el ala del sombrero.»

[3] Americanismo: forma elegante de atravesar de manera diagonal un ribete del poncho encima de un hombro de quien lo lleva.

[4] Americanismo: es un peón de hacienda al que se le concede un terreno para sembrar y cosechar para sí, a condición de que retribuya con su trabajo y parte de su cosecha al patrón.

a don Cipriano. Que yuntas, que semilla. Él escucha atentamente y luego da órdenes:

—Bueno, bueno... Empuña el Jovero[5]... A ese toraje[6] bisoño agárrenlo de preferencia... Empuña el Barroso... Empuña el Limón... Hay que hacerlos trabajar... Ya los vi... Todo el tiempo han estado con mañas... Que mañana mismo les dé don Rómulo semilla a los que no tengan; cebada y trigo, que otra cosa no queda. ¿Me oye, don Rómulo?

Don Rómulo, que está allí, manoseando su nigérrimo y lacio bigote, se interrumpe para contestar:

—Mañana, sí, señor...

Para rebeldía, la de ese bigote. Don Rómulo llevaba retorciéndolo treinta años sin poder realizar su ideal de sacarle una erguida y gallarda guía en punta. Pero, desde luego, ahora su afán ya no persistía sirviendo el ideal sino un simple hábito.

Los peones se marcharon al fin. Hacendado y mayordomo encaminárose a la casa-hacienda[7] a paso lento y plácido, conversa y conversa con palabras de sabor a tierra, trigo y aguacero.

La mesa del comedor les mostró la comida lista. Sentáronse ante ella, como todos los días, en compañía de doña Carmen, la anciana suegra de don Cipriano; de doña Julia, mujer de éste, que tenía un pequeño en brazos, y del niño Obdulio.

El hacendado[8] y su mayordomo llevaban el mensaje de la siembra y animaron con su conversación a los demás. Para mejor, la lluvia comenzó a caer rumorosamente sobre las tejas y el patio, y de los campos llegó, fresca y áspera, llenando todos los ámbitos, la promisoria fragancia de la tierra arada, húmeda y llena de simiente.

---

[5] *Overo:* color de ciertos animales parecido al del melocotón, especialmente si se trata de caballos.

[6] Hato de toros.

[7] Vivienda de los dueños de una finca que además cuenta con caballerizas, almacenes o implementos para desarrollar en mediana escala industrias como la fabricación de derivados lácteos, cárnicos o licores.

[8] Por lo general, en el Perú la figura del hacendado está ligada al señor de horca y cuchillo, prácticamente amo y señor de la vida de sus sirvientes y sus animales. El caso del hacendado que plantea Alegría en una historia escrita, publicada en 1938, de un hacendado bueno y caritativo es algo atípica.

XI

Un pequeño lugar en el mundo[1]

El viejo indio Mashe y cincuenta más —hombres, mujeres y niños— imploraban a don Cipriano en el corredor de la casa-hacienda:

—Recibanós[2], patroncito, recibanós...

Y don Cipriano:

—¿Qué van a hacer aquí? No ven que todo se pierde...

Su voz reflejaba molestia. Y es que estaba, desde hacía días, muy preocupado. Al principio llovió a cántaros. Una semana entera tamborileó el agua sobre la tierra. Don Cipriano se alegraba repitiendo el viejo adagio agrario: «A gran seca, gran mojada.» Apareció en las chacras del hacendado y de los colonos el verde fresco de los sembríos. Las jóvenes plantas se levantaban de la tierra con el alegre impulso y la fácil livianura[3] de la mocedad. Pero de repente el agua se fue

---

[1] Sobre esta parte del libro Alegría ha dicho: «... escribía mi novela *Los perros hambrientos*, y estaba por titular uno de los capítulos «El mundo es ancho y ajeno», cuando se me ocurrió que había una nueva novela allí. En ese momento me azotó una inmensa ráfaga de ideas y recuerdos. Si no con todos los detalles y su completa estructura, panorámicamente vi el libro casi tal como está hoy. Cada escritor tiene sus propias exigencias espirituales y una de las mías es encontrar el título adecuado.» Del *Prólogo* a la décima edición de *El mundo es ancho y ajeno*, Santiago de Chile, Ed. Ercilla, 1949.

[2] Recibir, en este caso, connota dar posada y protección a cambio del trabajo personal.

[3] Livianez o liviandad.

tornando más escasa. Las nubes surgían siempre del río Yana y las quebradas, todas las mañanas, elevándose hacia los cielos por las faldas de los cerros, a las que iban, lentamente, cubriendo y descubriendo. Se adensaban, muy altas y lejanas, y luego desaparecían. A veces soltaban un chaparrón o unas cuantas gotas que no alcanzaban a penetrar en la tierra.

—¿Lloverá? —preguntaba todos los días don Cipriano a don Rómulo, y éste contestaba:

—Señor, siempre ha llovido...

Lo decía, claro está, por buscar un consuelo. Si el año anterior llovió poco, ése parecía que iba a llover menos.

¡Y encontrándose en medio de tal tribulación, ir cincuenta indios a pedir acomodo! Jadeaban y gemían bajo los rebozos y ponchos rotosos llenos de polvo. Estaban ante don Cipriano como un rebaño de animales acosados. Pero su calidad humana se crispaba en las manos implorantes y brillaba en los ojos llenos de súplicas.

—Recíbanós, patroncito...

Provenían de la extinguida comunidad de Huaira[4]. Después de algunos años de trámites judiciales, don Juvencio Rosas, hacendado de Sunchu, había probado su inalienable derecho a poseer las tierras de un ayllu[5] cuya terca existencia se prolongaba desde el incario[6], a través de la colonia y de la república, sufriendo todos los embates. Y el tal apareció un buen día por Huaira, acompañado de la fuerza pública y sus propios esbirros, a tomar posesión. Los indios, en un último y desesperado esfuerzo, intentaron resistir. Cayeron algunos. La contundente voz de los máuseres les hizo comprender

---

[4] Al parecer el drama de comunidad de Huaira ocurrió en la vida real, y además de servir como elemento narrativo en *Los perros hambrientos* fue el motivo central de su tercera novela.

[5] Mientras el DRAE dice que *ayllu* procede de una voz aymara, la EIP sostiene que se trata de una voz procedente de la lengua quechua que significa: parcialidad, genealogía, linaje. Fue la unidad religiosoa, lingüística, social y económica de un grupo de familias asentadas en un mismo lugar, cuyo origen común era atribuido a su inicial aparición en alguna *paqarina (waka*, santuario, manantial, *cueva*). Durante la colonia muchos *ayllus* fueron reubicados y pasaron a constituirse en las comunidades indígenas durante la república.

[6] El tiempo de los incas, incanato.

bien pronto el poco valor de los machetes y las hondas. El viejo indio Mashe, acompañado de los cincuenta que clamaban ante don Cipriano, huyó. Había sido uno de los sostenes de la obstinada y última resistencia, y pensó, con razón, que lo llevarían preso. Y no anduvo equivocado, pues así pasó con muchos de los que se quedaron y a quienes, además, en la capital del departamento, enjuiciaron por subversión. Los restantes de los que se sostuvieron en Huaira, sometidos a don Juvencio, pasaron a ser colonos.

El Mashe se llamaba Marcelino en cristiano, y tenía la prieta cara lampiña llena de arrugas.

—¿Qué nos haremos, patroncito? —decía con lastimero acento, aprendiendo a rogar, pues antes disfrutó del bien comunal[7] y así su voz fue la levantada del hombre que posee tierra.

Don Cipriano miraba el grupo de indios pensando en la sequía, pero también en que necesitaba brazos para las tareas, y allí había muchos y vigorosos.

—Bueno —terminó por decir—, quédense y escojan sus arriendos donde quieran y, desde luego, donde no se hallen establecidos otros colonos... Pero no les garantizó nada, ¿ven el cielo?... Si no llueve, ustedes sabrán...

El cielo, a esas horas, estaba despejado. Demasiado bien sabían los indios de lo que se trataba, especialmente el Mashe, cuya ancianidad había, como es natural, visto mucho. El viento cruzaba dando potentes aletazos y graznando como un ave mala. La puna erguía sus negros y altos picachos en una actitud de acecho hacia el Norte, hacia el Sur, hacia el Occidente y Oriente. Por ningún lado cuajaba el mensaje de la vida. Ni una nube oscura y densa. Las pocas que velozmente cruzaban el cielo eran tan ralas y deshilachadas como los harapos de los indios proscritos.

—Patroncito, no lo molestaremos; pero denos un lugar, un lugarcito mas que seya pequeño...

Don Cipriano terminó:

---

[7] Las comunidades indígenas herederas del *ayllu* tienen un alto sentido de la propiedad colectiva, la cooperación, la solidaridad, la consanguineidad, etcétera. Véase nota 5.

—Bueno, por ahora pidan hospedaje en la casa de los colonos... Les darán... Seguro que les darán...

Los indios permanecían inmóviles. El Mashe se atrevió a rogar:

—Patrón, y quisiéramos la comidita. Cebada más que seya... La semillita tabién...

El hacendado frunció las cejas ante el nuevo problema. Pero era evidente que esos hombres necesitaban y, siendo de hecho sus colonos, estaba en el deber de protegerlos. Pertenecía a esa clase de señores feudales que supervive en la sierra del Perú y tiene para sus siervos, según su propia expresión, «en una mano la miel y en otra la hiel», es decir, la comida y el látigo. Ése era el momento de la miel.

—Bueno —dijo—, que don Rómulo les dé un almud[8] de cebada y uno de trigo por cabeza... No hay para más. Siembren algo. Puede ser que llueva un poco y resulte sembrar postrero... Y váyanse...

Se fueron los indios a paso lento, después de recibir una parte del grano que debía paliar su miseria.

Don Cipriano se quedó pensando en la tragedia de los indios y en la otra, cercana ya y más grande, que azotaba a todos por igual. ¿Y si lloviera aún? Después recordó el adagio: «Siembra postrero y lograrás tu dinero.»

—¡Bah! —rió—, diez días más de seca y no habrá siembra que aguante...

*

El Simón estaba sentado en el pretil pétreo de su bohío, mascando su coca. El viento jugueteaba con su perilla y sus bigotes largos y canos, ralos «hasta provocar contalos», como bromeaba la Juana. Su cara cetrina y rugosa mostrábase tan triste como la seca tierra. El Mashe pasaba buscando posada y, viéndolo, se le acercó:

—Tardes, ñor. Nos daraste posadita...

El Mashe iba acompañado de su vieja mujer y dos mucha-

---

[8] Es una palabra de origen árabe: unidad de medida de áridos y a veces líquidos, de valor variable según épocas y regiones.

chas, por lo que el Simón los miró a todos, pensando en la sequía y en la escasez de alimentos. Pero después dijo:

—Cómo no, lleguen[9]...

El viejo barbado dio hospitalidad al viejo lampiño. No lo habría hecho, tal vez, con un blanco. Y es que la color trigueña los hermanó con el sentimiento de la raza y la tierra de la cual venían, del suelo ajeno que, a pesar de todo, amaban y era su fin y su destino.

Durante la merienda, el Timoteo se quedaba mirando, mirando, a una de las muchachas, llamada Jacinta. Después el Mashe contó la historia de Huaira, y al terminar dijo:

—Y es así como hemos llegao a mendigar un pequeño lugar, mas que seya un sitio chico en la grande tierra...

Y el Simón dijo:

—Qué me dirá onde mí... Güenas leguas tenía sobre yo cuando llegué pacá... Yesto tamién nues mío, nues e nosotrus que lo sembramos... Uno busca su pequeño sitio en el mundo y nuay, o se lo dan prestao... Yes solamente un pequeño, un pequeño lugar en el mundo...

Los tres hombres chacchaban la coca a su entero gusto...

El Simón agregó:

—¿Son sabidos, no? Pero tamién les pasa lo quial zorro blanco...

Y, con su natural habilidad de narrador, callóse para provocar un expectante silencio. El Mashe y su familia, que gustaban de los relatos, eran todo oídos. Los que ya lo conocían se aprestaban a escucharlo con gusto, pues el Simón sabía agregar algún detalle nuevo cada vez.

—Yera po un tiempo e mucho hambre pa los zorros... Yuno bía que ya no aguantaba. Tenía hambre e cierto y velay que todos los rediles taban muy altos y con mucho perro. Yentón, el zorro, dijo: «Aquí nues cosa e ser zonzo: hay que ser vivo»[10]. Y se jué onde un molino, y aprovechando quel molinero taba pa un lao, se revolcó en la harina hasta quedar

[9] De llegar, ser bienvenidos. La solidaridad comunera es una constante entre los herederos de la cultura inca.

[10] Ser vivo, en el lenguaje mestizo y criollo, es ser muy listo. Una viveza que linda algunas veces con la transgresión de la ley.

blanco. Yen la noche se jué po lao diun redil: «Mee, mee», balaba como oveja. Y salió la pastora y vido un bulto blanco en la noche, y dijo: «Sia quedao ajuera una ovejita», yabrió la puerta y metió ondel zorro. Los perros ladraban y el zorro se dijo: «Esperaré que se duerman, lo mesmo que las ovejas. Dispués buscaré ondel corderito más gordo y, guac, diun mordisco lo mataré y luego lo comeré. Madrugao, apenas abran la puerta, echaré a correr y quién mialcanza.» Y como se dijo así luizo, perua salir no llegó. Yes quel no contaba con el aguacero. Y jué que llovió y comenzó a quitársele la harina, yuna oveja questaba a su lao vido blanco el suelo y pensó: «¿Qué oveja es ésa que se despinta?» Y viendo mejor y encontrando que la desteñida era zorro, se puso a balar. Las demás tamién lo vieron entón y balaron y vinieron los perros y con cuatro mordiscos lo volvieron cecinas... Yes lo que digo: siempre hay algo que nustá en la cuenta e los más vivos... Yaura pongamos el caso la sequía nos fregará onde nosotrus y tamién onde don Cipriano y don Juvencio, y onde chicos y onde grandes. Sólo questos zorros caen sin lluvia... Pero ellos tienen nomá sequía e los cielos... Nosotrus, los pobres, tenemos siempre sequía e justicia, sequía e corazón...

El Mashe aprobó brevemente:

—Cierto, cierto...

Y quiso contar la historia del sapo que se ufanaba de la gran laguna donde vivía y después se agotó, dejándolo en seco; pero tuvo temor de no hacerlo bien y calló. Después inquirió trabajosamente:

—Pienso empuñar[11] puallá, que ya vide viniendo onde hay unos alisos... ¿Qué piensaté?

—Güeno... Aunque aura es güeno y malo..., pero, si llueve, resultará...

Se fueron a dormir. Los forasteros acomodaron su cansancio en el corredor, entre sus contadas bayetas y las que les proporcionara la Juana.

Para nadie llegó el sueño fácilmente. Tarde la noche, estaban aún oyendo aullar a los perros y al viento.

---

[11] Utilizar en beneficio propio.

XII
Virgen santísima, socórrenos

¡Arriba en el cielo están los santos y santas! Todos los santos y santas del cielo, haciendo sus milagros. Arriba en el cielo, ahora amargo. Y cada santo y cada santa tiene su propia especialidad. Y en cada lugar hay una imagen para pedirle lo que sea necesario. San Isidro hace granar las mieses. Pero no le hablen de lluvias: en eso, por lo menos en las tierras de nuestra historia, es perita[1] la Virgen del Carmen. Pero para prevenir accidentes dentro de las mismas lluvias, ahí está Santa Bárbara. Cuando truena, se la invoca de esta manera:

Santa Bárbara, doncella,
líbranos del rayo y la centella.

San Cristóbal es protector de caminantes, y San Nicolás, de navegantes. Éste agrupa sus devotos entre los cholos balseros del Marañón. Santa Rita de Casia es abogada de imposibles, pero comparte responsabilidades con San Judas Tadeo. San Cayetano mantiene la plata[2] y el pan en el hogar. Y así por el estilo. Hemos dejado para el final a San Antonio por ser el más milagroso, campechano, democrático y paciente de los santos. Él es experto en descubrir

---

[1] En la sierra del hemisferio sur la festividad de San Isidro, coincide con la maduración de los granos y la cosecha.
[2] La estabilidad económica, el dinero.

pérdidas y robos, buscar empleos, concertar matrimonios, curar enfermos, curar pobrezas, curar infidelidades, etc. Además, se contenta con poco: una velita y unas cuantas oraciones. Y todavía, si no concede lo pedido, el defraudado puede tomar contra él medidas compulsivas para obligarlo a hacer caso. Hay quienes lo azotan. Los más lo ponen patas arriba. Otros le hacen oler orines. También, si es que lo tiene, le quitan el traje nuevo. Recibe el debido castigo hasta que el milagro se realice. De lo contrario, puede inclusive ser decapitado. Así pasó con el que llevaba en su alforja el abuelo del Simón Robles, que era arriero. La piara de mulas que conducía —nada menos que treinta mulas— se le perdió en las inmensas punas de Callacuyán. Estuvo tres días buscándola. Al cuarto, desesperado, sacó a San Antonio de la alforja, lo puso en el suelo y de un machetazo le cortó la cabeza. Pero ¡no hay que ser impío antes de tiempo! Al subir a un cerro vio que a lo lejos trotaban unas mulas arreadas por un hombre montado, en pelo, en la última de la fila. Avanzaban rápidamente. Llegaron a su lado. Eran sus mulas. Estaban todas, ni una más ni una menos, pero el hombre no estaba. El abuelo del Simón, entonces, comprendió. Y puso en pie al santo y le acomodó como pudo la cabeza, que quedó ladeada sobre el roto cuello, y se arrodilló ante él llorando y pidiendo perdón. Desde ese día fue más devoto. Por supuesto que hizo soldar la cabeza[3]. La devoción heredóse junto con la imagen, que el Simón tenía sobre una repisa rústica en un ángulo del bohío. Y era precisamente esa imagen de cuello pegado la milagrosa. Otra no valía lo mismo[4].

Pero aquellos tiempos no resultaban de la incumbencia de San Antonio. Había que ir a postrarse ante la pluvial Virgen del Carmen, cuya efigie se veneraba en la pequeña iglesia de Saucopampa.

---

[3] La oralidad tradicional atribuye a este relato el hecho de que en la mayoría de efigies de San Antonio, éste aparezca con la cabeza ladeada.

[4] Las imágenes de un mismo santo o santa para la mentalidad campesina no tienen el mismo valor. Especialmente los más antiguos, los más milagrosos, bendecidos por alguna dignidad especial, los traídos de Tierra Santa o a los que la tradición y la costumbre les atribuyen hechos sobrenaturales, tienen más «valor».

Y fue el Simón Robles acompañado de su familia —excepción hecha de la pastora—, del mismo modo que los demás campesinos de la región. Todos los años la Virgen, que era patrona del distrito, tenía su feria y su procesión, pero era tradicional sacarla también cuando llovía. Y entonces ella traía las aguas. ¡Vaya si lo había hecho siempre! El Simón, que era viejo, sólo recordaba una hambruna que acaeció cuando estaba pequeño y aún pastoreaba ovejas.

En la noche fue el rezo, y el arder amarillo de las ceras[5] en el ara, y el clamor de los rezadores: «Virgen Santísima, socórrenos», y el apretujamiento negro en el reducido ámbito de la iglesia, y el olor a humo de sebo y a lana, y el mirar con ojos implorantes a la imagen, y el dormir con sueño lleno de agrarios ensueños en la iglesia, en las casas del poblacho o a campo abierto.

A la mañana siguiente, entrado el día, tuvo lugar la procesión. Resplandecía el sol en un cielo de raras nubes. Y fueron más indios y más cholos —fiesta de color en los trajes y tribulación en los ánimos— trotando por los caminos que se torcían por cuestas, bajadas y laderas, a detenerse en el poblado remanso de la plaza del caserío. Lin, lin, lin, lin[6]..., sonaba la campana, llamando a los fieles. Y al fin salió la Virgen, blanca y chaposa[7], vestida de raso morado orlado de lentejuelas, en una pequeña anda[8] que los concurrentes se disputaban cargar. Erguida, hierática, los grandes ojos de la Virgen estaban siempre clavados en las lejanías, tristes lejanías pintadas de gris por las chacras de siembras agonizantes. Cholos e indios se apretujaban en torno del anda y estiraban una larga masa detrás de ella. Cabezas peinadas o hirsutas. Caras morenas de serio y devoto gesto. Rebozos negros y ponchos morados y habanos con listas de color. Polleras rojas, amarillas y verdes y pantalones negros y grises. En una

---

[5] Americanismo: vela.

[6] Onomatopeya referente al tañido de una campana, suponemos que pequeña por eso de *lin*, que el *talán* o el *lan* es más propio de una de mayor tamaño.

[7] Peruanismo: con las mejillas muy coloradas. En las serranías especialmente, las mujeres tienes *chapas* por la altura.

[8] Peruanismo: andas, angarillas.

mano la cera de humosa llama que empalidecía[9] ante el sol espléndido y en otra el sombrero blanco o amarillo. Venciendo el rumor de los rezos tremaba el clamor: «Virgen Santísima, socórrenos.» La procesión dejó atrás una calleja y avanzó por un rural sendero, hasta llegar a la loma donde la cruz más famosa de los alrededores abre sus grandes brazos sobre una rústica peaña[10] de piedra. Ahí se detuvieron y arrodillaron para rezar: «¡Virgen Santísima, socórrenos!» «Que llueva, que llueva.» Retornaron lenta, muy lentamente. Cerraba la marcha una tropa de perros entre los que estaba Pellejo. Los canes miraban el espectáculo con aire de desgano. Era fatigosa la pachorra[11] del paso y, por otro lado, el hambre quita el buen humor. Por allí, en medio de la apretera[12], estaba desde luego el Timoteo al lado de la Jacinta. ¡Si fueran otros tiempos! Él habría hundido el arado hasta el tope y después dicho a la china:

—Ya hay que comer. Vente conmigo.

La habría tomado por mujer. Pero ahora no era posible. Para peor, ya no la veía siempre. El viejo Mashe se marchó con su familia a la parcela del alisar[13]. Levantó una casucha allí y roturó, por ver, la seca tierra. ¡Si lloviera ahora! «¡Virgen Santísima, socórrenos!» Quería sembrar el Timoteo. «¡Virgen Santísima, socórrenos!»

La procesión entró muy tarde.

El Simón Robles retornaba a su casa esperanzado, pero también, en el fondo, algo triste. Otras veces, la Virgen concitaba solamente la alegría. Había poco que pedirle y en su fiesta brindaba toda laya de dones en chicha, en comida, en mujer, en baile. Al Simón le gustaba tocar la flauta y la caja y hacer bailar y bailar él mismo cuando otro «maestro»[14] empuñaba los instrumentos. También le gustaba, a propósito de la procesión del día grande de fiesta, contar el singular suce-

---

[9] Americanismo por el verbo intransitivo palidecer.
[10] Peana.
[11] Lentitud, flema, tardanza.
[12] *Apretera* posiblemente de uso personal de Alegría, en el Perú se usa «apretura» por apretadura o apretamiento, procedente de apretar.
[13] O *alisal*, lugar sembrado de alisos.
[14] Experto en algo.

so acaecido en la feria del pueblo de Pallar. Y era que los habitantes de esa localidad acostumbraban llevar anualmente a la Virgen que reverenciaban, en peregrinación, hasta la cumbre del escarpado cerro cercano. La imagen era muy grande y pesada, y el anda, por consecuencia, otro tanto, circunstancias que se juntaban con las de un camino áspero y estrecho para hacer que los cargadores padecieran, jadearan y sudaran a más y mejor en toda la cuesta. Y era un homenaje a la Virgen todo ese esforzado y doloroso afán, por lo que detrás del anda iban las pallas[15] y concurrentes cantando:

> Eso y mucho más
> merece la Señora.
> Eso y mucho más,
> Nuestra salvadora.

El camino, ciñéndose a los convulsionados roquedales, resultaba tan quebrado que muchos de los que seguían el anda no la veían, lo que desde luego no era obstáculo para que, haciéndose cargo del sufrimiento de los cargadores, entonaran repetidamente la canción. De repente, uno de los conductores resbaló, vacilaron los otros y, al chocar el anda contra unos riscos, la ligadura que sujetaba a la imagen se rompió. Ésta rodó, entonces, cuesta abajo, rebotando y despedazándose en los peñascos, mientras los cantantes seguían con su tonada:

> Eso y mucho más
> merece la Señora.
> Eso y mucho más,
> Nuestra salvadora.

Cuando les fueron a decir que se callaran, la pobre efigie ya estaba convertida en añicos[16].

---

[15] Peruanismo, procedente de un vocablo quechua: «Danza popular de la provincia de Huaylas. Es ejecutada por un número variable de jovencitas, viudas o solteras, que en dos filas zapatean menudamente al ritmo de dos tambores y un violín; y se forman en círculo al llegar ante un espectador, a quien dedican una copla más o menos intencionada.» (EIP).

[16] Trozos y pedazos muy pequeños.

Pero ahora el Simón no intentó siquiera traer a colación su historia. Marchaba, como ya hemos dicho, con el ánimo atristado[17]. No llevaba en la boca la alegría de la palabra jocunda ni el dulce y fiestero sabor de la chicha. Ácima[18] era la oración y acaso únicamente sabía a sangre de padecimientos. Con todo, tenía confianza y la perspectiva del aguacero lo entonaba. ¡Era tan milagrosa la Virgen!

Su mujer y sus hijos iban tras él, en silencio. Pellejo caminaba mirando el suelo. Un viento seco y polvoso[19] los ahogaba a ratos. Lejos, muy lejos, por las cumbres del Sur, avanzaba una ancha y densa nube.

«¡Virgen Santísima, socórrenos!»

---

[17] Entristecido.
[18] Pan ázimo es el que se prepara sin poner levadura en la masa.
[19] Polvoroso.

XIII
Voces y gestos de sequía

—No llueve —dijeron los campesinos a los diez días de la procesión.

Las sementeras habían muerto ya, pero ellos aún deseaban la lluvia. Se podía sembrar de nuevo. Todavía era tiempo de que germinara el grano y más si lo mojaba la esperanza del hombre.

Y una noche fue lo maravilloso, los oídos escucharon la ansiada voz de la lluvia. Caía larga y pródiga, esparciendo un grato olor a tierra. Cuando llegó la mañana, continuaba azotando dulcemente los campos. Y los hombres uncieron de nuevo los bueyes, empuñaron la mancera, abrieron surcos y arrojaron semilla. El corazón, sobre todo, es una tierra siempre húmeda y fiel.

Asomaron otra vez las tiernas plantas, como si estuvieran gozosas de surgir a un mundo que las esperaba. La lluvia no cesó durante muchos días. Todo prosperaba. ¡Virgen del Carmen milagrosa!

Pero el dolor, el hambre y la muerte son azotes supremos. El cielo tornó a despejarse, la tierra a quedarse sin jugos y toda la vida a padecer.

Corrieron los días en medio de una inútil espera. Una tarde, el Simón Robles fue al redil y estuvo contemplando el rebaño. El año anterior comieron y vendieron mucho ganado esperando que el siguiente no habría necesidad de hacerlo. Y he ahí que sólo restaban menos de cincuenta pares y la lluvia se fue.

¿Tendrían que comérselas todas? ¿Se quedarían sin lana para las bayetas? Le dieron pena las pobres ovejas tiradas allí, sobre el suelo, dulce y sencillamente, ignorantes de su suerte. Después caminó hacia la choza de los perros y se entretuvo con ellos un rato. Estaban flacos por lo mal comidos; sin embargo, lo recibieron moviendo cariñosamente la cola. Wanka parió dos veces más y las crías siempre fueron al agua. ¡Pobre Wanka! después de todo, estuvo bien hecho.

Al otro día, el Simón ensilló a Cortaviento —la falta de pasto contribuyó a que fuera más gráfico el nombre— y se marchó a los potreros. Inútilmente buscó a su vaca todo el día: no la encontró. Era evidente que habían llegado los malos tiempos. Retornó al bohío como una sombra.

Pero aún hubo lugar a la esperanza. El cielo se entretenía en jugar con el corazón de los hombres y el vigor anheloso de la tierra. Llovió otros pocos días. Las murientes siembras se reanimaron, cobrando lozanía y tratando de erguirse. Pero no pudieron persistir en el empeño. La sed vino de nuevo y se rindieron al fin. El Simón subió al terrado[1] un gran cántaro y dos enormes ollas. Los colocó en un rincón, y lentamente, como si cumpliera un rito, los llenó de trigo, arvejas[2] y maíz. Cuidadosamente tapó las bocas con mates de idéntico tamaño y, después de mirar las trojes[3] casi exhaustas, bajó y dijo a la Juana:

—Hey guardao la semilla.

Todo quedaba expresado con eso. La Juana sintió dentro de sí una desesperación que la hubiera hecho, de ser posible, regar los campos con sus lágrimas. Pero continuó realizando serenamente sus tareas junto al fogón, la carnosa boca contraída en un gesto firme, y se limitó a responder:

—Güeno.

Y vinieron, inexorables y agobiantes, los largos días de se-

---

[1] Peruanismo: espacio vacío que está entre el techo y el cielo raso de una habitación. Terrado en español es sinónimo de *terraza*, lugar abierto hacia la azotea o el ático.

[2] Guisantes.

[3] En el español de América y en el Perú se usa de manera más común la palabra *Troja*, para designar al espacio que sirve para guardar los alimentos procedentes de la siembra.

quía. Los hombres y los animales no estaban solos deplorándolo. Toda la naturaleza profería las fatales palabras de la sed y la muerte.

Un viento silbante cruzaba la puna llevándose las nubes, levantando terrales[4] y rezando largos responsos entre las hojas mustias de los árboles. «No llueve», gimió un agonizante hilo de agua desde lo más profundo de un cauce. «No llueve», repitieron los alisos de las orillas, dejando caer sus hojas y contorsionando sus brazos. «No llueve», corearon las yerbas, desgreñándose, amarilleando y confundiéndose con la tierra. Hasta el caserón de la hacienda llegó la voz. «No llueve», admitieron los altos y severos eucaliptos que lo rodeaban, haciendo sonar sus hojas con un ruido metálico.

Un sol bruñido resplandecía en un bello cielo azul. Se vivía bajo una cubierta de cristal que hubiera sido alegre de no haberse tenido la visión de la tierra. Ésta comenzaba a pintar por encañadas y laderas, por lomas y bajíos[5], con yerba muriente y esqueletos de árboles, una desolada sinfonía en gris.

Y siempre el viento levantando remolinos de polvo y hurtando las nubes para conducirlas más allá de los últimos picachos, quién sabe hacia dónde. Y siempre el sol rutilante y ardiente de crepúsculo a crepúsculo. Y de crepúsculo a crepúsculo, siempre el primoroso cielo que sonreía a la desolación.

Las noches parecían interminables. Nunca fueron tan negras, nunca tan hondas. Mugía el viento esparciendo un olor a polvo, a disgregación, a cadáver. Si salía la luna, frente a la naturaleza muerta, ante los árboles mustios o deshojados, fingía presidir una reunión de espectros.

La sequía cargaba «helada»[6] por las noches y las chacras fueron pronto sólo pardos mantos. En los surcos porosos, ni un solo vagido en aquel dulce verde tierno de la planta recién nacida.

---

[4] Americanismo: viento cargado de tierra. En lenguaje marinero es el viento que viene de la tierra.
[5] Americanismo: terreno bajo.
[6] Americanismo: frío nocturno muy intenso. *Helada* es un americanismo como cualquier otro de los muchos que usa Alegría; realmente, esta palabra no necesita ir entrecomillada.

Hombres y animales, en medio de la tristeza gris de los campos, vagaban apocados y cansinos. Parecían más enjutos que los árboles, más miserables que las yerbas retorcidas, más pequeños que los guijarros calcinados. Sólo sus ojos, frente a la neta negación del cielo esplendoroso, mostraban un dolor en el que latía una dramática grandeza. Tremaba en ellos la agonía. Eran los ojos de la vida que no quería morir.

XIV
«Velay el hambre, animalitos»

Marchaba el tiempo agravando el mal con su indiferente regularidad. El agua era un pequeño hilo en lo más hondo de las quebradas. Don Cipriano renunció a represarla para regar sus sembríos. Las mujeres tenían que ir con sus cántaros a buscar entre los pedrones y guijarros de los cauces la que se necesitaba para beber. Y se sabía que abajo, en las riberas del Yana, donde prosperaban la coca y las naranjas, los hombres morían en las tomas[1] de agua disputándose a tiros y puñaladas el escaso caudal que lograba reunir el río.

Un día don Rómulo sugirió:

—Señor, quién sabe el Gobierno...

—¿El Gobierno? —gruñó indignado con Cipriano—, usted no sabe lo que es el Gobierno. Desde Lima se ven de otra manera las cosas. Yo he estado allá. Una vez hubo hambruna por Ancash[2], y al Gobierno le importó un pito. El subprefecto, si no es una bestia, debe de haber informado ya. Le apuesto a que el Gobierno no hará nada...

Después de tan contundente réplica, don Rómulo no vol-

---

[1] Toma de agua es el lugar donde el agua se distribuye a través de acequias o canales.

[2] Peruanismo, viene del quechua *anccas* que significa azul: departamento del centro del Perú, al norte de Lima, al que atraviesan las cordilleras blanca y negra de los Andes Occidentales y forman el callejón de Huaylas, famoso por sus paisajes y montañas nevadas. Tiene costa y sierra, y su capital es Huaraz.

vió a remover el asunto y, desde luego, siguió retorciendo su bigote.

El Simón, entre tanto, mandó a su hijo donde la Martina, y a su vuelta tuvieron el siguiente diálogo:

—No quiere venir... Están comiendo las ovejas. Trigo no tiene. Dice que ya será tiempo e quel Mateyo güelva...

El Simón se limitó a decir:

—¡Güelva!, ¡china zonza! Le llevarás un almú e trigo...

El ganado había roto impunemente las cercas —¿por qué oponerse?— y discurría por las chacras en su afanoso husmear inútil. Antes, el ingreso a ellas significaba el hartazgo. Ahora, después de un prolijo recorrido, había que convencerse de que afuera[3] se estaba menos mal.

Las vacas mugían soñando promisorios puntos distantes y echaban a andar, a andar, pero se daban con que, sin duda, la verdura quedaba siempre tras las más lejanas cresterías. Retornaban luego con las cornamentas más bajas y los costillares más pronunciados bajo la piel terrosa y opaca.

Las cabras —don Cipriano tenía una gran manada— escalaban pedrones y riscos para pasear su inquietud por los campos a través de ojos azorados. Su travesura y gusto por los equilibrios les proporcionaron, alguna vez, un buen bocado de la rara hierba seca que aún persistía en alguna grieta de las peñas. Pero, de ordinario, su encumbramiento sólo les mostraba en más nítida forma la extensión del azote.

Las ovejas, discretas, tirábanse a acezar a lo largo de las sendas. Un inquieto relincho de potros estremecía los picachos desnudos y los magros perros comenzaron a enfadarse y ladrar. Ladraban hacia el horizonte, hacia el cielo, hacia alguna sombra espectral.

La hambruna mordía los vientres con voraces e implacables mandíbulas. Los campesinos visitaban, una y otra vez, el caserón de la hacienda. Siguiendo el consejo de don Cipriano, habían guardado todo lo que se podía, pero ya no alcanzaba. Desde luego que la situación de los fugitivos de Huaira era aún más triste que la de los colonos. Es verdad que el

---

[3] Fuera.

indio, si cuando está en francachela[4] es insaciable, se contenta con unos cuantos bocados en la escasez. Pero, de todos modos, su reducida dotación se terminaba ya. Los otros comenzaron a verlos con ojos cargados de sospechas. Cerróse la mano abierta de los primeros días. Y sus trajines por los campos porvocaban un hostil recelo.

Don Cipriano, si eran muchos los pedigüeños, se negaba tozudamente a darles ningún auxilio:

—No, no hay nada, no tengo ni para mí...

Pero hacía quedar a alguno y, sigilosamente y como a escondidas, le llenaba un lado de la alforja con cebada. Después le decía, para hacerle creer que se trataba de una atención especial:

—No lo digas. Lo hago contigo solamente...

Era mucho gallo don Cipriano.

Pero la demanda arreció, pese a todo, y el hacendado tuvo al fin que negar de veras. Vivía rodeado de imploraciones y lágrimas, y él mismo, que siempre había tenido el corazón animoso, se acobardó. Esto le hizo ser menos asequible todavía.

Por lo demás, el hambre había vuelto a cholos e indios más estáticos. Sentados a la puerta de sus chozas mascaban coca —si la tenían— cambiando monosílabos lúgubres. Ellos solamente saben sembrar y cosechar. El ritmo de su vida está ajustado netamente a la tierra. Y aquella vez, por eso, estaban muriendo pegados a la tierra.

Pero si para el hombre es triste el hambre, lo es más para el animal. Las vacas habían resuelto el problema con cactos y pencas. Espinosos y amargos eran, mas el clamor íntimo de la vida no admite evasivas. Las cabras ramoneaban chamiza, y ovejas y caballos hacían valer el ichu reseco y punzante. Pero los perros se sintieron perdidos. En la mayoría de las casas su ración fue suprimida. Tuvieron que lanzarse a los campos y aparecieron las primeras tropas deambulando sin sosiego tras su insatisfecho anhelo.

Wanka y los suyos seguían sirviendo a sus dueños. Puede

---

[4] De fiesta, con comida y bebida en abundancia.

decirse que éstos compartieron su pobreza con ellos. Y hombres y perros enflaquecían más y más. El Simón Robles olvidó sus relatos. También dejó a la flauta y la caja en su sitio: aquélla en la repisa, junto a San Antonio, y la otra colgada por allí, perenne luna llena en la negrura de un rincón. Porque llegó la fiesta de Saucopampa y además de que acudieron pocos, fue solamente rezada[5]. Qué se iba a comer ni beber, si alimento no había, y chicha se hace de maíz y no de piedras. Qué se iba a tocar si la única tonada era la fiera del viento. Qué se iba a bailar ni cantar si ya no había corazón. La Virgen hallábase olvidada de sus hijos, lo mismo que San Lorenzo, el santo patrón de Páucar. La capilla de éste, situada al lado de la casa-hacienda, estaba siempre abierta y los campesinos acudían a pedirle tanto como a don Cipriano. Un día fue a rezar la Juana y volvió muy asustada. Era que la imagen tenía ante ella, tradicionalmente, un manojo de espigas. Los campesinos se lo ofrendaban todos los años, pues para ellos son las espigas las más bellas flores que florece la tierra. Y ya no estaba allí el granado haz.

—¡Impíos! —gruñó la Juana.

—Si consintió que luempuñaran, jué que quiso —argumentó el Simón, calmando a su mujer.

La Vicenta olvidó el tejido que estaba haciendo y bien hubiera deseado el Timoteo olvidar a la Jacinta. En cuanto a la Antuca, seguía conduciendo el ganado acompañada de los perros. Wanka, Zambo y Pellejo trajinaban siempre tras el rebaño, pero su paso era cansino y desganado su ladrido.

Un día la Antuca se acordó de cantar:

> El Sol es mi padre,
> la Luna es mi madre
> y las estrellitas
> son mis hermanitas.

---

[5] El prestigio de una fiesta pueblerina se mide, en buena manera, por la forma como los curas celebran la misa el día principal, si es *rezada* como en este caso es evidente signo de pobreza. Por lo general es *cantada*, cuando la economía es buena y puede ser *diacononada*, con varios celebrantes, si las arcas estan boyantes.

Pero no sonó como antes su voz. Se asustó de su propio canto. Y con el sentimiento panteísta de su ancestro indio, entendió que las oscuras y poderosas fuerzas de la naturaleza se habían puesto contra el animal y el hombre.

—Nube, nube, nubeée...

—Viento, viento, vientooooóo...

No, ya no era el mismo que antes. Subían las nubes a empequeñecerse y marcharse por la inmensidad de los cielos en alas del viento. Antes era densa y pesada la niebla y la envolvía tan ceñidamente, que a veces, al tirar el copo blanco y dar vueltas al huso, la Antuca creía estar hilando niebla[6]. Mas ahora apenas si ascendía un poco del río Yana para desaparecer. Y el viento, que otrora traía las nubes y era anuncio de lluvia, se las llevaba hoy mascullando blasfemias sobre la eriaza tierra.

Desamparados estaban el animal y el cristiano.

Para peor, ya no acudía el Pancho a tocar en su antara los wainos y el Manchaipuito. Cada vez apareció con menos ovejas, y sin duda él y su familia terminaron por comérselas todas.

¡Y era tan bueno estar con el Pancho! Pero, en verdad, ella ya no tenía nada que darle. Había soñado con ser grande y de anchas caderas y redondos pechos, como la Vicenta en los tiempos de trigo, y amarlo vigorosamente y tener hijos. Pero el hambre hasta la empequeñeció. Bajo el tocuyo de la blusa y la bayeta de la pollera, se encogía una osamenta descarnada. Sus grandes ojos brillaban tristemente y parecían más grandes aún en medio de una cara pálida de mejillas chupadas[7]. Se vio entera en los perros. Wanka, Zambo y Pellejo, muy flacos, los hocicos agudos y los ijares contraídos, tenían los ojos fulgurantes. Las ovejas de vellones raquíticos, melancólico mirar y débil paso, estaban en una triste situación también.

---

[6] En «La hilandera de la luna», un bellísimo mito de los antiguos wancas, una doncella era disputada en amores por los dioses Viento y Arcoiris y ella, como dice Alegría, hilaba el viento.

[7] Peruanismo: de mejillas tan delgadas que hacen destacar mucho los pómulos.

Y dijo la Antuca una tarde en que sintió más que nunca la negación de la naturaleza, su propio dolor y su soledad y los del ganado, resumiendo todas las penurias:

—Velay[8] el hambre, animalitos...

---

[8] Además de un resumen, esta frase es un grito desgarrado de impotencia ante la inclemente naturaleza.

XV

Una expulsión y otras penalidades

El animal ama a quien le da de comer. Y, sin duda, pasa lo mismo con ese animal superior que es el hombre, aunque éste acepte la ración en forma de equivalencias menos ostensibles. De allí el antiguo gusto por los amos. Y seguramente el sentimiento de la querencia no es otra cosa que el recuerdo físico, la adhesión primaria a la tierra, el agua, el aire y todas las cosas que hicieron vivir. Después de todo, el hambre es una contingencia vital y así resulta completamente lícita la búsqueda del alimento. Pero el animal de presa se ha acobardado, la aspereza del camino le royó las garras y la zarpa tornóse cuenco. En una ligera vuelta de la muñeca se encuentran condensados muchos capítulos de la historia[1].

Mas los tiempos trágicos son pródigos en resurrecciones. Y en aquéllos de nuestra historia la zarpa reapareció. Comenzaron a deslindarse fronteras entre hombres y animales, y entre hombres y hombres, y animales y animales. Pero en la casa del Simón Robles persistió aún por mucho tiempo la solidaridad entre quienes daban el alimento, pues, desde luego, darlo es también cuidarlo. Perros y gentes se aglutinaban todavía en la desgracia. Mas la ración era de hambre y, poco a poco, el sentimiento de fidelidad se relajó. Este fenómeno lo conocen bien los gobernantes y patrones —amos de calibre

---

[1] Alegría es muy consciente de que en la historia las pequeñas contradicciones son el motor del devenir humano.

mayor—, y no lo ignoraba el Simón, que en otros tiempos había también sufrido y visto sufrir la carencia de alimentos; pero no iba a convertir en harina la arena.

Y así pasó.

La Antuca estaba pastoreando en las alturas, si es que pastorear puede llamarse el hecho de conducir el ganado para que deambule en medio de una reseca paja cercenada hasta las raíces.

Sentada, hilaba un copo parco y, a su lado, Zambo acurrucaba su flacura, dormitando. Éste abrió los ojos de repente, irguió las orejas, husmeó blandamente, con cauteloso paso, se escurrió del lado de su dueña. Ella, al notar su ausencia, lo llamó. No encontró dóciles oídos su voz. Alarmada, se puso en pie y advirtió también la ausencia de los otros perros.

—Wankaáa..., Zambóoo..., Pellejóoo...

¿Ella y el ganado se habrían quedado solos? Subió a un pedrón y los vio metidos en la cómplice oquedad de una hoyada. Fue corriendo y no quiso creer lo que pasaba. Habían muerto una oveja y se la estaban comiendo. Regañó a los perros, gesticuló, alzó la rueca, pero todo fue en vano. A sus gestos y voces respondían con gruñidos sordos y seguían atragantándose vorazmente. Ya no era la dueña quien daba de comer. Era la que quitaba. Wanka, inclusive, ladró enfurecida.

La Antuca, asustada, arreó el ganado sola y llegó llorando a su casa.

Los perros no soltaron su presa hasta muy tarde.

Wanka fue la que inició el festín. Estaba tendida en la hoyada para defenderse del viento —su debilidad le descubrió el frío— cuando acertó a llegar una gran oveja. ¿Qué fiebre súbita le caldeó el cuerpo y la aventó sobre el descuido y la inocencia de su víctima? Olvidó las viejas y maternales tetas. De una pechada tumbó a la oveja y ésta no tuvo tiempo ni de balar, pues un feroz mordisco le rompió el cuello. Wanka procedió como si hubiera estado acostumbrada a hacerlo y no se sorprendió de su pericia ni de su éxito. Percibiendo el gusto y el calor de la sangre, mordió vorazmente y la primera lonja de carne tibia fue destrozada por sus fuertes mandí-

238

bulas. Sintió como si sus colmillos y lengua y cuerpo entero asistieran a un banquete ancestral, envuelta como estaba en el vaho cálido de la sangre que borbotaba empurpurando el suelo. Luego apareció Pellejo y por último Zambo. Cuando la Antuca se mostró regañando y amenazando, no consiguió otra cosa que molestarlos. Era terriblemente alegre empapar en la sangre el hocico y ajustar los colmillos rompiendo huesos, domeñando la elasticidad de los tendones y ablandando la magra carne, y tragar, tragar hasta sentir pesada la barriga y que un nuevo calor recorría el cuerpo y una nueva energía lo entonaba. El tiempo nada significaba ya. Allí comían tres perros de la época de la cueva ante la pieza cobrada en los vastos campos abiertos al afán nómada[2]. Hasta que se llenaron. Entonces vino la serenidad y el advertir que el rebaño no estaba, y que era muy desolada la puna sin él, y que tenían una solemne y sobrecogedora tristeza los picachos sombríos. Wanka tomó silenciosamente el camino de regreso y los otros dos la siguieron. Pese a la llanura y la fortaleza, no era alegre la marcha sin manada que arrear. Uno tras otro, a trote corto y un tanto pesado, descendieron hasta las inmediaciones de la casa. Se detuvieron llenos de indecisión. ¿Llegarían? Era la hora de la comida. Tenían temor y al mismo tiempo deseo de entrar, de ocupar su sitio ante la batea de la merienda y después, como todos los días, su puesto en el redil, sobre la paja. Pero ya no era como todos los días. Habían sido criados para cuidar, su vida entera lo hicieron así y de pronto dieron, sin comprenderlo casi, la muerte. Sin duda, una nueva actitud tomaría el hombre.

Aún no había llegado la noche, pero una afilada media luna se engarzaba ya en la algodonosa blancura de una nube.

Después de mucho, se fueron acercando a la casa, con paso blando y medroso, la cabeza gacha y la cola caída. El Simón estaba sentado en el corredor. Llegaban con los hocicos rojos y los vientres llenos, colgantes, ahítos. Tomó un grueso bordón[3] que tenía a su lado y se les fue encima. Gritaron

---

[2] Teoría de que el hambre vuelve esencial y primitivo al animal y al hombre.

[3] Palo o bastón más alto que un hombre.

ellos huyendo ante los garrotazos y él soltó interjecciones y los persiguió, acompañado por toda su familia, que apareció rápidamente armada de leños. Los perros se detenían y trataban de volver humildemente, pero hombres y mujeres reiniciaban el ataque y los corrían hasta muy lejos. Como para que no les quedara ninguna duda, les tiraron piedras, y la buena puntería del Timoteo se lució en las costillas de Wanka. Cuando cayó la noche, los perros se reunieron y trataron, una vez más, de volver, de ganar nuevamente al hombre o la casa o por lo menos el redil para sí. Y no porque en ese momento pensaran en seguir comiéndose a las ovejas. Pero velaba el hombre. Recordó el Simón que en la pasada hambruna, cuando los perros comenzaban a devorar el ganado, había que matarlos o echarlos, pues de lo contrario, lo hacían siempre que tenían hambre. Era necesario, pues, obrar con rapidez y energía[4]. Y por eso se encontraba allí todavía, en pie en un extremo del corredor, el garrote en la mano, vigilando.

Wanka y los suyos lo contemplaron un momento y, comprendiendo al fin, cambiaron de camino. Frente a ellos estaban los anchos campos.

*

El indio Mashe había levantado su choza, como hemos dicho, en la parcela que eligiera junto a un conglomerado de alisos. Estos retorcidos árboles jalquinos[5] —higueras de los Andes— proporcionan leña, pero qué cocinar no había. La fogata alumbraba, en un pequeño bohío de techo pajizo y paredes de ramas, a cuatro comensales en espera.

Llegó esa vez el indio Mashe más triste y cansado que de ordinario. La existencia le pesaba ya como una carga de piedra en las espaldas.

—Nuay nada... Yel patrón no quiere dar nada... Nuay nada...

[4] Las comunidades tradicionales eran muy expeditivas contra quienes les hacían daño. Enrique López Albújar, escritor peruano, en su cuento «Ushanam jampi» muestra como la comunidad expatria sin la menor piedad a un hombre por haber robado a un vecino.

[5] De las muy altas.

Lentamente sentóse a la puerta de la choza y, para disimular la crispación de sus manos, se cogió las rodillas. Y de su silencio alzóse la voz de la tragedia —dolor de tierra y tiempo—, que era toda su vida.

La Jacinta tuvo pena y salió a buscar algo. No se crea que iba a venderse. Las indias que se entregan en los campos no lo hacen por plata. Se acuestan sobre la ancha tierra y, mirando el cielo azul o las estrellas, reciben al hombre noblemente y una ruda y pura voluptuosidad les alumbra la vida. La Jacinta iba en busca de lo que cayera estirando la mano ante cualquier puerta. Le habían dado cebada algunas veces. Quizá ahora, otra vez...

En el camino tropezó con una gota de sangre. Husmeando, husmeando, algo le dijo que no era sangre de hombre aquélla. Y, con el instinto del animal que presiente la presa, se puso a buscar por el campo. Una gota y otra. Sí, en esa dirección era. Corrió. Allí —rojos y blancos— estaban los restos de una oveja: lanas, gualdrapas y huesos revueltos. Después de vacilar un poco, los colocó en el rebozo y luego se echó el atado a las espaldas.

Al viejo Mashe le brillaron los ojos. Cuando la Jacinta relató detalladamente su hallazgo, él dijo:

—La mataron perros dejuro... Apostaría mi viejo cogote aunque no vale pa nada...

Y pusieron las presas al fuego. Arrancaron las piltrafas de carne y royeron los huesos. El viejo Mashe se procuró dos piedras y los trituró para sorber el tuétano. Cuando llegó la noche y las sombras apretujaron al bohío, ellos continuaban aún mordisqueando y chupando lenta, afanosamente.

*

Al siguiente día, Wanka y los suyos recordaban su presa. Desde luego que sólo hallaron una sangre que el sol y la tierra consumían ya.

A buscar qué comer, entonces. ¿Dónde?

Así quedaron abandonados a la angustia sin término de los caminos de la hambruna.

XVI
Esperando, siempre esperando

Un tiempo lento, el tiempo del dolor y los pobres, pasó sin traer al Mateo Tampu. Aunque, en verdad, parecía que sólo ahora era la época de la vuelta. Quizá. La Martina no sabía realmente cuánto se demoraría, pero pensaba que ya iba a retornar, que cualquier día lo verían ascender la cuesta, con el mismo trote vigoroso de otrora. A lo mejor, los cerros lejanos sentían ya sobre su espaldas el paso anheloso del viajero. Estaría haciendo grandes jornadas, sentándose un momento para tomar aliento y reiniciando tercamente la marcha otra vez. Saldría a los senderos con el alba.

Y esperando, siempre esperando, la Martina resistió silenciosamente el azote de la sequía. Podría vivir aún. No era cosa de marcharse ahora que él iba a volver. Ella y los hijos y el perro y la tierra lo habían extrañado mucho. Pero ya estaría allí de nuevo y, como el agua de la lluvia, inundaría la vida de contento.

El más pequeño de los hijos crecía trabajosamente. La china lo amaba con la profunda ternura que inspira a las madres el hijo desgraciado, pues él, de los dos, era quien más sufría la inclemencia del tiempo y los hombres. Apenas hablaba y no podía andar mucho. Pero ya tenía voz para decir «taita» y lágrimas que llorar no le habían faltado. Y la Martina, viendo su miseria, pensaba en que debía volver el Mateo. Todos lo amaban y esperaban. Tenía que volver.

Y pensemos nosotros que tal vez el Mateo Tampu, allá abajo en la costa, sufriendo el despotismo de cabos y sargen-

242

tos, perdido en el anonimato de las filas en marcha o dolido en la barra del calabozo, se consolaría sintiendo ese lejano y esperanzado cariño. O tal vez murió palúdico, o desertó, y temeroso de la persecución no volvió por sus mismos lares, o se quedó por allí, olvidado y olvidando. El llano tiene más caminos que el Ande y es fácil extraviarse, pues faltan rudas cuestas para animar la beligerancia de los tendones y nítidas señales en el horizonte para dar un sentido fijo a la marcha.

Pero la Martina no sabía nada de esto; el Mateo era aún huella en su carne y su vida, y con esa lealtad de los seres que tienen una intimidad sencilla, lo aguardaba pacientemente. Al comienzo sufrió la soledad su cuerpo vigoroso, lleno de voluptuosas corrientes que deseaban cauce. Pero la escasez trajo el hambre y la flacura, y la lumbre erótica apagóse en la sangre lenta y el músculo magro. Las fuerzas se agazaparon en los últimos rincones vitales para economizarse y resistir.

Pero ya no quedaban más que una oveja en el redil y una lapa de trigo en el terrado.

Y una mañana dijo la Martina al Damián:

—Voy pa Sarún onde los taitas del Mateyo. Voy a pediles comida. Juera onde mi taita, pero no tendrá. Comel trigo. Si me tardo y se tiacaba, llama onde ña Candelaria y matan la oveja. Te llevara, pero es güeno questés aquí si llega el Mateyo. ¿Tiacuerdas? Sí... Y si me tardo más tuavía y no tienes qué comer, ándate pa onde mi taita, ño Simón... El río no tiene casi agua y podrás pasar...

Se quedaron silenciosos ambos y la Martina agregó, como retando a la adversidad:

—Sí, vendré... También vendrá tu taita...

Y se marchó llevando a cuestas al hijo más pequeño. Su cuñada, que se había ido hacía tiempo, fue quien le dijo que los padres del Mateo tenían abundante comida en Sarún.

El Damián y Mañu estuvieron viendo mucho rato cómo la Martina desaparecía a lo lejos. Por fin, el Damián se puso a tostar trigo en una callana[1] y después se lo comieron am-

---

[1] Peruanismo, procedente de un vocablo quechua: vasija de barro, de forma semejante a media esfera, que sirve para tostar granos, especialmente el maíz y el trigo.

bos, rumorosamente. Agua les proporcionó el cauce pedregoso de las cercanías a fuerza de hundir en los pozos las manos hechas cuenco y la lengua reseca. Y luego la cordillera toda les dio soledad.

Niño y perro se acompañaban en medio de un mundo árido y hostil, porque la oveja de la majada, de ojos vencidos y cuerpo abandonado sobre la tierra, pertenecía ya a ese mundo o, por lo menos, no se le oponía.

Llegó la noche y subieron a la barbacoa. Mañu quiso acomodarse a los pies del cholito, pero éste lo hizo echarse a su lado y, mientras el perro estuvo despierto, fue un consuelo el fulgor amarillo de sus ojos en la densidad oscura de la noche. Hablaba ésta con mil voces misteriosas. Cuando Martina estaba en el bohío, el Damián se durmió pronto y no pudo escucharlas. Pero ahora llegaba a su sobrecogida vigilia el mensaje torvo de la extraña vida que tiene lugar entre las sombras. Mugía el viento, portando chasquidos y rumores confusos y distantes. Alguien pasó llorando por el camino. Gemían sus padecimientos seres atribulados y uno de ellos avanzaba, arrastrando sus pasos, y ya golpeaba el bohío haciendo crujir la pared de cañas y barro. Baló la oveja y Mañu despertóse y salió a ladrar. Lo estuvo haciendo mucho rato. ¿Era un ladrón? ¿O el zorro? ¿O un ánima condenada a penar? Al fin retornó el perro y la extraña vida continuó afuera. Era un concierto de llantos y quejidos que no terminaba, una ronda de entes doloridos que se refugiaban en la sombra para deplorar sus terribles padecimientos. Y cada vez estaban más cerca, más cerca, sin duda para matar o incorporar al Damián a su penar doliente aprovechando que era un pequeño niño abandonado. A ratos llamaba:

—¡Mañu..., Mañu![2]

El perro abría los ojos, atisbaba un momento y volvía a dormirse. Al fin, el amanecer espolvoreó una incierta blancura y la fantástica población alejó sus quejas. La vida cobró un nuevo sentido y, en brazos de una consoladora confianza, el Damián se durmió. Y despertóse cuando el sol estaba ya

---

[2] Los cuentos de aparecidos en su mayoría son contados por los adultos pero, por lo general, son los niños quienes sufren los grandes miedos.

muy alto y brillaba en la comba lustrosa del cielo y la tierra parda.

Sin madre, él era muy frágil y qué duro el mundo. Sólo ahora percibía el significado de la separación y quiso llorar, pero se contuvo. Una porfiada lágrima brotó, sin embargo, y se la limpió con la punta del poncho. Menos mal que no había ninguna huella de la ululante ronda de la noche. Tendría que preparar el trigo de nuevo. Lo herviría esta vez. Aunque no, lo tostaría siempre, porque es más rápido. Y, una vez preparado, comieron el trigo. Después fueron al redil. Andaba desganadamente la flaca oveja. Se detuvieron a orillas de la quebrada, un lugar desde el cual se podía ver la casa. La oveja mordisqueaba chamiza y las contadas hojas mustias de los arbustos cuyas raíces podían extraer humedad del enjuto cauce. Verdeaban algunos cogollos y el Damián los arrancaba para dárselos. La oveja, como si estuviera espantada por el azote, comía medrosamente. Mañu tendió su cansancio sobre la tierra, pero manteniendo la cabeza erguida y vigilante. El pequeño —recordemos que, a la fecha, tendría nueve años— se puso a hacer un atado de leña, lentamente, pues no había apuro y la tarea resutaba fácil dada la abundancia de madera seca. Cuando lo tuvo listo, ya era pasado el mediodía. La oveja, fatigada, se había tirado al suelo y entonces sentóse él junto a Mañu. Miraron toda la tarde el mustio paisaje. En las faldas peladas de los cerros se levantaban algunos prietos bohíos. El más cercano era el de doña Candelaria, vieja encorvada y flaca, cuya cara morena tenía más grietas que la seca tierra. Se lo pasaba tosiendo tan golpeadamente[3] que podía oírsela desde lejos. Además de toser, regañaba a un perrillo negro que le calentaba los pies. El Damián y Mañu la vieron dar vueltas en torno a la choza, mascullando quién sabe qué enojos y, por último, sentarse a la puerta. Perro y dueña formaban un solo bulto negro, en el cual blanqueaba la cabeza canosa de ella. Allí estaba, cuando no tosía ni regañaba, hablando en tono quejumbroso con un inexistente auditorio. Gesticulaba y trataba a toda costa de que se

---

[3] Tos golpeada por convulsa, fuerte o galopante, es posiblemente una significación que Alegría asigna a esta palabra.

le entendiera claramente. Sus oyentes parece que no alcanzaban a discriminar todas las cuestiones y entonces ella volvía a la carga, alzaba la voz y agitaba el bordón. Por último se puso a pelear. Movía los brazos bajo el flotante rebozo oscuro. Irguióse de repente y blandió el garrote. Como el enemigo se fue corriendo[4], ella le mostró el grueso palo y después lo dejó caer dos veces haciendo retumbar el suelo.

—Así, así..., diun solo palazo... —amenazó.

Ya era tarde y el Damián y Mañu, arreando la oveja, volvieron a su bohío. El chico cargaba el atado de leña y un poro[5] de agua que puso a llenar, durante todo el día, al pie de una piedra de la cual caían lentamente gotas. El fogón ardió y la callana brindóles nuevamente la morenez sabrosa del trigo tostado. El sueño vino más fácilmente aquella noche y, quizá sí, quizá no, lloraron las peñas.

Y así, un día y otro. Doña Candelaria estaba discutiendo y peleando siempre con alguien. El trigo mermaba y ni la Martina ni el Mateo aparecían por parte alguna. Una noche, Mañu saltó de pronto ladrando violentamente. Se escuchó el golpe seco de un palo. Dio un grito y calló. Después baló la oveja y sonaron unos pasos alejándose rápidamente. El Damián salió lleno de miedo a ver lo que pasaba. No pudo distinguir más que sombra. Una palabra sonó a distancia. Después buscó a Mañu y lo encontró tendido largo a largo. Pero tenía el cuerpo cálido y respiraba. El Damián estuvo a su lado, acurrucado dentro de la inmensa noche, esperando que le volviera la vida. Nada podía hacer sino acariciarlo blandamente y repetir bajito: «Mañu, Mañu», porque el hablar fuerte podía señalar su presencia a los malos de toda laya que pueblan la sombra. Jadeó después de mucho rato el perro, dio un gemido y tranquilizóse, sintiendo la cercanía del Damián. Éste le palmeaba la cabeza y el lomo peludo: «Mañu, Mañu.» Por fin se pusieron en pie y se levantó también el día.

Pero no había oveja que cuidar, y la luz les sirvió sola-

---

[4] Al parecer, se trata de una alucinación producida por el hambre.
[5] Quechuismo, vasija de calabaza seca utilizada para transportar líquidos.

mente para proporcionarse la ración esperada siempre, desde hacía tanto tiempo que ya no se podía contar. Por hacer algo fueron a recorrer las cercanías. Doña Candelaria ya no estaba a la vista. ¿Se quedó en el interior de su choza? ¿Se fue? El Damián recordó las peleas con los seres invisibles que la importunaban diariamente y tuvo miedo de ir a ver lo que había pasado. Quizá estaba sobre la tarima, yerta, por haber sido estrangulada mientras dormía. ¿Y el perro? Sin duda no se apartaba de su lado, cuidándola. De todos modos, al Damián le pareció que no convenía ir hacia esa casa y no fue. Nosotros, por nuestra parte, preferimos ignorar lo que pasó a la pobre vieja. Sin duda murió de hambre. Pero la mística de las montañas hacía en esos tiempos su misterio del dolor, de la desolada inmensidad y las secretas causas de la sequía. El Damián, al negarse a aclarar la desaparición de doña Candelaria, no hacía sino resistir con sus pequeñas fuerzas de niño el sorbo oscuro de la fatalidad.

Al día siguiente se terminó el trigo. Agua no más había ya, agua de la calabaza, recogida gota a gota. ¡Mama! ¡Taita! Los largos caminos estaban siempre solos. Un día, no sabemos cuál, el Damián fue hasta la loma:

—Ña Candelaria —llamó varias veces.

«A-ááa», «a-ááa», les contestó débilmente el eco. Todos los campos estaban silenciosos y las lejanas chozas parecían también sin gente o con gente muerta adentro. ¡Mama! ¡Taita! Velay que únicamente había soledad. Y Mañu, el pobre Mañu, que tenía un aire tan solidario y también tan triste. El hambre dolía en la barriga y hacía ver azul. Al principio producía una atroz angustia, una perenne inquietud agobiante. Pero después se hizo laxitud tan sólo y aflojó los músculos. Había que estarse en la barbacoa, bebiendo de cuando en cuando el agua de la calabza.

*

¿Cuántos días? ¿Cuántas noches? El tiempo desapareció como luz y sombra ante unas débiles y entrecerradas pupilas. Solamente se le sentía en cuanto significa de percepción vital, en el aullido del viento. Un obstinado viento tremaba[6] y ululaba sobre el bohío y daba al Damián el sentido de una existencia que, en medio del silencio, tal vez se habría ignorado a sí misma.

Pero un día abrió los ojos con todas las fuerzas que le quedaban y vio la luz. Frente al bohío pasaba el camino. Y recordó nuevamente a la Martina. «Matarás la oveja y si me tardo tuavía y no tienes más que comer, ándate pa onde mi taita.» No había podido, en verdad, matar la oveja, pero ya estaba muchos días sin comer y podía irse. Salió de la choza seguido del perro. Largo y quebrado era el camino. Él lo había recorrido hacía tres años, cuando fueron una vez a la novena de San Antonio que hizo el Simón, pero ya no lo recordaba bien. De todos modos, se echó al camino abandonándose a su instinto. Y es seguro el instinto del nativo, sobre todo para descifrar senderos en medio de la fragorosa inmensidad de los Andes. Le flaqueaban las piernas y las ojotas chocleantes[7] producían un ruido irregular. Venía el viento a desplegarle y tironearle el poncho a la vez que se lo llenaba de polvo. Mañu caminaba tras él o a su vera, macilento y cansado. Sentáronse a reposar un momento y luego continuaron la marcha. Pero una fatiga cada vez más intensa doblaba las piernas del Damián. Largo y quebrado era el camino. Allí había una piedra al pie de un árbol escueto. Y la costumbre le hizo sentarse bajo el árbol y no en otro sitio, aunque las ramas desnudas no proporcionaban ninguna sombra.

Alto, qué alto el cerro Huaira. Y todavía más alto el cerro Rumi. Y más aún el Manan[8], que sobresalía del conglomerado azul y negro de montañas que corría hacia el Norte ajustándose y atropellándose como una punta de ganado a la que arreara un conductor de activa fusta. Al Damián le fallaron los ojos, un súbito frío le abandonó todo el cuerpo y cayó a tierra. Sintió un lejano rumor de campanas. Su compañero lo miraba, inquieto.

---

[6] Temblar.

[7] Esta onomatopeya utilizada en varios textos por Alegría para designar el sonido de las sandalias sobre el barro es, también, de posible invención suya.

[8] Los cerros Huaira, Rumi y Manan también aparecen en la mítica comunidad de Rumi, escenario de gran parte de *El mundo es ancho y ajeno*.

—Mama, mama..., quiero mote[9], mamita... —dijo el pequeño.

Y luego se quedó callado, cerrados los ojos y pálida la demacrada carita trigueña. Mañu sintió, con la segura percepción de los perros, que había llegado la muerte. Y aulló largamente y se quedó al lado del cadáver, acompañándolo, del mismo modo que él, en ya lejana noche, había sido acompañado.

Después un cóndor planeó sobre ellos y se asentó a poco trecho. Le ladró a la vez que el ave ensayaba sus primeros picotazos. Tenía garras y pico curvos, cresta roja y plumas negras. Pertenecía a la variedad de cuello desnudo y golilla blanca, allí donde comienza a emplumarse de negro. Miró atentamente al muerto con sus ojos duros y fríos, y luego dio hacia él unos cuantos de sus balanceados pasos. Mañu, lleno de angustia, sacando fuerzas de su debilidad, se abalanzó al desnudo cuello, sin lograr morderlo, pero recibiendo un terrible picotazo en el lomo. Pero no avanzó más el cóndor. Y se entabló una lucha terca y lenta. Ladraba el perro al atacante y éste saltaba abriendo las grandes y abanicantes alas. La sangre del lomo herido goteaba pintando el suelo. A veces, el cóndor se detenía permaneciendo un largo rato con un aire de indecisión, pero después resolvía acercarse de nuevo, y el guardián se lo impedía a ladridos y presuntos mordiscos. En ocasiones conseguía rechazar al perro y llegar al cadáver, pero Mañu lo hostigaba y no lo dejaba tranquilo, obligándolo a retirarse. En cierto momento en que trató de no hacerle caso y comer, le saltó hiriéndole el cuello. Empurpuróse la blanca golilla. El picotazo que recibió en el lomo había enseñado al perro las ventajas de la pelea de lejos. Acometía y se retiraba, ladrando y gruñendo enfurecido, los ojos turbios. El cóndor abría el pico y estiraba el cuello lleno de rabia también, pero luego recobraba su actitud normal y permanecía, ante los ladridos, con la dignidad precisa de un ser que domina los aires frente a otro que no puede sino trotar miserablemente por la tierra. Pero, a fin de cuentas, era una insolencia que ese insignificante se le opusiera y, compren-

---

[9] Peruanismo: maíz cocido con agua.

diéndolo así, después de medir atentamente las posibilidades, avanzaba de nuevo hacia el cadáver. Pero la resistencia volvía a producirse y la lucha a recomenzar. Así pasó mucho tiempo. De repente, Mañu vio con angustia que otro cóndor descendía, tomaba contacto con el suelo y comenzaba a acercarse con su andar bamboleante y tozudo. Ladró más fuertemente entonces y el recién llegado se detuvo un momento, observando con desdén y cautela...

Sonó un tiro y el primer enemigo cayó. El nuevo echó a volar con vigoroso ímpetu. Y Mañu advirtió que por el camino, jalando una mula parda, avanzaba un hombre. Era don Rómulo Méndez. Cuando llegó, aún daba el cóndor potentes aletazos sobre el suelo. Tienen fama de resistir mucho, así la herida les parta el corazón[10]. Don Rómulo, después de contemplar la dolorosa escena, amarró el cadáver, de bruces, sobre la montura. Mañu comprendió que era un amigo y lo dejó hacer, oscilando y moviéndole la cola. El hombre, jalando la mula, tomó la misma dirección que ellos llevaban, la carabina al hombro. El perro iba a su lado. Partió no sin echar una mirada al cóndor abatido. En otros tiempos lo habría cargado también, a fin de llegar con el trofeo, pero ahora no estaba para cóndores.

*

Con cabeza y piernas oscilando al paso de la mula, crispadas las manitas y verdosa la piel, llegó el cuerpo del Damián a la casa del abuelo.

Terminando de contar la forma en que dio con él, dijo don Rómulo:

—Lo quise llevar onde la Martina, pero cuando éste se ha muerto solo y en medio camino, es porque ella no está... De todos modos, tú tamién lo puedes enterrar...

Luego agregó:

---

[10] La resistencia a la muerte del cóndor y su silencioso y majestuoso desplazamiento por los cielos, le adjudica rango de ave sagrada en muchos pueblos de los Andes peruanos. Se dice que es el ave que puede llevar mensajes de los hombres a los dioses tutelares.

—Y ya les digo, que, si no es por el perro, se lo comen los cóndores...

El Simón bajó el cadáver amorosamente, en silencio, y después de mirar a su mujer y a sus hijos, dijo al Timoteo:

—Vamos a enterrarlo aura mesmo. ¿Qué velorio le podemos hacer?

El cementerio era un cuadrilátero cerrado por una pared de piedra, cercano a la capilla de la casa-hacienda. Tenía esa ubicación para que el cura o su encargado pudiera cobrar fácilmente el derecho de entierro y vigilar que nadie diera sepultura a sus muertos sin pagar[11]. Las rústicas cruces sin nombre caían carcomidas por el tiempo. En otros días, las huellas de las tumbas estuvieron cubiertas de yerba, pero ahora se precisaban bien los rectángulos recientes, pues la puerta fue abierta y los animales terminaron pronto con el pasto de la tierra de los muertos. Aún deambulaba entre las cruces un asno huesudo.

Después de pagar al encargado —el cura no iba a Páucar sino para la fiesta de San Lorenzo— el sol ochenta exprimido de su miseria, padre e hijo entraron en el panteón portando su enteca y dolorosa carga, seguidos de Mañu.

Encontraron allí unos indios macilentos que apenas podían cavar. Estaban enterrando el cadáver del huairino Manuel Shínac.

*

Dejando de lado el lugar del corredor donde solían sentarse, al siguiente día del entierro del nieto fue el Simón a ver lo que ocurría con la Martina.

Cortaviento apenas podía con su cuerpo, de modo que el Simón hizo lentamente, a pie, el largo camino. A un lado y otro, lejos, a lo ancho de los potreros, volaban cóndores, gallinazos e illaguangas[12]. Morían caballos y asnos, sin duda.

---

[11] Aun cuando parece que Alegría tiene alguna manía a los sacerdotes porque siempre los hace aparecer con más defectos que virtudes, la especulación de los cementerios es evidente. Se hace creer que las almas de los muertos enterrados fuera de los camposantos vagarán por el mundo.

[12] Voz quechua: ave rapaz de plumas rojas y negras, parecida al cóndor pero de menor tamaño.

A las vacas, dueños y ladrones no les daba tiempo de fallecer por su cuenta.

La casa estaba sola. Y nada había en ella. Era evidente que se lo habían robado todo. Ni un poncho ni una herramienta. Sólo el arado estaba por allí, tendido en el suelo, con un aire de cosa de otros tiempos y muy inútil. También estaban desperdigadas —negras y amarillas— algunas ollas y calabazas rotas. ¿Y la Martina? Sin duda, doña Candelaria debía de saber, por algo eran vecinas. Subió el Simón a una loma y llamó repetidamente, tal lo hiciera el Damián en otros días.

—Na Candelariaaáa, ña Candelariaaáa...

Sólo pasó y repasó, hasta extinguirse, la tardía, ráfaga sonora del eco.

«Se ha ido», pensó al fin, al advertir el silencio y la quietud que rodeaban el bohío.

XVII

El Mashe, la Jacinta, Mañu...

No nos hemos olvidado del Mashe. Lo dejamos por lo menos bien comido. Con pena, no volvemos a encontrarlo así. El viejo indio vaga por los campos desiertos buscando y buscando.

Un día regresó a su casa portando una gruesa culebra de color acerado. Sus hijas lo miraron con sorpresa, no así su mujer, que también tenía largos años y duras cosas vistas.

El Mashe explicó:

—Se come. Se le quita cuatro dedos e lao e la cabeza, cuatro e lao e la cola, yel resto se come...

Y cortó la culebra en esa forma, la abrió, además, y después la asó. Cada cual recibió un pedazo. Después de vacilar un poco, las muchachas aprovecharon también su ración.

Pero no siempre se podía encontrar algo. Ni siquiera culebras. Y un día, el viejo indio Mashe no se levantó. Mejor dicho, ya no se pudo levantar. Quedóse envuelto en sus harapos mirando por la puerta siempre abierta del bohío —no tenía con qué cerrarla— los campos resecos, polvorosos y hostiles.

*

Tampoco nos hemos olvidado de Mañu. Cuando el Damián quedó bajo la tierra, el perro gimió un poco, pero su simplicidad comprendió el fin y corrió para alcanzar a quienes sepultaron el enteco cuerpo vencido.

Así llegó a la casa del Simón.

—¡Ah! —dijo éste, después de mirarle el abundante pelambre gris—, es el que llevó el Mateyo...

—Sí, es él —afirmó la Juana.

Lo contemplaron un instante y luego cada quien se dedicó a sus propios asuntos, que eran, si hemos de ser precisos, los de no hacer nada. Sólo la Antuca y el Timoteo conducían el ganado, o sea unos veinte pares de ovejas. Se había agregado el Timoteo a la tarea, y ambos pastores iban armados de gruesos garrotes para prevenir asaltos de parte de los perros. Estos, como ya hemos dicho, vagabundeaban en voraces tropillas buscando qué comer.

Mañu siguió a las ovejas vez tras vez, durmió en el redil y esperó su ración con el ánimo alerta. Pero nada le fue dado. Ni siquiera el cariño a que lo tenía acostumbrado el Damián. Si mataban una oveja, roían y hacían hervir los huesos, de modo que cuando llegaban a la cálida y buida[1] ansiedad de su lengua y sus colmillos, ya estaban inservibles.

Y allá lejos, por los caminos y los campos, aullaban los perros trashumantes. El dolor de los proscritos era el suyo propio y, en cambio, nada lo ligaba ya al hombre. Y una noche en que le hirió más que nunca la profunda congoja de su pueblo[2], saltó la feble pared del redil y marchó a reunírseles.

*

Una mano morena y crispada se detenía y avanzaba, se detenía y avanzaba, trémula, hacia el manojo de espigas. Tras ellas, una voz ronca mascullaba: «Perdón, perdón.» Y unos ojos angustiados veían la faz dulce y serena de San Lorenzo, dulce y serena como las mismas espigas en ese momento. «Perdón, perdón.» Los ojos voltearon súbitamente. No, no

---

[1] Acanalada.

[2] Nótese como Alegría resalta en su novela el tema de la solidaridad, en este caso la del perro Mañu. En otros momentos hubiera tenido alguna consideración por su heroísmo con el infortunado Damián, pero ahora es olvidado y siente la «congoja de su pueblo» perruno, deja a los humanos y se une a los repudiados.

había entrado nadie ni estaba nadie en la silenciosa penumbra de la capilla. Pero allí miraba el San Lorenzo de faz dulce y serena. Vacilaba la mano prieta. «Perdón, perdón.» Pero al fin cayó, como una zarpa, sobre el rubio haz. Y ya no hubo ojos para ver la faz dulce y serena de San Lorenzo, sino tan sólo el escape de la puerta. Y el hombre huyó con el manojo de espigas bajo el poncho, temeroso y alborozado como si llevara un tesoro.

Sólo se detuvo tras una loma, entre unos pedrones. Cuando estuvo seguro de que nadie podía verlo, sentóse, estrujó las espigas y masticó el trigo lentamente, lentamente.

Todo eso estaba recordando el indio Mashe en aquella hora. En medio de sus sombras postreras veía nítidamente el apretado haz amarillo y la faz dulce y serena de San Lorenzo. Después llamó:

—Cloti, Cloti...

Acudió su vieja mujer y, sentada junto a él, curvóse sobre el rostro prieto y rugoso. El hombre abrió los ojos, la miró con toda su vida y dijo:

—No hey hecho males... Pero juí yo el que robó el trigo e San Lorenzo... Porque podía traer castigo, no lo truje pa ustedes tamién...

Y el Mashe, como si para morir sólo hubiera esperado decir eso, murióse dando el suspiro de alivio de quien se tiende a descansar.

Lloraron las tres mujeres sobre el muerto.

¿Y con qué iban a pagar el derecho de entierro? En medio del gris y deshojado alisar abrieron la fosa con la barreta y la lampa que pertenecieron al Mashe, inútiles ahora, igual que todas las herramientas agrarias, como no fuera para cavar tumbas.

Y el Mashe bien descansó allí y no en el cementerio, que lo era sólo por estar cercado de piedra y exigir un derecho por el que la Iglesia aseguraba la salvación del alma. Bien descansó allí el Mashe, en la ancha tierra por la cual habían luchado tanto, abierta y libre a la esperanza y a la muerte. Al fin la tenía.

*

La Jacinta estaba sentada a la vera de un sendero, en las inmediaciones de la casa del Simón.

Y era porque las mujeres, después de enterrar al Mashe, se miraron y pensaron: ¿Qué hemos de hacer juntas tres pobres mujeres desamparadas? ¿Quién nos va a traer de comer? Ahí estaban los tendidos caminos. Y se fueron por los caminos.

Andando, andando, la Jacinta recordó al Timoteo. Parecía bueno y fuerte. Siempre la había mirado mucho. Pero precisamente por haberla mirado más de lo debido, ni quiso ni pudo llegar a su casa[3]. Pensó que debía sentarse al lado del sendero y esperar. Él saldría y la vería. Podría entonces invitarla a pasar. Si no, ella seguiría su camino, aunque no fuera precisamente suyo ninguno. Todo tendría el carácter preciso y justo.

Y así lo hizo. En la espera, deploraba que su miseria no le hubiera dejado siquiera un poco de lana que atar a la rueca. Entonces las manos tendrían que hacer, los ojos estarían pendientes del hilado y su actitud sería menos ostensible. Para no mirar la casa, volteó la cara hacia los cerros, no sin echar, de cuando en cuando y de reojo, un vistazo al corredor. Pasó mucho rato, y al fin salió el Simón y volvió a entrar. Entonces apareció Timoteo. Es que el padre le había dicho:

—Ay ta sentada una pobre mujer... No tendrá ónde dirse...

Al Timoteo le dio una corazonada y, obediente a ella, fue a ver de quién se trataba. Y velay que era la misma Jacinta. Se la acercó y consiguió decirle:

—¿Quiaces aquí?

Ella se quedó mirándolo:

—Mi taita sia muerto.

Luego bajó los ojos. ¡Qué difícil momento! Si tan sólo hubiera tenido un huso y un pequeño hilo que torcer[4]... Se

---

[3] La autoestima, la dignidad y el sentido del decoro de los personajes indígenas de Alegría son impresionantes, y son la otra cara de algunos cultores del indigenismo, especialmente el ecuatoriano Jorge Icaza y el boliviano Alcides Arguedas, que mostraron a un aborigen americano degradado.

[4] La mujer campesina ociosa es una afrenta para su comunidad. Jacinta lamenta no tener algo entre las manos para demostrar lo contrario. Muchas mujeres andinas, cuando viajan, siempre llevan a cuestas una manta sobre la

puso a mordisquear el filo del rebozo. El Timoteo pensaba que en su casa faltaba todo, y el taita ahora, quizá... Al fin se decidió y dijo las palabras justas:

—Vamos pa la casa...

En el corredor estaba el Simón. Magro y pálido, el poncho parecía colgado de un palo. Los dos se detuvieron ante él hechos una sola pregunta inquieta. ¿Iría a negar? ¿Iría a decir «Te quedas po la noche, pero te vas mañana»? El Simón aplacó la dureza de sus ojos sombríos y dijo a la Jacinta:

—Dentra.

XVIII

Los perros hambrientos

---

espalda anudada encima del pecho, aunque sea vacía, para demostar que no son ociosas. La holgazanería era severamente castigada en el Imperio de los Incas donde la ley de vida consistía en no ser ladrón, mentiroso, ni ocioso.

257

XVIII

Los perros hambrientos

Las tropas grises de perros hambrientos iban de aquí para
allá. Parecían retazos de tierra en movimiento. ¿Dónde diablos habían volado las perdices? Decididamente, no había
nada. Carecían de fuerzas para conducir las manadas y de las
chozas los corrían con tizones para que no molestaran más.
A veces se quedaban parados en las lomas, dubitativos, indecisos, sin saber hacia dónde seguir. Babeaban sus bocas en-
treabiertas, en tanto que dentro del cráneo caldeado se repe-
tían tozudamente quién sabe qué pantagruélicas escenas.

Una tarde, mientras el horizonte dentado de cerros se te-
ñía de rojo, la Antuca se encontró con Mañu. Estaba tirado
sobre las piedras en el reseco lecho de la quebrada. Escueto,
fatal, herido acaso. Su colgante lengua tenía un color pálido. ¿Moría tal vez? Moría solo. Se trataba de un buen perro
que podía esperar la muerte en medio de la soledad. La
miró sin rencor con sus pupilas brillantes. «¿No he tratado
siempre de servir?», pareció decirle. Y ella, que era pequeña
y había crecido junto con los perros, le entendió perfectamente. Se olvidó del cántaro y el agua. Cuando cayó la noche y escuchó la aguda voz de la Juana, que la llamaba, tenía aún las manos posadas cariñosamente entre las hirsutas
lanas, sobre el cuello de Mañu. Estaba extrañamente cálido
y estremecido.

*

La torva inmensidad de la noche puneña fue articulada por desgarrantes aullidos. Los perros, recorriendo los recovecos en una inspección sin resultado, gruñían, echábanse a pelear y por último se aquietaban y consolaban aullando agudamente. Pero otros seguían buscando.

Invadían el corredor de la casa-hacienda. Husmeaban y rascaban las puertas, en tanto que Raffles y su jauría gruñían encolerizados, soportando de mala guisa el encierro en un cuartucho apartado. Habían ido a dar allí para substraerlos a la pelea nocturna. Mataron a muchos perros vagabundos, pero recibieron numerosas heridas en una refriega desigual. Raffles se molestaba, regañón, profiriendo amenazas. Los hambrientos, entonces, ladraban fuertemente alentados por el número y la impunidad.

Desde su cama, arrebujado en pesadas mantas, el niño Obdulio escuchaba el cambio de retos. Don Cipriano blasfemaba en el cuarto contiguo y el infante de pechos lloraba inconsolable. Entonces doña Julia encendía la lámpara, que no se apagaba hasta que la mañana se anunciaba en brechas de luz por las rendijas.

*

El sol matinal encontraba a los perros hambrientos en las lomas. Se calentaban en medio de quejas y babas. Wanka había parido y trataba de alimentar a sus cuatro hijos, dejándose mamar resignadamente. Los cachorros, entecos y moviéndose con contorsiones de larvas, parecía que le succionaban la sangre.

Entrado el día, comenzaban a deambular. Los otrora ágiles canes nativos, con sangre de alco en las venas, apenas caminaban ya. Semejaban una rara armazón de huesos con un forro de revueltas lanas.

Pero seguían resistiendo el hambre. Con los ijares pegados al espinazo y el pecho convertido en una jaula, persistían en vivir como si los hubiera alimentado el viento. Éste más bien trataba de llevárselos o de enterrarlos entre nubes de polvo, pero ellos salían de los terrales semiasfixiados, gruñendo y aullando. Los menos débiles echaban a correr un trecho, con lo que les restaba de fuerzas, y luego volvían al grupo. Se reunían como para defenderse de algo extraño, de una fuerza envolvente y amplia a la que resistirían mejor estando en mayor número.

Llegada la noche, tornaba el coro trágico a estremecer la puna. Los aullidos se iniciaban cortando el silencio como espadas. Luego se confundían formando una vasta queja interminable. El viento pretendía alejarla, pero la queja nacía y se elavaba una y otra vez de mil fauces desoladas.

*

Una noche de luna, Zambo fue a tenderse al pie de unos árboles deshojados. Estaba terriblemente cansado y laxo.

De pronto vio que una mujer salía, abriendo una tranquera, al campo. Llevaba un atuendo en la mano. Era sirvienta de la casa-hacienda. Surgió de la lejanía un hombre que avanzó hasta encontrar a la mujer. Ambos se tendieron en el suelo. La mujer entregó su vientre redondo y sus largos muslos a la claridad de la luna y al hombre. Después, desenvolvió el atado. Zambo estaba cerca y los veía bastante bien. El hombre comía trigo y luego se puso a morder papas. ¡Si siquiera las cáscaras! El perro se levantó y se les fue acercando humildemente, esperanzado en las cáscaras. La mujer dio un corto grito señalándolo y el hombre volvió la cara hacia él.

—¡Qué raza de diablo! —dijo, y le tiró piedras de las que tenía en la mano. Zambo corrió a refugiarse tras los árboles.

Pero esperó allí pacientemente. Tenían que dejar las cáscaras. Al fin se marcharon, cada uno por su lado. El perro salió entonces de su escondite y fue al lugar. Husmeó anhelosa y detenidamente. Olía a hembra, a papas y a trigo, pero no había el más pequeño hollejo[1]. El hombre se había comido las papas con cáscara y todo.

---

[1] La joven Antuca, ya dos años mayor que al empezar la novela, muy relacionada con la vida de los perros porque pierde a Güeso y nunca más puede tener otro perrillo porque la sequía se lo impide, alivia con su solidaridad ejemplar los postreros instantes de Mañu.

Aún más infeliz fue el episodio que le tocó vivir a Pellejo. Un día recordó a doña Chabela. Tenía su casa en el camino a las alturas. Cierta vez que volvía del pueblo, se encontró con la Antuca, que iba acompañada de los perros arreando el ganado.

—¿Saben pastiar? —preguntó doña Chabela, que era una mujer muy curiosa y parlera y siempre andaba en busca de tema.

—Claro —repondió la Antuca, y ordenó a Pellejo, señalándole una alejada—. ¡Güelve esa oveja!

Pellejo fue y, ladrando y saltando, metió a la oveja al centro del rebaño. Luego retornó donde la Antuca.

—Alalalu[2] —dijo doña Chabela—, éste sí ques perro güeno y lindo...

Sacó de su alforja una semita[3] de las que había comprado en el pueblo y se la dio. Recordando a la semita y la donante, Pellejo aparecióse una tarde por la casa de ésta. Se encontraba sentada al lado del fogón, tostando cancha.

—¿Qué quiereste perro feyo? —dijo apenas lo vio.

Pellejo se acercó lentamente.

—¡Sote, perro! —gruñó ella.

Pero Pellejo insistió en acercarse moviendo amistosamente la cola. Entonces doña Chabela, cuando lo tuvo a buena distancia, cogió un tizón y rápidamente le punzó con él las costillas. La carne quemada dio un breve chasquido y Pellejo huyó a todo correr, profiriendo alaridos. El marido de doña Chabela salió al oírlos y le arrojó unas piedras con su honda[4].

Durante muchas horas ardió la quemadura al pobre Pellejo.

*

² Interjección quechua: de ¡ay, qué frío!

³ Pan elaborado con harina integral. El DRAE remite a esta palabra a cemita y le otorga la siguiente acepción: «NO. Argent. Pan hecho de harina morena, grasa y otros ingredientes.» El pan de semita como escribe Alegría o cemita se produce en todo el área andina del Perú.

⁴ La honda fue instrumento de guerra en el Imperio de los Incas, al igual que en otras culturas antiguas.

El sol había terminado por exprimir a la tierra todos sus jugos. Los que anteriormente fueron pantanos u ojos de agua[5] resaltaban en la uniformidad gris-amarillenta de los campos solamente por ser manchas más oscuras o blancuzcas. Parecían cicatrices o lacras.

En el río que fue más caudaloso, los cántaros se llenaban con lentitud. El agua que restaba era rápidamente absorbida por los belfos ávidos de los animales.

Sufría la Naturaleza un sufrimiento profundo, amplio y alto, que comenzaba en las raíces, se extendía por toda la tierra y acaso no tenía fin ni en los prietos picachos donde se desleían las últimas neveras.

Hasta para el eucalipto más viejo de los que rodeaban la casa-hacienda de Páucar llegó el agotamiento. Don Cipriano había invitado muchas veces a su hijo:

—A ver, abracémoslo...

Y extendía sus largos y rudos brazos rodeando la áspera corteza, lo mismo que el niño Obdulio, y apenas llegaban a tocarse los dedos. Era muy grueso el eucalipto.

—Lo sembraron nuestros antepasados —decía orgullosamente don Cipriano.

Quién sabe qué profundidades trepanaban[6] sus raíces, y sus ramas hablaban con las nubes, pero, con todo, él estaba herido también. El añoso tronco caería tal vez desecado y carcomido. Las hojas tomaban más y más un color gris rojizo. En los cogollos solamente perduraba un fresco verde cinc.

Los otros eucaliptos, más mozos y débiles, que antes habían cantado en torno al mayor, llenos de algazara juvenil, mil canciones diurnas y nocturnas con sus hojas lozanas, arrojaban éstas poco a poco, enmudeciendo en medio de una trepidación áspera. Se aglomeraban y disgregaban en el suelo las hojas, lentamente, extendiendo un lecho gris que era ocupado por vacas y bueyes de ojos dulces y tristes.

---

[5] «Ojo de agua» es la versión castellana de los *puquios* o manantiales. *Puquio* es americanismo según Morínigo.

[6] Posiblemente, este símil tiene algo que ver con las trepanaciones craneanas, que los antiguos peruanos solían realizar con una consumada maestría quirúrgica.

Así, entre un temblor de hojas murientes, el último retazo de verdura era sorbido por la tierra reseca y el sol quemante.

*

La sequía trajo la nueva ocupación de pastor de vacas, caballos y burros. Los bueyes —posibilidad de surco— eran los más defendidos. Pero todo el que tenía algún animal lo amarraba ante su casa durante la noche y de día lo sacaba a dar unas vueltas por los chamizales y el ichu jalquino. Comiera o no, pues todo era escaso, lo hacía regresar en la tarde. Porque fuera de los que morían de hambre y eran devorados por cóndores y gallinazos, se comenzaron a perder las vacas y luego, cuando éstas fueron vigiladas, los caballos y burros. Se decía que los huairinos los mataban a escondidas, en las quebradas, y se los comían.

*

¿Hasta dónde alcanzaba el azote? Al decir de los campesinos, llegaban voces de todas partes, de cerca y de lejos, anunciando el mal. Si en algún sitio se cosechó algo, nadie vendía nada. Se hablaba también de que en pueblos muy distantes, cuyos nombres eran escuchados por primera vez, podía conseguirse lo que se quisiera, pero a tales precios que, al saberlos, todo el mundo se quedaba sentado en su mismo sitio. Pero la barriga no sabe de precios y la muerte menos. Muchos huairinos y algunos antiguos colonos de Páucar fueron a dar con su miseria y su hambre al panteón.

*

La fatalidad gravitaba sobre los hombros con un peso comparable solamente a la extensión de la tierra y el cielo.

El yantar era también parco en la mesa del hacendado. Poco quedaba en los graneros, menos si lo veían ojos amedrentados. Y esa noche mostrábanse, sobre los platos albos, unas cuantas papas arenosas y una carne dura y negra producto de animales escuálidos.

263

Don Cipriano, presidiendo la mesa, comía despaciosamente. Luego se tomó la frente con ambas manos y terminó por hundir la cabeza entre el poncho. Todo ese tiempo había hablado poco y estaba de un humor endiablado. Se sentía, sin duda, derrotado e impotente. Doña Julia, sentada al extremo, daba el pecho al pequeño, y entre doña Carmen, don Ramón y el niño Obdulio se cambiaban algunas palabras. Pero la buena y recia abuela, alma templada en cien años de puna, se puso de pronto a rememorar las hambrunas pasadas y cómo la lluvia llegó al fin. Porque sequía en dos inviernos ocurrió, pero en tres nunca se había visto. Entonces, el próximo invierno traería bastante agua.

Y contando, contando, dijo:

—...Ese año, ¡qué hambre! Yo estaba niña. Desde muy lejos llegaba gente a pedir. A nadie podía dársele nada. La hacendada era la señora Rosa. Una tarde vino una mujer jalando un burrito. Ya era de edad ella: «Mamita —le dijo a la señora Rosa—, he caminado mucho y nada he hallado. El más pequeño de mis hijos murió porque no tenían leche mis pechos. Los otros van a morir también. Tienen los vientres hinchados y un día, mi señora, a uno lo encontré comiendo tierra... Hay un Dios en los cielos. Por su amor, déme algo»... Y la señora Rosa se condolió y le hizo medir y cargar en el burro cuatro almudes de cebada. El asno, por otra parte, no hubiera podido con más, tan flaco estaba. Y la pobre mujer se fue entonces jalando su burro y se paró en media pampa. Allí se arrodilló, con las manos juntas, a dar gracias a Dios a gritos y llorando... También hubo ladrones ese año. Y hubo sangre. Una vez...

Violentos aullidos interrumpieron el relato. Una tropa de perros entró en el corredor gruñendo y mostrando los colmillos. Sus ojos relucían a la luz de la lámpara. Don Cipriano, don Rómulo y los sirvientes de la casa rechazaron a patadas y garrotazos a los intrusos.

—Fuera, fuera, safa[7]...

—Sote, perros dañinos...

---

[7] Peruanismo: ¡fuera!

Los perros gemían y trataban de morderlos. Raffles y su jauría, desde lejos, hacían llegar sus ladridos. Chutín, que no era encerrado, pues no acostumbraba pelear con los hambrientos, olvidó por un momento su raza y se puso del lado del amo, atacando resueltamente. La señora Carmen se santiguó y el niño de pechos se puso a llorar. Uno de los vagos mordió a Chutín en el lomo, pero se fueron al fin, aullando, muchos con las costillas rotas. Entonces don Cipriano resolvió acabar. Después de la comida, provisto de una linterna, recorrió el caserón en compañía de Pedro, un pongo[8], dejando pequeños bocados[9] de carne por todos lados.

Más tarde, cuando se apagaron las luces, volvieron los perros y siguieron con su fino olfato el rastro de los hombres, recogiendo su desperdigado presente.

*

Amaneció con un sol crudo, implacable, voraz. La tierra se abría en grietas sedientas y el sol entraba por ellas tostándola. Y a lo largo de las sendas, en los cauces de las quebradas —buscando una gota de agua para su tremenda sed de envenenados—, al pie de los eucaliptos mustios, acezaban moribundos los perros hambrientos. Otros habían muerto ya y miraban con pupilas fijas.

Runruneaba un lento y negro vuelo de aves carnívoras. Se posaban en torno de los entecos cadáveres y les sacaban los ojos primeramente. Siempre hacen así. Tal vez porque prefieren los ojos. Tal vez porque la vida persiste en simularse en ellos y, al extraerlos, quieren apagar su último y molesto rastro. Luego los picos curvos desgarraban la panza y comenzaba el festín. A todo lo ancho de la falda puneña, pendiente arriba, comenzaron a formarse oscuros y vibrantes círculos fúnebres en los que las illaguangas, que son más escasas, ponían la nota rojiza de su plumaje. Comían vorazmente, deteniéndose sólo para mezquinarse la carroña, encrespando

---

[8] Peruanismo: criado de hacienda que por la comida y la vivienda servía de por vida y sin cobrar nada a su patrón.
[9] Peruanismo: comida envenenada.

las plumas y dando roncos graznidos. Cuando llegaba un cóndor, gallinazos e illaguangas se apartaban a respetuosa distancia, y la más grande ave del mundo picoteaba sola hasta cansarse. Se alejaba al fin con pesado vuelo y entonces las otras se atrevían a acercarse de nuevo a la presa.

Un olor nauseabundo llenó los campos, como si toda la tierra hubiera entrado en descomposición. En un bajío se encontraba yerto y despanzurrado nada menos que Zambo. Un congénere que aún vivía, miserable y fatal, se le acercó a paso lento, jadeando, en medio de un gruñir tembloroso. Era Pellejo, que evidentemente no había participado del obsequio de don Cipriano. ¿No reconoció a Zambo por la falta de ojos y la cruenta condición de su cuerpo? ¿O no le importó? Tal vez lo último, de todos modos, sí. Titubeó al principio, pero, al fin, se puso a morder y engullir las entrañas sanguinolentas y oscuras, sin duda amargas. Luego se alejó unos cuantos pasos. Los gallinazos, que habían huido ante el extraño comensal, se abalanzaron sobre el muerto, reanudando la rojinegra fiesta de carroña.

Al poco rato, Pellejo se retorcía gimiendo débilmente. La desesperación agónica se reflejó en sus ojuelos amarillos, por los que pasó relampagueando una turbia tormenta. Después se apagaron. Pellejo murió dando un aullido largo, mientras estiraba las patas como en una intención de fuga.

Y no fue el único que tuvo ese destino. Otros también comieron a sus hermanos, y así la tarea de don Cipriano multiplicó sus efectos. Muchos se abstuvieron cautelosamente y se salvaron. Si es que podemos llamar salvarse al hecho de esperar la muerte a largo plazo o retrasar el encuentro de un bocado también traicionero. El hacendado seguía esparciendo pedazos de carne fresca.

Uno de los colonos llegó hasta él para decirle:

—No matiusté onde los perros, taita. ¿Quién cuidará el ganadito? Aura no valen más que pa aullar, pero tamién así asustan onde los dañinos...

Y don Cipriano dijo:

—Es mejor que mueran, ignorante. ¿Para qué han de morir a pocos? Es mejor que mueran de una vez...

Lo dicho. En las noches, zorros y pumas comenzaron a

merodear impunemente por las majadas. Antes habían huido ante el aullido de los perros, pero, al sentir el promisorio silencio que olía a carroña, iniciaron sus excursiones. Cada noche aumentaban los asaltos.

Los campesinos querían imitar a los perros:

—Guau, guau, guauuuúu..., gua, guau...

Pero los dañinos sabían más, y, al rato, las ovejas balaban arrastradas hacia las quebradas. Su poco peso facilitaba como nunca el rapto. Al siguiente día, los hombres contaban su ganado por pares, y después maldecían con toda la desesperación de su pecho. Tuvieron que ir a los rediles a dormir junto con las ovejas.

Cuando las fieras, hartas, y también por la nueva vigilancia, dejaron de incursionar, las noches tuvieron un silencio de muerte. Sólo se oía el rumor embravecido del viento entre el herrumbroso follaje de los eucaliptos. Muy raramente, algún aullido. Largo y agudo, taladrante. Algún can con ancestros de alco despedía a su raza.

*

Indios y cholos rodeaban una tarde el caserón de la hacienda, como una bandada de cóndores. El Simón Robles estaba allí. ¡Qué caras vio! ¡Qué cara le vieron! ¿Ése era el Santos Rosas? ¿Y el otro, el Claudio Pérez? ¿Y el de más allá, el Guille Agreda? ¿Y aquéllos, todos, los mismos que había visto en la arada, la lampea o la trilla, fraternizando en los ratos de descanso, en torno a la gran lapa de trigo o con el checo cantor[10] en la mano y la armada[11] de coca dulce en la boca? Muchos de ellos habrán escuchado sus relatos. Muchos de ellos bailaron al son de su flauta y su caja. Hubo alegría de campo nuevo en sus caras, luz de sol en la mirada jocunda y elasticidad y gozo de ritmos en los recios cuerpos morenos. Pero eran muy distintos ahora. Todo ese largo

---

[10] *Checo cantor*, porque al pequeño *mate* de calabaza que contiene la cal para «endulzar» la coca en la boca, se le golpea con los nudillos antes de ser utilizado.

[11] Elaboración del bola de coca.

tiempo hecho dolor había rasgado las bocas, comido las mejillas, empañado los ojos, desgreñado las cabezas. Se curvaban las espaldas como si no pudieran sostener el peso del poncho.

Después de hacerse esperar mucho, salió don Cipriano, acompañado de don Rómulo, a ver qué deseaban. Ambos llevaban revólver al cinto. Una algarada se levantó:

—Patrón, venimos pa que nos atienda...

—Oiganós, patroncito...

—Ya nos morimos, patrón...

—Patrón..., patrón..., patrón..., patroncito...

Don Cipriano trató de imponer orden tomando un gesto autoritario y diciendo:

—Hable uno por uno.

—Patrón, patrón —vociferó un indio de pequeña estatura para destacarse del montón—, alguito[12] déme, ya no tengo nada; mi mujer se muere, patrón...

—Comidita, patrón —gimió otro.

Don Rómulo intervino, gritando:

—Hable uno por uno...

Y don Cipriano:

—A esos huairinos ya les advertí. ¿De qué se quejan ahora? ¡Vuélvanse a Huaira! Y los de aquí, maten sus vacas, sus caballos, sus burros, sus ovejas... Yo no tengo nada...

Uno de los huairinos replicó:

—Ya hemos ido pa Huaira, patrón. Y don Juvencio nos dijo: «Conque ustedes, ¿no?... Agradezcan que no los mato comua perros... Vayansé.» De todos modos, los diallá tamién mueren. ¿Qué vamos hacer, pue? Socorranós, patroncito... Le trabajaremos cuando seya el tiempo. No pierdasté sus brazos[13], patrón.

Su acento era lloroso, dolido. Cuando terminó, don Cipriano guardó silencio y todo el conglomerado de ponchos y cabezas hirsutas que lo rodeaba permaneció inmóvil. Después un cholo protestó:

—Tamién hay gente diaquí que no tiene nada... Nada, pa-

---

[12] Algo en pequeña cantidad.
[13] Sirvientes, personal casi gratuito de ayuda.

trón... ¿Qué va a matar? Un poco de cebada siquiera, patrón...

Don Cipriano pensó en la inmensidad de los auxilios e insistió:

—No tengo cebada... y si le doy algo a uno, todos han de querer y no alcanza... No hay nada para nadie...

Un coro de voces gimientes siguió a esas frases:

—Patrón, tengasté piedá...

—Conduelasé, patroncito.

Uno de los indios juntó las manos ante don Cipriano y formuló el pedido de la sepultura.

—Patrón, siquiera quel encargo[14] no nos cobre o nos rebajel derecho pal entierro... No tenemos nionde enterrar los muertos... Sies en medio campo, las almitas penarán...

—¿Y qué he de hacer yo? —replicó muy dignamente don Cipriano—. Ésas son cosas de la Iglesia. Yo no puedo meterme en eso...

—Pero, patrón, patroncito...

—Váyanse, no hay nada; yo no puedo hacer nada —terminó don Cipriano.

—Váyanse —repitió don Rómulo.

La voz del Simón Robles sonó ronca y firme:

—Patrón, ¿cómo que nuay nada? Sus mulas y caballos finos tan comiendo cebada. ¿No vale más quiun animal un cristiano? Y tamién ay tan sus vacas, punta grande, patrón. Bienestá que haga pastiar, que no le roben... Pero hoy es el caso que debe matar pa que coma su gente. Peyor que perros tamos... Nosotrus sí que semos como perros hambrientos[15]... Yo tuavía, gracias a Dios, tengun poco, perotros pobres, esos huairinos, botaos po los campos buscando, llorando, suplicando... y nunca hallan nada..., ni robar pueden. Y tenemos mujeres y tamién hijos. Piensen los diusté, patrón. Hágalo po su mujer y sus hijos... Si tienesté corazón en el pecho, patrón, conduelasé... Y si tiene pensar e hombre derecho, piense,

---

14 Encargado.
15 Tácita justificación del título de la novela, que bien puede ser aplicada a los hombres y a los animales terriblemente desquiciados por la inclemencia de la naturaleza.

patrón... Con nustro trabajo, con nustra vida sian abierto tuesas chacras, sia sembrao y cosechao to lo que usté come y tamién lo que comen sus animales... Algo deso denos siquiera onde los más necesitaos. No nos deje botaos como meros perros hambrientos, patrón...

Calló el Simón Robles, y los peones sintieron que había hablado con la boca, el corazón y el vientre exhausto de todos. Miraban al hacendado esperando su respuesta, que creían favorable porque todo era claro como el día. Pero él les echó a todos un rápido vistazo y después se encaró al Simón:

—Conque con su trabajo y su vida, ¿no? ¿Y la tierra no es mía? ¿Creen que les doy la tierra por su linda cara? Ya sabía, Simón Robles, que tú estabas hablando así... Espérense, no más. Descuídense y verán. Vámonos, don Rómulo...

Y patrón y mayordomo volvieron las espaldas y se marcharon, entrando luego en el escritorio. Los solicitantes se quedaron perplejos ante tan inesperado final. Mirábanse unos a otros sin saber qué hacer. De pronto sonó una voz potente:

—Vamos pal terrao... Ay ta la puerta...

Y otras, súbitamente decididas, repitieron:

—Vamos, vamos...

La masa rompióse corriendo por el corredor del caserón hacia la puerta de acceso a las gradas que conducían al terrado. Sonaron algunos tiros y alguien fue herido. Pero los balazos habían salido del escritorio y, como tal pieza quedaba en la misma fila de las alineadas ante el corredor, ya no se podía seguir haciendo blanco desde ahí. Algunos cholos sacaron a relucir las aceradas hojas de los machetes y se estacionaron a ambos lados de la puerta para impedir la salida y la acción de don Rómulo y don Cipriano. Pero del extremo, de un cuartucho que sobresalía allí atajando el viento, irrumpió una descarga cerrada. El indio Ambrosio Tucto, que iba delante con el marchete en alto, dispuesto a partir la cabeza del que se le opusiera o la puerta del terrado si no se abría, cayó de bruces. La sangre brotó de las piernas de otros, y dos más rodaron por el suelo también. Los disparos seguían, por lo que los campesinos comprendieron que eran muchos los que hacían fuego, y ellos no podían defenderse. Se detuvieron entonces. Trataron de retroceder, pero al sentir los tiros que salían del escritorio se arrojaron del corredor huyendo en todas direcciones a campo traviesa. Los que guardaban la puerta con la esperanza de inutilizar a don Cipriano y su empleado, fugaron igualmente cuando las balas de los otros pasaron silbando junto a sus cabezas y rompiendo entre polvo la pared de adobe.

Salieron los del cuartucho, y luego don Cipriano y don Rómulo. Los primeros continuaban haciendo fuego sobre los fugitivos.

—Paren..., paren... —les gritó don Cipriano. Y, cuando estuvo a su lado, apuntó—: Como dijo Napoleón: «A enemigo que huye, puente de plata...»

Era costumbre de don Cipriano, a falta de mayores conocimientos, atribuir a Napoleón todas las frases de olor bélico que había aprendido a lo largo de su vida.

Entre los obstinados tiradores estaba el niño Obdulio, quien empuñaba con trémulas manos la carabina de salón usada para cazar pichushas. Los otros tres eran empleados que don Cipriano tenía en los valles del río Yana. Como allí todo se había secado y, además, en Páucar corrían rojos aires de sublevación junto con los polvorosos de la sequía, los hizo ir en previsión de cualquier alzamiento. Si se demoró para recibir el peonaje, fue precisamente porque estuvo impartiendo las órdenes adecuadas. Ahora se le veía ligeramente pálido, lo mismo que a su hijo. Don Rómulo tenía una mano en la carabina y la otra en el bigote. Los otros empleados fruncían la cara cetrina tratando de aparecer impasibles. Pero a todos les pesaban esos tres muertos —ponchos empolvados, pies desnudos, greñas revueltas—, tirados largo a largo en el corredor. El indio Tucto besaba la tierra. Otro contorsionaba la boca en una mueca de dolor y rabia. El tercero extendía los brazos, y era todo él como una cruz. Grandes manchas de sangre signaban[16] el suelo.

Don Cipriano llamó a los sirvientes y les dijo:

---

[16] Santiguaban.

—Recojan los muertos y métanlos a ese cuarto. Habrá que enterrarlos en la noche. Y limpien esa sangre con trapos y agua... Y ahora, mis amigos —terminó dirigiéndose a su aguerrida gente—, vamos nosotros a bebernos una copita. Estas cosas destemplan un poco los nervios...

En los bohíos de los caídos se les esperó muchos días. Y cuando alguien, sobreponiéndose a la extenuación del hambre, fue llevando la noticia, no encontró a quién dársela.

*

Semanas, meses.

El cielo reluciente simulaba una comba de acero pavonado. Desde la parda aridez de la tierra, las calaveras de los animales le apuntaban el negro taladro de sus cuencas vacías.

Y los hombres que no clamaban por lluvia en la penumbra de sus bohíos, hallábanse, sin duda, arañando las entrañas de la tierra en pos de agua.

XIX

La lluvia güena

Hay un momento en que la vida entera ausculta y descubre en el viento, en el color de la nube, en el ojo del animal y del hombre, en la rama del árbol, en el vuelo del pájaro, el emocionante secreto de la lluvia. Hasta la roca estática parece adquirir un especial gesto, un matiz cómplice.

Y hay un momento de felicidad para la vida entera que aguarda: el momento en que todos los signos cuajan en la evidencia de un cielo en plenitud.

Así fue en aquel tiempo. Llegó noviembre. Un día el viento no se llevó las nubes. Por las cimas del Sur avanzaron agrandándose hasta el cielo, negras y densas. Soplaba una brisa lenta y rasante. Hombres y animales husmeaban el horizonte quieto y la bóveda sombría, más quieta aún. Los árboles extendían hacia lo alto sus brazos angustiados y los pájaros volaban piando entre las ramas desnudas. Los picachos se agrandaron hasta hurgar el cielo. Y la concavidad ocre de la tierra, alerta y anhelosa, esperó.

Y fue el viejo y siempre radioso[1] milagro.

Las primeras gotas levantaron polvo. Luego el pardo de la tierra tornóse oscuro y toda ella esparció un olor fragante.

Se elevó un jubiloso coro de mugidos, relinchos y balidos. Retozaron las vacas y los potros. Y los campesinos dilataron

---

[1] Que despide rayos de luz.

las narices sorbiendo las potentes ráfagas de la áspera fragancia. Fulgían los relámpagos, retumbaban los truenos, el cielo entero se desplomó trepidando. Y fue la tormenta una larga tormenta de alegría. Tierra y cielo se unieron a través de la lluvia para cantar el himno de la vida.

¿Privaciones? Bastantes todavía, pero los úñicos y las zarzas darían moras, el suelo florecería blancos hongos y toda la vida sería nuevamente verdor lozano y pulpa plena de dones.

Caía el agua amorosamente sobre los hombres y los animales, sobre los eucaliptos y los pedrones rojinegros, sobre los campos olorosos, los huesos blancos y las tumbas de los muertos.

Aunque cayeran sobre penas, daban un júbilo hondo los musicales chorros celestes.

—¡Ah, esperanza!

El Simón subió al terrado, quitó los mates que cubrían la boca del cántaro y las ollas y hundió en la frescura de los granos, vez tras vez, las manos cálidas de alborozo. ¡Trigo, maíz, arvejas! Era dulce palparlos, era dulce mirarlos a la luz que entraba por la redonda claraboya, y más dulce aún decir sus nombres, que regalaban ya la boca con los nutricios jugos de la vida. Que creciera un poco la hierba y se repusieran los bueyes. Entonces la tierra esponjosa y feraz sería abierta para guardar la semilla hurtada al hambre.

Días de días siguió cayendo la lluvia como una bendición.

Hombres y animales recobraban sus líneas y su acento, de cima a valles las quebradas descendían cantando, retoñaban los árboles y la yerba macollada ahogaba cada vez más con su verdor el alarido blanco de los huesos y la memoria hecha cruz sin nombre de los muertos.

Y una tarde que el Simón Robles miraba desde su puesto del corredor, solazándose, cómo el agua repiqueteaba fecundando los campos, una sombra le hizo volver hacia otro lado.

¡Wanka!

Estaba parada a un extremo del corredor, mirando al Simón y esperando su voz. Escuálida, con el apelmazado pelambre chorreando agua, los ojos enrojecidos y acezante la boca abierta, era muy doloroso su aspecto, y el Simón sintió como propios los padecimientos de su pobre animal abandonado. Y enternecióse pensando que había comprendido lo que significaba el cambio de los tiempos como fin de la expulsión y vuelta a la vida de antaño. Y más conmovióse viendo que sólo quedaban dos pares de ovejas en el redil, y que Wanka retornaba para ocupar su puesto de guarda.

—¡Wanka, Wankita, ven! —dijo.

Avanzó la perra a restregarse cariñosamente contra el Simón. Éste le palmeaba los huesudos lomos, llorando.

—Wanka, Wankita, vos sabes lo ques cuanduel pobre yel animal no tienen tierra ni agua... Sabes, y pueso has güelto..., Wanka, Wankita... Has güelto como la lluvia güena...

Y para Wanka las lágrimas y la voz y las palmadas del Simón eran también buenas como la lluvia...

FIN DE

«LOS PERROS HAMBRIENTOS»

Vocabulario[1]

Alalalu: Interjección de mimo y cariño.
Alco: Especie de perro de la época incaica.
Antara: Especie de flauta usada por los indios peruanos.
Atravesado: Mestizo.
Ayllu: Comunidad agraria indígena.
Barbacoa: Tarima de cañas.
Barba: Cepo.
Cachaco: Policía, soldado.
Caja: Bombo.
Callana: Vasija chata de barro, trozo de olla o calabaza.
Canchaluco: Didelfo de cola prensil.
Cangrejo: Avieso, aleve, marrajo.
Capacito: Capaz, muy probable.
Captor: Aprehensor.
Cristiano: Persona, idioma castellano.
Chacchar: Masticar coca.
Checo: Calabazo pequeño usado para guardar cal.
Chicha: Licor indígena.
China: Mujer indígena.
Chirapa: Lluvia con sol, llovizna.
Foete: Látigo, azote.
Gallinazo: Especie de buitre de color negro.
Gualdrapa: Carne magra, nervuda.
Guanaco: Tonto, inhábil.
Guaño: Estiércol.
Guapi: Interjección contra las aves de rapiña.

---

[1] Este Vocabulario fue preparado por Ciro Alegría para la primera edición de la novela.

Ichu: Pasto de la puna.
Illaguanga: Especie de buitre de color rojo.
Jalca: Pun.
Keswa: Idioma indígena.
Lambido: Entrometido, adulador.
Lapa: Mitad de una calabaza grande y achatada.
Madrina: Animal que sirve de guía.
Mala (la): Desgracia.
Mate: Mitad de una calabaza achatada.
Melcocha (hacerse): Enternecerse.
Meter punto: Estimular.
Minga: Trabajo colectivo gratuito.
Montal: Región boscosa.
Monte: Bosque.
Mucho gallo: Avispado.
Ojota: Especie de sandalia.
Onde: A, en, donde.
Pallas: Danzantes de las ferias.
Parva: Era.
Pichusha: Gorrión.
Pirca: Pared de piedra.
Pongo: Sirviente indio gratuito.
Poro: Calabaza untada para guardar líquidos.
Poto: Calabaza usada para beber.
Quena: Flauta.
Quincha: Pared de cañas, o de cañas y barro.
Real (camino): Camino principal.
Repuntero: Que hace el repunte: rodeo.
Semita: Especie de bollo.
Taita: Padre.
Vara: Influencia, persona influyente.
Velay: He aquí, he allí.
Waino: Baile indígena.
Yapa: Añadidura.
Yaravi: Tonada triste.

Colección Letras Hispánicas

DE PRÓXIMA APARICIÓN